J.B. METZLER

Einführungen in die Sprachwissenschaft

Daniel Gutzmann

Semantik

Eine Einführung

J. B. Metzler Verlag

Der Autor
Daniel Gutzmann ist akademischer Rat am Institut für Deutsche Sprache und Literatur 1 der Universität zu Köln.

Die Originalversion des Buchs wurde revidiert.
Ein Erratum ist verfügbar unter
https://doi.org/10.1007/978-3-476-04870-7_12.

ISBN 978-3-476-04869-1
ISBN 978-3-476-04870-7 (eBook)
https://doi.org/10.1007/978-3-476-04870-7

Die Deutsche Nationalbibliothek verzeichnet diese Publikation in der Deutschen Nationalbibliografie; detaillierte bibliografische Daten sind im Internet über http://dnb.d-nb.de abrufbar.

J. B. Metzler

Einbandgestaltung: Finken & Bumiller, Stuttgart (Foto: shutterstock.com)

J. B. Metzler ist ein Imprint der eingetragenen Gesellschaft
Springer-Verlag GmbH, DE und ist ein Teil von Springer Nature
Die Anschrift der Gesellschaft ist: Heidelberger Platz 3, 14197 Berlin, Germany

Inhaltsverzeichnis

Vorwort zur Reihe

Diese Reihe bietet Einführungen in die verschiedenen Kerngebiete der Sprachwissenschaft sowie einen Methodenband für das Bachelor-Studium der Germanistischen Linguistik. Ziel der Reihe ist es, wesentliche sprachliche Phänomene des Deutschen zu beschreiben und in aktuellen linguistischen Theorien zu modellieren, so dass die Studierenden nach dem Besuch eines Seminars, das auf einem der Bände basiert, bzw. nach Lektüre eines Bandes in der Lage sind, aktuelle Forschungsliteratur zu verstehen, zu evaluieren und als Basis für erste eigene Betrachtungen in Hausarbeiten und in der Bachelorarbeit zu benutzen. Mit dieser Ausrichtung wird eine große Lücke in der Einführungsliteratur zur deutschen Sprachwissenschaft geschlossen – nämlich die Wissens- und Kompetenzlücke zwischen der Vermittlung absoluter Grundlagen (die Reihe setzt einen allgemeinen Einführungskurs in die Sprachwissenschaft voraus) und dem anschließenden Ziel, sich im BA-Studium jenseits dieser Grundlagen mit sprachwissenschaftlichen Inhalten zu befassen.

Köln, im Juli 2019 Sophie Repp

1 Was ist Semantik?

1.1 | Semantik in der Linguistik

Kerngebiete der Linguistik: In zahlreichen Einführungen in die Linguistik stößt man auf eine Unterteilung der modernen Sprachwissenschaft in **fünf Kerngebiete**:

(1) Phonologie – Morphologie – Syntax – Semantik – Pragmatik

Auch wenn es natürlich noch andere wichtige Teildisziplinen in der Linguistik gibt, wie z. B. Spracherwerbsforschung, historische Linguistik, Dialektologie oder Psycho- und Neurolinguistik, so stellen die genannten Kerngebiete doch die verschiedenen Dimensionen dar, unter denen sprachliche Phänomene untersucht werden können, während die anderen Gebiete mehr den »Blickwinkel« bestimmen, unter denen diese Dimensionen dann betrachtet werden können. So kann sich die Dialektologie sowohl mit Phonologie (z. B. der Phonologie des Berlinerischen), als auch mit der Syntax (z. B. der Syntax von bairischen Relativsätzen) beschäftigen. Die Psycho- und Neurolinguistik kann untersuchen, was passiert, wenn wir komplizierte Sätze verarbeiten (Syntax) oder wenn wir Ironie interpretieren (Pragmatik). Gleiches gilt für die anderen linguistischen Disziplinen; jede kann Sprache in Hinblick auf Phonologie, Morphologie, Syntax, Semantik und Pragmatik untersuchen.

Form und Inhalt: Die fünf Kerngebiete der Linguistik lassen sich nochmals in zwei Gruppen unterteilen: Während Phonologie, Morphologie und Syntax die **Form und Struktur** sprachlicher Zeichen als Untersuchungsgegenstand haben, so geht es in der Semantik und Pragmatik um deren **Inhalt**.

(2)	FORM/STRUKTUR	INHALT
	Phonologie	Semantik
	Morphologie	Pragmatik
	Syntax	

Die Phonologie befasst sich mit der lautlichen Struktur von sprachlichen Ausdrücken. Die Morphologie beschäftigt sich mit den bedeutungstragenden Elementen einer Sprache – den Morphemen – und damit, wie diese zu komplexen Wörtern zusammengesetzt werden können. Die Syntax untersucht wie einfache oder komplexe Wörter zu noch größeren bedeutungsvollen, sprachlichen Einheiten – den Phrasen – zusammengefügt werden können.

J.B. Metzler © Springer-Verlag GmbH Deutschland, ein Teil von Springer Nature, 2019
D. Gutzmann, *Semantik*, https://doi.org/10.1007/978-3-476-04870-7_1

Während sich Phonologie, Morphologie und Syntax mit der formalen Struktur einfacher und komplexer Ausdrücke befassen, geht es in der Semantik und Pragmatik um die Frage nach der Bedeutung sprachlicher Ausdrücke.

Das bedeutet natürlich nicht, dass der Inhalt für die anderen Teilgebiete irrelevant ist. So spielt der Begriff der Bedeutung in der Morphologie eine zentrale Rolle (Morpheme als »kleinste bedeutungstragende Einheiten«). Auch bei Intonation spielt die Bedeutung eine Rolle (Welches Element trägt einen Fokusakzent? Liegt eine Frageintonation vor?). Umgekehrt spielt natürlich auch die Form und Struktur von sprachlichen Zeichen eine Rolle in der Semantik und Pragmatik, worauf wir im Rahmen dieser Einführung auch noch zu sprechen kommen werden. Der Hauptfokus der Teilgebiete kann sich aber dennoch wie in (2) darstellen lassen.

Semantik vs. Pragmatik: Der Unterschied zwischen Semantik und Pragmatik hat eine lange Tradition und ist zum Beispiel bereits im semiotischen System Morris' zu finden:

> »One may study the relations of signs to the objects to which the signs are applicable. [...] [T]he study of this dimension will be called *semantics*. Or the subject of study may be the relation of signs to interpreters. [...] [T]he study of this dimension will be named *pragmatics*« (Morris 1938: 6).

Eigenschaften semantischer Bedeutung

Als Faustregel können wir sagen, dass Semantik die Bedeutungsaspekte behandelt, die konventionell, kontextunabhängig und kompositionell sind. Für pragmatische Bedeutungsaspekte gilt dann als Faustregel, dass sie all diese Eigenschaften nicht haben.

Die Semantik setzt die **konventionelle** Bedeutung von sprachlichen Ausdrücken und Sätzen, ihre Relation untereinander und ihren Bezug auf die Dinge in der Welt, die sie bezeichnen. Mit »konventioneller Bedeutung« meine ich hier die wörtliche Bedeutung, die mit sprachlichen Ausdrücken durch die lexikalischen Regeln einer Sprache verknüpft ist. Wie Sie vielleicht noch aus der Einführung in die Linguistik wissen, ist die lexikalische Bedeutung von den meisten sprachlichen Ausdrücken **arbiträr**, also willkürlich. Das bedeutet, es gibt keinen Zusammenhang zwischen beispielsweise der lautlichen Form des Wortes *Baum* und seiner Bedeutung. Wir können nicht sagen, dass das »m« die Wurzel darstellt und das »B« die Baumkrone oder ähnliches. Die Verknüpfung zwischen Form und Inhalt muss also durch willkürliche Regeln der jeweiligen Sprache festgelegt werden, was man auch als sprachliche Konventionen bezeichnet. Die konventionelle Bedeutung eines sprachlichen Ausdrucks ist also die Bedeutung, die sich gewissermaßen aus der Sprache selbst ergibt, ohne dass weitere Aspekte der Interpretation hinzugezogen werden. Dass bedeutet auch, dass die semantische Bedeutung eines Ausdrucks weitgehend **kontextunabhängig** ist.

Die semantische Bedeutung eines Ausdrucks bildet den Kern, der von Kontext zu Kontext bestehen bleibt. Unter »Kontext« sind die konkreten Umstände zu verstehen, in denen eine Äußerung stattfindet: Wer spricht wo wann zu wem warum worüber? Die konventionellen, kontextunabhängigen Bedeutungen von Ausdrücken werden in der Semantik kombiniert, um die Bedeutung eines komplexen Ausdrucks auf der Grundlage

SEMANTIK	PRAGMATIK
Ausdrücke/Sätze	Äußerungen (von Ausdrücken/Sätzen)
konventionelle Bedeutung	konversationelle Bedeutung
kontextunabhängig	kontextabhängig
kompositionell	nicht-kompositionell

Tab. 1.1: Semantik vs. Pragmatik

dieser Einzelbedeutungen zu ergeben. Man sagt, dass semantische Bedeutung **kompositionell** ist, was bedeutet, dass sich die Bedeutung eines komplexen Ausdrucks direkt aus der Bedeutung seiner Bestandteile und der Art, wie diese zusammengesetzt sind, ergibt. Daraus folgte auch die Idee, dass sich die Bedeutung eines komplexen Ausdrucks **berechnen** lässt: Wenn wir die Bedeutungen der Einzelausdrücke und die entsprechenden Regeln kennen, wie diese Bedeutungen zusammengesetzt werden, dann können wir die komplexe Bedeutung entsprechend ableiten. Die formalen Methoden für solche Berechnungen zu entwickeln, wird das Hauptziel dieses Buches sein.

Eigenschaften pragmatischer Bedeutung

Im Gegensatz zur Semantik steht in der Pragmatik der kommunikative Akt des Sprechens im Mittelpunkt, der immer konkrete Kontexte mit konkreten Sprecherinnen und Hörerinnen involviert, weshalb pragmatische Bedeutung immer **kontextabhängig** im Rahmen des Gesprächs entsteht. Sie ist nicht konventionell und folglich nicht willkürlich, stattdessen ist pragmatische Bedeutung **konversationell** und muss in der Diskurssituation erschlossen werden. Deshalb ist pragmatische Bedeutung auch **nicht-kompositionell**, da sie nicht alleine auf der Bedeutung der beteiligten Ausdrücke beruht, sondern die kontextuellen Informationen die Bedeutung erweitern oder verändern können. Folgende Tabelle fasst diese Gegenüberstellung noch einmal zusammen.

Dies ist natürlich ein stark vereinfachtes Bild der Unterscheidung zwischen Semantik und Pragmatik. Die aktuelle Literatur zur Semantik/Pragmatik-Schnittstelle (vgl. z. B. Gutzmann/Schumacher 2018; Gutzmann 2020) zeigt, dass diese Unterscheidung keineswegs so simpel ist, wie wir es hier dargestellt haben. Ganz im Gegenteil scheint es eine ganze Menge interessanter Interaktionen zwischen Semantik und Pragmatik zu geben und es hat sich ein regelrechter Forschungszweig herausgebildet, der sich diesen komplexen Zusammenhängen und Problemen widmet. Für die Zwecke dieser Einführung ist das naive Bild der Semantik/Pragmatik-Unterscheidung jedoch völlig ausreichend, auch wenn klar sein sollte, dass die Dinge tatsächlich nicht ganz so einfach sind, wie wir es im Folgenden darstellen werden.

1.2 | Was ist Bedeutung?

Auf diese philosophisch schwergewichtige Frage wurden im Lauf der Wissenschaftsgeschichte zahlreiche unterschiedliche Antworten gegeben und auch in der Semantik wird diese nicht immer gleich beantwortet. Für die Zwecke dieser Einführung werden wir uns einer **realistischen** Auffassung von Bedeutung anschließen, die wohl die einflussreichste und in der Semantik am weitesten vertretene darstellt. Der Ansatz, den wir hier verfolgen, ist insofern realistisch, als dass er die Bedeutung sprachlicher Ausdrücke in ihrer Verknüpfung zur Welt sieht. Vereinfacht lässt sich dieser Ansatz durch folgendes Leitschema ausdrücken:

Definition

> **Realistische Bedeutung:** Die Bedeutung eines sprachlichen Ausdrucks *A* sind die Dinge in der Welt, die durch *A* bezeichnet werden.

Allerdings soll dies nicht als allzu grundlegend verstanden werden, da auch anders ausgerichtete Theorien mit einem formal-semantischen Ansatz kompatibel sind. So gibt es beispielsweise kognitive semantische Theorien, die davon ausgehen, dass die Bedeutung sprachlicher Ausdrücke darin besteht, was für kognitive Konzepte oder mentale Repräsentationen wir mit diesen Ausdrücken verknüpfen (Lakoff 1987; Langacker 1991, 2008).

Referenz und Extension: Wenn wir uns fragen, was ein Ausdruck wie z. B. der Eigenname *Bart* bedeutet, dann müssen wir nach dem fragen, was der Ausdruck *Bart* bezeichnet: Der Eigenname *Bart* bezeichnet die Person Bart in der Welt. Diese Relation des Bezeichnens wird auch **Referenz** genannt: Die Referenz von *Bart* ist Bart. Oder wir sagen: *Bart* (der Name) referiert auf Bart (die Person). Dabei vernachlässigen wir hier und im Folgenden immer das Problem, dass selbst Eigennamen üblicherweise nicht eine eindeutige Referenz haben, da es meist mehrere Personen mit dem gleichen Eigennamen gibt. Da sich diesem Ansatz zufolge die Bedeutung eines Ausdrucks in seiner Referenz erschöpft, spricht man auch von einem **referentiellen** Ansatz. Die referentielle Bedeutung eines Ausdrucks nennt man auch dessen **Extension**.

Interpretationsfunktion: Wie in der Semantik üblich verwenden wir doppelte eckige Klammern für die sogenannte **Denotations- oder Interpretationsfunktion**, welche die Bedeutung eines sprachlichen Ausdrucks liefert. Für den Eigennamen *Bart* haben wir also folgende Gleichung:

(3) $[\![\textit{Bart}]\!]$ = Bart

Diese Formel liest sich wie folgt: »Die Bedeutung von *Bart* ist Bart.« Oder auch: »Die Interpretation des Ausdrucks *Bart* ist die Person Bart.«

Objektsprache und Metasprache: In der Formel in (3) ist es sehr wichtig, zwischen den beiden verschiedenen Sprachebenen zu unterscheiden, die dort involviert sind. Zum einem haben wir zwischen den Denotationsklammern den natürlich-sprachlichen Eigennamen, über dessen Bedeutung wir reden. Dieser Ausdruck ist Teil der **Objektsprache**, d. h. der Sprache, die wir untersuchen; in diesem Fall z. B. also Deutsch. Auf der rechten Seite der Gleichung taucht ebenfalls der Ausdruck »Bart« auf. Dieser Ausdruck ist jedoch Teil der Sprache, die wir für unsere Untersuchung der Objektsprache benutzen, der sogenannten **Metasprache**. Es ist wichtig, sich zu klar zu machen, dass die beiden Ausdrücke nicht dieselben sind. Die Metasprache ist nur ein Hilfsmittel – unser Werkzeug, mit dem wir über die Objektsprache reden – und sollte prinzipiell austauschbar sein. So könnten wir statt Deutsch als Metasprache z. B. auch eine Bildersprache verwenden. Dann würde die Gleichung in (3) folgender Gleichung entsprechen.

(4) ⟦*Bart*⟧ = 

Den Unterschied zwischen Objekt- und Metasprache sieht man auch sehr gut, wenn die beiden verschieden sind, wenn wir z. B. Englisch als Objektsprache untersuchen und Deutsch als Metasprache benutzen. Dann könnten wir folgende Gleichung aufstellen.

(5) ⟦*Cologne*⟧ = Köln

Da im Folgenden Deutsch sowohl unsere Objektsprache als auch (angereichert mit mathematischen Begriffen) unsere Metasprache ist, ist es besonders wichtig, diese Unterscheidung im Hinterkopf zu behalten, da Aussagen wie »Die Bedeutung von *Bart* ist Bart« ansonsten trivial erscheinen.

Extension und Intension: Nun erschöpft sich die Bedeutung eines Ausdrucks nicht unbedingt in ihrer Extension. Für Eigennamen mag dies vielleicht plausibel sein, doch für andere Ausdrücke nicht unbedingt. Betrachten wir dazu das folgende Beispiel einer definiten Nominalphrase.

(6) a. Bundeskanzlerin Deutschlands
b. Vorsitzende der CDU

Extensionen erfassen nicht alle Bedeutungsaspekte

Zu der Zeit, zu der dieses Kapitel geschrieben wurde, beziehen sich die beiden Ausdrücke auf dieselbe Person, Angela Merkel, und haben somit die gleiche Extension. Wenn Extensionen alles sind, was die Bedeutung ausmacht, dann wären (6a) und (6b) synonym, also bedeutungsgleich.

(7) ⟦*Bundeskanzlerin Deutschlands*⟧ = Angela Merkel = ⟦*Vorsitzende der CDU*⟧

Auch wenn dies für die Referenz zutreffen mag, so haben wir dennoch das Gefühl, dass die beiden Ausdrücke nicht komplett bedeutungsgleich sind. Denn es ist leicht vorstellbar, dass die beiden Ausdrücke nicht die gleiche Referenz haben. In der Tat, wissen wir bereits zum Zeitpunkt des Schreibens, dass die beiden Ausdrücke höchstwahrscheinlich nicht mehr die gleiche Referenz haben werden, wenn Sie diesen Text lesen, da Merkel den CDU-Vorsitz abgeben wird. Dies können wir auch sprachlich illustrieren. Angenommen, eine Person namens *Alex* weiß nicht, dass Merkel Bundeskanzlerin ist, sondern denkt, dass dies stattdessen Claudia Roth ist, hält Merkel aber für die Vorsitzende der CDU. In einem solchen Kontext haben die beiden folgenden Sätze nicht die gleiche Bedeutung, da (8a) wahr und (8b) falsch ist.

(8) a. Alex denkt, dass die Bundeskanzlerin Deutschlands bei den Grünen ist.
b. Alex denkt, dass die Vorsitzende der CDU bei den Grünen ist.

Dies zeigt, dass die Extension nicht komplett die Bedeutung eines Ausdrucks erfasst.

Verhältnis zwischen Intension und Extension

Was die beiden Ausdrücke in (6a) und (6b) unterscheidet, ist der »Inhalt« des Ausdrucks oder das »Konzept«, das durch den Ausdruck ausgedrückt wird. Dies nennen wir **Intension**. Wir können uns das Verhältnis zwischen Intension und Extension wie folgt vorstellen. Um von einem Ausdruck zur Intension zu kommen, benötigen wir das **sprachliche Wissen** über diesen Ausdruck. Die Intension ist dann der Inhalt des Ausdrucks, der uns zusammen mit dem **Weltwissen** über Fakten in der Welt zur Extension führt.

(9)

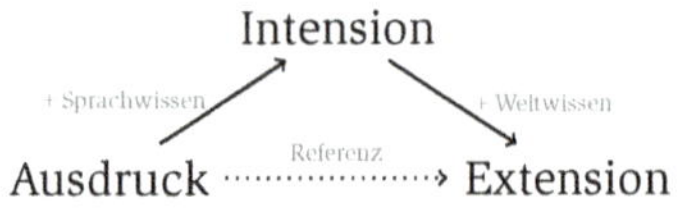

Das bedeutet, dass wir die inhaltliche Bedeutung eines Ausdrucks (im Sinne der Intension) kennen können, ohne die referentielle Bedeutung (im Sinne der Extension) des Ausdrucks zu kennen. So wissen die meisten von Ihnen vermutlich nicht, dass die referentielle Bedeutung des Ausdrucks *die Präsidentin der Republik Marshallinseln* zum Zeitpunkt, da dieses Buch geschrieben wird, die Person Hilda Heine ist. Dennoch können Sie die Intension des Ausdrucks verstehen, sofern Sie die beteiligten Ausdrücke verstehen.

(10)

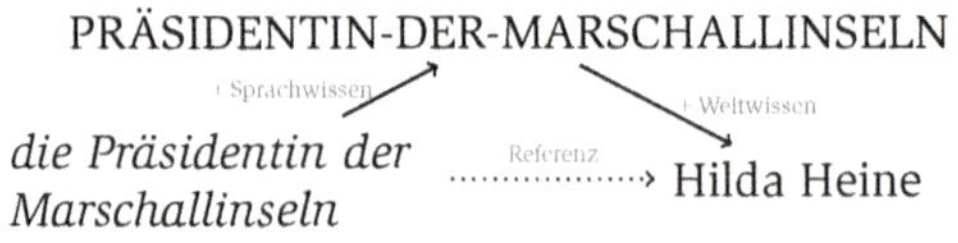

Die Unterscheidung zwischen Intension und Extension geht auf den Sprachphilosophen Gottlob Frege zurück, der dies **Sinn** und **Bedeutung** nannte (Frege 1892). Wir verwenden hier aber die klareren und verbreiterten Ausdrücke *Intension* und *Extension*. Für den Großteil dieser Einführung werden wir uns auf die extensionale Bedeutung konzentrieren und den intensionalen Teil erst einmal beiseitelassen. Am Ende des Buches (siehe Kapitel 11) werden wir darauf aber wieder zurückkommen und das semantische System, das wir bis dahin entwickelt haben, um Intensionen ergänzen.

1.3 | Über diese Einführung

Das Ziel der formalen Semantik, wie wir sie in dieser Einführung verstehen, ist es, die Bedeutung sprachlicher Ausdrücke möglichst präzise zu beschreiben und dabei ein System zu entwickeln, mit dessen Hilfe sich die Bedeutung von komplexen Ausdrücken berechnen lässt. Gerade dazu ist es sehr hilfreich, präzise Methoden aus der Mathematik und Logik zu verwenden, da uns dies dazu zwingt, unsere theoretischen Annahmen und Analysen von sprachlichen Daten explizit darzulegen und auch die Konsequenzen, die eine Annahme an einer anderen Stelle haben kann, transparent nachvollziehbar zu machen. Dadurch können wir bei der Entwicklung unserer semantischen Theorie nicht »schummeln« und uns hinter Metaphern oder ähnlichem verstecken; gerade wenn es um sprachliche Bedeutung geht, stellt das oft ein Problem dar.

Dass formale Methoden in der Semantik oft zum Standard gehören, stellt häufig eine Hürde im germanistischen Linguistikstudium dar, da viele aktuelle Forschungsartikel in der Semantik schwer zugänglich sind, da sie von Formeln wie der folgenden Gebrauch machen.

(11) $\lambda P \lambda Q.\forall x[P(x) \rightarrow Q(x)](\mathbf{studierend})(\mathbf{büffeln})$

Ziel dieser Einführung: Lesekompetenz von semantischen Formeln

Eine Formel wie in (11) erscheint Ihnen sicherlich unverständlich, zumindest, wenn Sie nicht mit den zugrundeliegenden formalen Methoden vertraut sind. Ziel dieser Einführung ist es deshalb, Ihnen die formalen Grundlagen zu vermitteln und Ihnen zu einer Lesekompetenz von semantischen Formeln zu verhelfen, um aktuelle semantische Forschungsliteratur lesen zu können, ohne dass sie vor den Formeln zurückschrecken müssen. Am Ende dieser Einführung werden Sie also in der Lage sein, Formeln wie die in (11) zu verstehen, und auch zu wissen, dass (11) äquivalent zu (12) ist und dass beide die semantische Struktur des Satzes »Alle Studierenden büffeln« repräsentieren.

(12) $\forall x[\mathbf{studierend}(x) \rightarrow \mathbf{büffeln}(x)]$

In seinem Fokus auf die formalen Grundlagen unterscheidet sich dieses Buch von vielen anderen, sehr guten Einführungen in die Semantik (Löbner 2003; Schwarz-Friesel/Chur 2014; Zimmermann 2014; Pafel/Reich 2016). Denn um das Buch relativ kurz zu halten, verzichten wir hier auf weitgehende Diskussionen zu semantischen Phänomenen und Termini – beispielsweise diskutieren wir keine semantischen Relationen, wie sie in den meisten Einführungen zu finden sind – sondern konzentrieren uns auf die zugrundeliegenden Mechanismen der semantischen Komposition und deren formalen Modellierung. Wir raten Ihnen deshalb, sich mit semantischen Phänomenen an anderer Stelle vertraut zu machen, wenn Sie Ihre semantischen Kenntnisse nach Durcharbeitung dieses Buches auch auf konzeptueller und terminologischer Ebene vertiefen wollen. Eine gute, formale Einführung, die (mit 440 Seiten) über diese Einführung hinausgeht, bietet Lohnstein 2011 (mit der Erstauflage habe ich selbst Semantik gelernt).

Am Ende einiger Kapitel finden Sie Aufgaben, deren Bearbeitung der Wiederholung und Vertiefung der Themen des jeweiligen Kapitels dienen soll. Die Lösungen zu den Aufgaben finden Sie auf https://www.springer.com/book/9783476048691.

Weiterführende Literatur

Löbner, Sebastian. 2003. *Semantik. Eine Einführung.* Berlin: de Gruyter.

Lohnstein, Horst. 2011. *Formale Semantik und natürliche Sprache.* 2., überarbeitete Auflage. Berlin: de Gruyter.

Pafel, Jürgen/Ingo Reich. 2016. *Einführung in die Semantik. Grundlagen – Analysen – Theorien.* Stuttgart: Metzler.

Schwarz-Friesel, Monika/Jeanette Chur. 2014. *Semantik. Ein Arbeitsbuch.* 6. Auflage. Tübingen: Narr.

Zimmermann, Thomas Ede. 2014. *Einführung in Semantik.* Darmstadt: WBG.

Zitierte Literatur

Frege, Gottlob. 1892. Über Sinn und Bedeutung. *Zeitschrift für Philosophie und philosophische Kritik* 100. 25–50.

Lakoff, G. 1987. *Women, Fire, and Dangerous Things: What Categories Reveal about the Mind.* Chicago: University of Chicago Press.

Langacker, R. W. 1991. *Concept, Image, Symbol: The Cognitive Basis of Grammar.* Berlin: Mouton de Gruyter.

Langacker, Ronald W. 2008. *Cognitive Grammar: A Basic Introduction.* Oxford: Oxford University Press.

Morris, Charles. 1938. *Foundation of a Theory of Signs.* Chicago: University of Chicago Press. 1–59.

2 Bedeutungen und Kompositionalität

Nachdem wir uns im letzten Kapitel mit der Grundidee einer referentiellen, extensionalen Semantik vertraut gemacht haben, wollen wir uns in diesem Kapitel genauer mit der Frage beschäftigen, was die Bedeutung von verschiedenen Ausdrucksarten ist. Dabei beginnen wir mit der Bedeutung einzelner Ausdrücke und fragen uns dann, was die Bedeutung von Sätzen sein soll.

2.1 | Ausdrucksbedeutung

Wie wir im vorangegangenen Kapitel gesehen haben, sind nach dem extensionalen Ansatz die Bedeutung eines Ausdrucks die Dinge, die durch diesen Ausdruck bezeichnet werden. Am einleuchtendsten ist die Annahme sicherlich für Eigennamen. Die Bedeutung eines Eigennamens ist demnach die Person, auf die der Name referiert, sein Referent. Wir stellen also folgende erste Generalisierung auf, die ein Spezialfall des im vorherigen Kapitel formulierten Ansatzes ist.

Definition

> Die **Bedeutung eines Eigennamens** ist das Objekt, das durch diesen Eigennamen bezeichnet wird.

Eigenschaften und Prädikate: Doch was ist die Bedeutung eines Adjektivs wie *rot*, eines Nomens wie *Katze* oder eines Verbs wie *läuft*? Sicherlich bezeichnen diese Ausdrücke keine Personen wie Eigennamen. Sie referieren nicht auf **Individuen** oder **Entitäten**, wie es in der Semantik heißt; womit nicht nur Personen gemeint sind, sondern letztendlich alle einzeln bestimmbaren Objekte, wie beispielsweise das konkrete Exemplar des Buchs, das sie in der Hand halten oder das elektronische Gerät, auf das Sie gerade schauen. Wenn Ausdrücke wie *rot* oder *läuft* jedoch nicht solche Individuen bezeichnen, bedeutet das, dass diese Ausdrücke nicht referieren und dass der referentielle Ansatz hier schon an seine Grenzen stößt?

Um herauszufinden, wie die Bedeutung für die eben genannten Ausdrücke genauso beschrieben werden kann wie die für den Eigennamen *Bart*, überlegen wir, was *rot*, *Katze* und *läuft* gemeinsam haben. Im Gegensatz zu einem Eigennamen, der auf ein bestimmtes Individuum refe-

J.B. Metzler © Springer-Verlag GmbH Deutschland, ein Teil von Springer Nature, 2019
D. Gutzmann, *Semantik*, https://doi.org/10.1007/978-3-476-04870-7_2

riert, bezeichnen diese Ausdrücke **Eigenschaften**, die Individuen zukommen können. Das Adjektiv *rot* bezeichnet eine Eigenschaft, die ein Objekt haben kann oder nicht, nämlich die Eigenschaft rot zu sein. Als erste Annährung können wir also Folgendes schreiben.

(1) ⟦*rot*⟧ = die Eigenschaft, rot zu sein (vorläufig)

Die Bezeichnung »Eigenschaft« ist hier sicherlich in einem weiteren Sinne zu verstehen, da sie auch Zustände, Aktivitäten usw. umfassen soll. Besser ist es also zu sagen, dass *rot*, *Katze* und *läuft* **Prädikate** bezeichnen, die auf Individuen zutreffen oder nicht. Der Ausdruck *Prädikat* ist hier nicht im rein syntaktischen Sinne, sondern einfach als etwas, das einem Individuum zugeschrieben werden kann: ein Individuum kann laufen, rot sein oder eine Katze sein, oder eben auch nicht.

Die Gleichung in (1) scheint jedoch intuitiv zunächst nicht von der gleichen Qualität zu sein wie die Gleichung, die wir im letzten Kapitel für den Eigennamen *Bart* aufgestellt haben. War es nicht Ziel des referentiellen Ansatzes, die Bedeutung eines Ausdrucks als die Dinge in der Welt zu verstehen, die durch den Ausdruck bezeichnet werden? Und intuitiv scheint eine Eigenschaft kein »Ding in der Welt« zu sein, wie es die Person Bart ist. Dass diese Bedenken nur intuitiver Art sind, können wir sehen, wenn wir uns klar machen, dass wir auch Eigenschaften bzw. Prädikate streng referentiell verstehen können. Überlegen wir uns dazu, was die Bedeutung des Ausdrucks *Barts Vate*r ist. Zunächst ist klar, dass auch *Barts Vater* eine Eigenschaft ist, die für bestimmte Objekte in der Welt gilt und für andere nicht. In diesem Fall ist es sehr leicht, die Bedeutung des Prädikats anzugeben, da das Prädikat nur auf ein Individuum zutrifft, nämlich auf Barts Vater Homer.

(2) a. ⟦*Barts Vater*⟧ = die Eigenschaft, Barts Vater zu sein (vorläufig)
b. ⟦*Barts Vater*⟧ = Homer (vorläufig)

Hier entspricht die Eigenschaft also genau einem Objekt in der Welt. Schauen wir uns nun den Ausdruck *Barts Schwester* an. Intuitiv bezeichnet dieser Ausdruck die Eigenschaft, Barts Schwester zu sein.

(3) ⟦*Barts Schwester*⟧ = die Eigenschaft, Barts Schwester zu sein (vorläufig)

Prädikate als Mengen: Wie die Dinge nun im Kosmos der Simpsons liegen, trifft diese Eigenschaft nicht auf ein einzelnes Objekt zu, sondern auf zwei, nämlich Lisa und Maggie. Folglich ist die Bedeutung von *Barts Schwester* die **Zweiermenge** bestehend aus Lisa und Maggie.

(4) ⟦*Barts Schwester*⟧ = {Lisa, Maggie}

Ebenso können wir sagen, dass die Bedeutung des Ausdrucks *Barts Schwester* die **Menge** an Objekten ist, für die gilt, dass sie die Eigenschaft haben, Barts Schwester zu sein.

(5) ⟦*Barts Schwester*⟧ = {*x*: *x* ist Barts Schwester}

Schreibweisen von Mengen

Die Notation in (4) nennt man **extensionale Schreibweise**, da sie einfach die komplette Extension eines Ausdrucks auflistet. Die Notation in (5) nennt man **funktionale Schreibweise**, da die Menge hier als Funktion angegeben wird, ohne alle Objekte einzeln aufzulisten. Für die meisten Zwecke ist die funktionale Schreibweise sinnvoller, wie wir z. B. an dem oben erwähnten Prädikat *läuft* sehen können. So wie die Bedeutung von *Barts Schwester* der Menge an Objekten entspricht, für die gilt, dass sie Barts Schwester sind, so bezeichnet *läuft* die Menge der Objekte, die laufen; eine Menge die selbst in der Welt der Simpsons weit größer sein sollte als die Menge an Barts Schwestern.

(6) a. ⟦*läuft*⟧ = {Lisa, Bart, ... Milhouse}
  b. ⟦*läuft*⟧ = {*x*: *x* läuft}

Aus den vorangegangenen Überlegungen können wir nun folgende Generalisierung für Prädikate aufstellen.

Definition

> Die **Bedeutung eines Prädikats** ist die Menge derjenigen Objekte, auf die das Prädikat zutrifft.

Einermenge und leere Menge: Dieser Generalisierung zufolge müssen wir allerdings die Bedeutung anpassen, die wir in (2b) für den Ausdruck *Barts Vater* angegeben haben. Auch wenn *Barts Vater* nur ein einziges Objekt bezeichnet (nämlich Homer), so haben wir es dennoch mit einer Menge zu tun, wenn auch mit dem Sonderfall der **Einermenge**.

(7) a. ⟦*Barts Vater*⟧ = {*x*: *x* ist Barts Vater}
  b. ⟦*Barts Vater*⟧ = {Homer}

Dass wir für Prädikate, die nur ein Objekt bezeichnen, die aus diesem Objekt bestehende Einermenge als Bedeutung ansetzen und nicht einfach das Objekt selbst, liegt daran, dass wir unsere Semantik später möglichst generell halten wollen, unabhängig davon, ob ein Prädikat auf ein, kein oder mehrere Objekte zutrifft oder nicht. Außerdem werden wir später auf diese Mengen Bezug nehmen und z. B. sagen, dass »Homer ist Barts Vater« wahr ist, wenn Homer Element der Menge {*x*: *x* ist Barts Vater} also eben der Menge {Homer} ist. Außerdem wollen wir, dass Prädikate und Individuen quasi unterschiedliche Typen von Dingen in der Welt bezeichnen: Eigennamen bezeichnen Objekte, während Prädikate Mengen von Objekten bezeichnen. Und da *Barts Vater* ein Prädikat ist, soll es eine Menge bezeichnen, selbst wenn diese nur ein Element enthält. Gleiches gilt übrigens auch für Prädikate, die auf keine Objekte zutreffen. Sie bezeichnen eine Menge, die keine Elemente enthält – die **leere Menge** Ø bzw. { }.

(8) a. $[\![$*Barts Bruder*$]\!]$ = {*x*: *x* ist Barts Bruder}
b. $[\![$*Barts Bruder*$]\!]$ = Ø

Bisher haben wir also gesehen, was dem referentiellen Ansatz zufolge die Bedeutung von Eigennamen und Prädikaten ist. Aus den Überlegungen haben wir die beiden vorangegangenen Definitionen abgeleitet, die jeweils spezielle Fälle des generellen Ansatzes sind, wie er zu Beginn dieses Kapitels formuliert ist.

Zweistellige Prädikate als Mengen von Paaren: Die Bedeutung eines zweistelligen Prädikats wollen wir auch als eine Menge verstehen, da auch **zweistellige Prädikate** eine bestimmte Menge definieren. Eine einfache Menge von Individuen anzunehmen, reicht jedoch nicht aus, um die Bedeutung eines zweistelligen Prädikats korrekt zu erfassen. Dies lässt sich an dem zweistelligen Prädikat *liebt* illustrieren.

(9) a. $[\![$*liebt*$]\!]$ ≠ {Lisa, Bart, ..., Homer}
b. $[\![$*liebt*$]\!]$ ≠ {*x*: *x* liebt}

Bedeutung für zweistellige Prädikate

Im Gegensatz zu einstelligen Prädikaten wie *läuft* bezeichnet *liebt* keine Eigenschaft, die auf ein Objekt zutrifft. Zweistellige Prädikate bezeichnen vielmehr eine **Relation** zwischen zwei Objekten. Zwei Individuen *x* und *y* stehen in der *liebt*-Relation, wenn das eine Individuum das andere *liebt*. Das zweistellige Prädikat *liebt* bezeichnet also eine **Menge von Paaren**, für die gilt, dass das eine Element des Paares das andere Element liebt. Auch hier ist wieder eine extensionale und eine funktionale Schreibweise möglich.

(10) a. $[\![$*liebt*$]\!]$ = {⟨Homer, Marge⟩, ⟨Marge, Homer⟩, ... ⟨Milhouse, Lisa⟩}
b. $[\![$*liebt*$]\!]$ = {⟨*x*, *y*⟩: *x* liebt *y*}

Da es natürlich sehr wichtig ist, wer wen liebt und wer von wem geliebt wird, ist die Reihenfolge entscheidend, in der die Elemente des Paares auftauchen.

Bei geordneten Paaren (sog. *2-Tupeln*) ist im Gegensatz zu einfachen Mengen mit zwei Elementen die Reihenfolge der Elemente entscheidend. Notiert wird dieser Unterschied mit den spitzen, eckigen Klammern, im Gegensatz zu den geschweiften Mengenklammern. Darüber hinaus macht es bei Mengen auch keinen Unterschied, ob ein Element in der Menge mehrmals genannt wird, da es lediglich darauf ankommt, dass das Element in der Menge enthalten ist. Bei Paaren oder auch längeren Tupeln ist ein mehrfaches Vorkommen desselben Elements jedoch bedeutungsunterscheidend.

(11) a. {Lisa, Bart} = {Bart, Lisa} aber ⟨Lisa, Bart⟩ ≠ ⟨Bart, Lisa⟩
b. {Lisa, Bart, Lisa} = {Lisa, Bart} aber ⟨Lisa, Bart, Lisa⟩ ≠ ⟨Lisa, Bart⟩

Dreistellige Prädikate als Mengen von 3-Tupeln: Die Art und Weise, wie die Bedeutung eines zweistelligen Prädikats angegeben wird, lässt sich auf beliebige *n*-stellige Prädikate ausweiten. Die Bedeutung des dreistelligen Verbs *vorstellen* ist demnach eine Menge bestehend aus 3-Tupeln, für die gilt, dass eine Person einer anderen Person eine dritte Person vorstellt.

Bedeutung für dreistellige Prädikate

(12) a. ⟦*vorstellen*⟧ = {⟨Bart, Milhouse, Lisa⟩, ⟨Homer, Mr. Burns, Marge⟩, ...}
b. ⟦*vorstellen*⟧ = {⟨x, y, z⟩: x stellt z y vor}

Da wir nun die Typen der Bedeutung von Eigennamen sowie ein-, zwei- und dreistelligen Prädikaten kennen und somit schon ein ganz passables Bedeutungsinventar haben, ist es an der Zeit, zu fragen, was die Bedeutung von Ausdrücken ist, in denen Eigennamen mit Prädikaten kombiniert werden: Sätze.

2.2 | Satzbedeutung

Wir beginnen mit dem einfachsten Fall eines Satzes, in dem ein Eigenname mit einem einstelligen Prädikat kombiniert wird.

(13) a. Lisa läuft.
b. Homer ist Barts Vater.

Die Bedeutung, die eine referentielle Semantik satzförmigen Ausdrücken zuschreibt, ist relativ abstrakter Art und sicherlich nicht so intuitiv einleuchtend, wie zum Beispiel die Bedeutung, die Eigennamen zugeschrieben wird. Allerdings liegt hier, wie wir sehen werden, die enorme Stärke des referentiellen Ansatzes. Der Grundgedanke, der auf den Sprachphilosophen und Logiker Gottlob Frege (1892) zurückgeht, ist, dass die Referenz eines Satzes ein sehr abstraktes Objekt ist:

> Die **Bedeutung eines Satzes** ist sein Wahrheitswert.

Definition

Wahrheitswerte: Ein Satz ist entweder wahr oder falsch und entsprechend ist die Referenz eines Satzes entweder der **Wahrheitswert** »wahr« (= 1) oder »falsch« (= 0).

(14) a. ⟦*Homer ist Barts Vater*⟧ = 1
b. ⟦*Lisa ist Barts Vater*⟧ = 0

Natürlich kennen wir nicht den Wahrheitswert jedes Satzes, den wir verstehen. Die Idee ist aber, dass wir, wenn wir wissen, wie die Verhältnisse in der Welt sind, prinzipiell den Wahrheitswert jedes Satzes bestimmen könnten, den wir verstehen. Diese Idee wird von dem Philosophen Ludwig Wittgenstein (1922) in dem folgenden Zitat aus seinem *Tractatus Logicus Philosophicus* expliziert:

> »Einen Satz verstehen, heißt, wissen was der Fall ist, wenn er wahr ist.« (Wittgenstein 1922: § 4.024)

Die Grundidee einer solchen Wahrheitsbedingungensemantik ist, die Bedeutung natürlichsprachlicher Sätze dadurch zu erfassen, dass sie die Bedingungen angibt, die erfüllt sein müssen, damit der Satz wahr ist. Dies geschieht in Form von Sätzen der folgenden Art:

Wahrheitsbedingungensemantik

(15) ⟦*Homer ist Barts Vater*⟧ = 1, wenn Homer Barts Vater ist.

Die Hauptaufgabe der formalen Wahrheitsbedingungensemantik ist es nun, einen **Formalismus** zu entwickeln, mit dessen Hilfe solche Wahrheitsbedingungen berechnet werden können. Wir können nicht die Bedeutung jedes Satzes einzeln gelernt haben, denn prinzipiell können wir auch Sätze wie in (16) verstehen, die wir vorher noch nie gehört haben, solange wir die Struktur des Satzes verstehen und die Bedeutung der beteiligten Wörter kennen.

(16) Bei ihrem ersten Rendezvous schauten sich Angela Merkel und Frank-Walter Steinmeier tief in die Augen, bevor sie wieder an ihrer Cola schlürften.

Darüber hinaus können Sprecherinnen auch immer wieder neue Sätze produzieren, die ihre Adressatinnen verstehen. Durch die Möglichkeit der **Koordination** – also der Verknüpfung von zwei Sätzen zu einem neuen Satz durch die Konjunktion *und* – sind prinzipiell unendlich viele neue Sätze möglich. Die natürliche Sprache ist **produktiv**.

2.3 | Kompositionalität

Um der Produktivität natürlicher Sprache gerecht zu werden, kann eine Semantik also nicht davon ausgehen, dass die Bedeutung eines Satzes eine feste Größe ist. Vielmehr muss sie einen Weg finden, um die Wahrheitsbedingungen eines Satzes ebenso systematisch berechnen zu können, wie wir in der Lage sind, diese zu verstehen oder zu produzieren. Ein Weg, dies zu erreichen ist über das sogenannte **Kompositionalitätsprinzip**, das meistens Frege zugeschrieben wird und deshalb auch manchmal *Frege-Prinzip* genannt wird.

Definition

> **Kompositionalitätsprinzip:** Die Bedeutung eines komplexen Ausdrucks ergibt sich aus der Bedeutung seiner Bestandteile und der Art ihrer Verknüpfung.

Bestandteile und Wahrheitsbedingungen: Machen wir uns im Folgenden kurz und intuitiv klar, warum die erste Komponente des Kompositionalitätsprinzips gerechtfertigt ist. Vergleichen wir dafür noch einmal die beiden Sätze in (14), die ich hier kurz wiederhole:

(17) a. ⟦*Homer ist Barts Vater*⟧ = 1
b. ⟦*Lisa ist Barts Vater*⟧ = 0

Diese beiden Sätze unterscheiden sich in ihrem Wahrheitswert und somit in ihrer Bedeutung. Dies bestätigt unsere Intuition, dass die Bedeutung der einzelnen Bestandteile eines Satzes auf bestimmte Weise zur Gesamtbedeutung des Satzes beiträgt. Die Wahrheitsbedingungen für (17a) und (17b) sind folglich auch verschieden.

(18) a. ⟦*Homer ist Barts Vater*⟧ = 1, wenn Homer Barts Vater ist.
b. ⟦*Lisa ist Barts Vater*⟧ = 1, wenn Lisa Barts Vater ist.

Wie wir sehen, unterscheiden sich die Wahrheitsbedingungen nur darin, dass ein anderes Individuum Barts Vater sein muss, damit die Sätze wahr sind. Natürlich hängt dies mit der Bedeutung der Ausdrücke zusammen, aus denen die Sätze jeweils zusammengesetzt sind, denn der Unterschied in den Wahrheitsbedingungen entspricht genau der Bedeutung der ausgetauschten Wörter.

(19) a. ⟦*Homer ist Barts Vater*⟧ = 1, wenn ⟦Homer⟧ Barts Vater ist.
b. ⟦*Lisa ist Barts Vater*⟧ = 1, wenn ⟦Lisa⟧ Barts Vater ist.

Dies zeigt also deutlich, dass die Bedeutung der Teile eines Satzes in die Bedeutung des Satzes eingeht. Die Bedeutung von Satzgliedern, wie dem Subjekt, geht direkt, d. h. **unmittelbar** in die Satzbedeutung ein. Satzglieder können ihrerseits wieder aus Teilen bestehen. Solche Satzgliedteile gehen dann **mittelbar** in die Bedeutung des Satzes ein, da sie selbst unmittelbar in die Bedeutung ihres Satzglieds eingehen. Schauen wir uns zur Illustration das Prädikat *Barts Vater* an. Die Bedeutung von *Barts Vater* hat direkten, unmittelbaren Einfluss auf die Wahrheitsbedingungen des Satzes, in dem es erscheint, wie der Vergleich mit dem Prädikat *faul* zeigt.

(20) a. ⟦*Homer ist Barts Vater*⟧ = 1, wenn Homer Barts Vater ist.
b. ⟦*Homer ist faul*⟧ = 1, wenn Homer faul ist.

Auch wenn wir oben das Prädikat *Barts Vater* als ein einfaches Prädikat verstanden haben, lässt es sich als einen komplexen Ausdruck verstehen, der aus den Teilen *Barts* und *Vater* besteht. (Wir lassen hier außer Acht, dass *Barts* sich auch zusammensetzt aus dem Eigennamen *Bart* und dem Genitivsuffix *-s*.) Dass die Bedeutung von *Barts Vater* von der Bedeutung dieser beiden Teile abhängt, zeigen die folgenden Beispiele, in denen jeweils ein Teil des komplexen Prädikats ersetzt wird.

(21) a. ⟦*Barts Vater*⟧ = {*x*: *x* ist Barts Vater} = Homer
b. ⟦*Barts Mutter*⟧ = {*x*: *x* ist Barts Mutter} = Marge
c. ⟦*Homers Vater*⟧ = {*x*: *x* ist Homers Vater} = Abe Simpson

Somit hat die Bedeutung von *Barts* und *Vater* unmittelbaren Einfluss auf das Prädikat *Barts Vater*. Und da die Bedeutung von *Barts Vater* unmittelbaren Einfluss auf die Bedeutung des Satzes *Homer ist Barts Vater* hat, hat sowohl die Bedeutung von *Barts* als auch von *Vater* einen mittelbaren Einfluss auf die Wahrheitsbedingungen des Satzes.

Struktur und Wahrheitsbedingungen: Nachdem der erste Teil des Kompositionalitätsprinzips motiviert ist, gilt es nun, zu zeigen, dass auch der zweite Teil sinnvoll ist. Dazu betrachten wir die folgenden zwei Sätze.

(22) a. Alex liebt Chris.
b. Chris liebt Alex.

Ausdrücke haben hierarchische Struktur

Ignorieren wir aus Gründen der Einfachheit die Tatsache, dass im Deutschen unter bestimmten Bedingungen die Wortstellung von Argumenten, d. h. von Subjekt und Objekt, relativ frei ist und gehen davon aus, dass in beiden Sätzen die erste Konstituente das Subjekt ist. Für (22a) und (22b) ergeben sich dann die syntaktischen Strukturen in (23/24a) und (23/24b). Sowohl die Klammerstrukturen als auch die Baumstrukturen zeigen, dass die **hierarchische Struktur** der beiden Beispiele verschieden ist. Während in (23/24a) zunächst der Eigenname *Chris* mit dem Verb *liebt* zu der Verbalphrase (VP) *Chris liebt* verbunden wird, wird in (23/24b) *Chris* mit der schon kompletten VP *Alex liebt* verbunden:

(23) a. [Alex [liebt Chris]] b. [Chris [liebt Alex]]

(24) a.
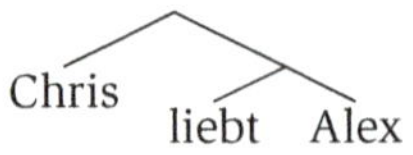

b.
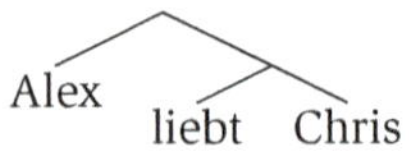

Die unterschiedliche syntaktische Struktur der Sätze in (22) bedingt nun auch jeweils andere Wahrheitsbedingungen, denn obwohl die verwendeten Wörter die gleichen sind (und somit die gleiche Bedeutung haben), ist die »Art ihrer Verknüpfung« verschieden.

(25) a. ⟦*Alex liebt Chris*⟧ = 1, wenn Alex Chris liebt.
b. ⟦*Chris liebt Alex*⟧ = 1, wenn Chris Alex liebt.

Zur Vertiefung

Zum Umgang mit Syntax in diesem Buch

Wir werden in diesem Buch eine stark vereinfachte Notation für die Syntax verwenden. Wir werden ignorieren, dass Deutsch eine Subjekt-Objekt-Verb-Sprache ist, dass das lexikalische Verb in der Verbalphrase also nicht vor – wie in den Strukturen in (23) und (24) – sondern nach dem Objekt erscheint. Sie können im Syntax-Einführungsbuch in dieser Reihe

(Repp/Struckmeier 2020) nachlesen, warum *liebt* in einfachen Sätzen wie *Alex liebt Chris* offensichtlich nicht vor dem Objekt erscheint – aber Sie können sich schon hier ein erstes Bild von der Objekt-vor-Verb-Stellung machen, wenn Sie das Perfekt des Satzes bilden, da dort das lexikalische Verb tatsächlich hinter dem Objekt steht: *Alex hat Chris geliebt*. Weitere Vereinfachungen, die wir in diesem Buch in Abweichung von Repp/Struckmeier (2020) vornehmen werden, sind die folgenden. Wir werden immer davon ausgehen, dass ein Subjekt sich direkt mit einer VP verbindet, und die *v*P ignorieren. Wir beachten also nicht, was für ein Verbtyp im Satz erscheint (unergatives Verb, unakkusatives Verb). Funktionale Projektionen wie AspP, TP oder CP werden wir ignorieren, da wir uns hier nicht mit der Semantik von Aspekt, Tempus und unterschiedlichen Satztypen oder komplexen Sätzen befassen werden. Wir werden bei Eigennamen und Phrasen wie *die schwarze Katze* als *Determiniererphrasen* (DPs) sprechen, auch wenn wir dies hier nicht weiter motivieren werden. In den Baumstrukturen werden wir der Einfachheit halber manchmal die Kategoriennamen wie *VP* oder *DP* weglassen. Wenn wir den obersten Knoten in einem Syntaxbaum benennen, wird dieser bei uns einfach *Satz* heißen. Wir werden also Bäume wie folgende verwenden:

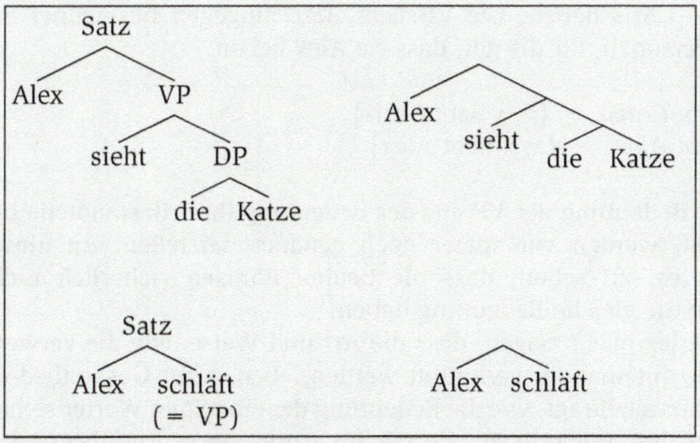

Diese Vereinfachungen dienen dazu, die Wahrheitsbedingungensemantik in einfachen, gut verständlichen Schritten einzuführen. Es ist aber wichtig zu wissen, dass es eine große Stärke dieser Semantiktheorie mit ihrem Kompositionalitätsprinzip ist, dass sie auch für die komplexeren syntaktischen Strukturen, die in Repp/Struckmeier (2020) behandelt werden – und generell für komplexe Sätze – die Bedeutung berechnen kann.

Betrachten wir nun die Struktur der beiden Sätze in (22) genauer, um zu verdeutlichen, dass die unterschiedliche Reihenfolge der Verknüpfung der syntaktischen Elemente einen Einfluss auf die Wahrheitsbedingungen hat. Wie wir bereits gesehen haben, ergibt sich die Bedeutung eines Satzes aus der Bedeutung seiner Bestandteile. Wenn wir also sagen, dass die Sätze in (22) unmittelbar aus dem Subjekt und einer VP bestehen, dann muss sich ihre Bedeutung irgendwie aus der Verbindung der Bedeutung des Subjekts und der Bedeutung der VP ergeben. Der syntaktischen Zusammensetzung in (26a) entspricht die semantische Zusammensetzung in (26b).

(26) a. S = DP + VP
b. ⟦S⟧ = ⟦DP⟧ + ⟦VP⟧

Wenn wir nun die beiden Sätze betrachten, dann wird klar, dass die Subjekt-DP verschieden ist und somit auch der Bedeutungsbeitrag des Subjekts. In dem Fall ist die Bedeutung des Subjektes die Person Alex, in dem anderen Fall ist es die Person Chris.

Die Bedeutung der VP, die aus der Objekt-DP und dem Verb besteht, ergibt sich natürlich ebenso aus der Bedeutung ihrer Bestandteile.

(27) a. VP = DP + V
b. ⟦VP⟧ = ⟦DP⟧ + ⟦V⟧

Da die VP der beiden Sätze in (24) jeweils eine andere ist, weil sie aus anderen Elementen gebildet wird, ist auch ihre Bedeutung wieder verschieden. Die VP *liebt Chris* bezeichnet die Menge der Personen, für die gilt, dass sie Chris lieben. Die VP *liebt Alex* hingegen bezeichnet die Menge der Personen, für die gilt, dass sie Alex lieben.

(28) a. ⟦*liebt Chris*⟧ = {*x*: x liebt Chris}
b. ⟦*liebt Alex*⟧ = {*x*: x liebt Alex}

Wie sich die Bedeutung der VP aus der Bedeutung ihrer Bestandteile berechnen lässt, werden wir später noch genauer darstellen. An dieser Stelle reicht es, zu sehen, dass die beiden Phrasen sicherlich nicht zwangsläufig die gleiche Bedeutung haben.

Diese Überlegungen zeigen, dass die Art und Weise, wie die verwendeten Wörter miteinander verknüpft werden, ebenso zur Gesamtbedeutung eines Satzes beiträgt, wie die Bedeutung der einzelnen Wörter selbst. Ziel der formalen Semantiken, die wir im Laufe dieser Einführung betrachten werden, ist es, **systematische Regeln** zu entwickeln, mit deren Hilfe sich die Bedeutung komplexer Ausdrücke gemäß dieser Kompositionalität berechnen lässt. Genau dies wollen wir im nächsten Kapitel angehen.

Weiterführende Literatur

Repp, Sophie/Volker Struckmeier. 2020. *Syntax. Eine Einführung*. Berlin: J.B. Metzler.

Zitierte Literatur

Frege, Gottlob. 1892. Über Sinn und Bedeutung. *Zeitschrift für Philosophie und philosophische Kritik* 100. 25–50.
Wittgenstein, Ludwig. 1922. *Logisch-Philosophische Abhandlung. Tractatus Logicus Philosophicus*. London: Kegan Paul.

3 Namen und Prädikate

3.1 | Praktische Kompositionalitätsprobleme

Nachdem wir uns im vorangegangenen Kapitel mit den Grundannahmen der Wahrheitsbedingungensemantik vertraut gemacht haben, werden wir in diesem Kapitel nun eine erste, ausgesprochen simple Semantik für einen kleinen bzw. sehr kleinen Ausschnitt der deutschen Sprache entwickeln, was in der Semantik traditionellerweise eine Fragment genannt wird. Wie wir im vorherigen Kapitel bereits thematisiert haben, soll die semantische Theorie, die wir entwickeln werden, das Prinzip der Kompositionalität berücksichtigen: Die Bedeutung eines komplexen Ausdrucks ergibt sich aus der Bedeutung seiner Bestandteile und der Art ihrer Verknüpfung.

Satzbedeutung als Ausgangspunkt

Wenn wir eine semantische Theorie für einen Teil einer natürlichen Sprache formulieren möchten, die das Kompositionalitätsprinzip erfüllt, dann gibt es verschiedene Vorgehensweisen. Die Methode, die wir hier anwenden werden, ist eine **top-down**-Strategie, wie sie auch Frege (1892) verfolgt hat: Wir legen die Art der Bedeutung einer bestimmten Kategorie von Ausdrücken fest und versuchen daraus auf die Art der Bedeutung der unmittelbaren Teilausdrücke zu schließen (vgl. Zimmermann 2012: 86). Die Kategorie, für die wir die Bedeutung festlegen, sind natürlich Sätze, wie wir es in Kapitel 2 getan haben: Die **Bedeutung eines Satzes** ist sein Wahrheitswert. Die Bedeutung von Sätzen so festzulegen und dies als Ausgangspunkt für die weitere Analyse zu nehmen, ist dadurch motiviert, dass Sätze eine so große Kategorie sind, dass jede andere Kategorie Teil eines Satzes sein kann (sogar Sätze selbst). Würden wir zum Beispiel Verbalphrasen oder gar Eigennamen als Startpunkt nutzen, wäre es nicht möglich, mittels einer top-down-Strategie die Bedeutung jeder Kategorie zu erschließen, da nicht jede Art von Ausdruck Teil einer Verbalphrase oder eines Eigennamens sein kann.

Bei der Formulierung einer kompositionellen semantischen Theorie, können wir bei der semantischen Analyse nun mit verschiedenen Kompositionalitätsproblemen konfrontiert werden. Mit »Problemen« bezeichnen wir hier jene Situationen, in denen die Art der Bedeutung einer bestimmten Kategorie von Ausdrücken oder die Art der Verknüpfung noch nicht bekannt ist. Bevor wir die verschiedenen Arten von Kompositionalitätsproblemen skizzieren, auf die man stoßen kann, muss zunächst noch etwas zum Begriff der »Art der Verknüpfung« gesagt werden. Wir gehen davon aus, dass die Verknüpfung, von der im Kompositionalitätsprinzip die Rede ist, eine semantische Verknüpfung ist. Allerdings erwarten wir

D. Gutzmann, *Semantik*, https://doi.org/10.1007/978-3-476-04870-7_3

Syntax und Semantik

auch, dass es Aufgabe der Semantik ist, diese semantischen Verknüpfungen systematisch mit syntaktischen Arten der Verknüpfung in Verbindung zu setzen. Wenn wir also eine syntaktische Verknüpfung SYN zweier Ausdrücke *A* und *B* vorfinden – wir schreiben dies als SYN(*A*, *B*) – dann müssen wir eine entsprechende semantische Operation SEM finden, die die *Bedeutung* der beiden Ausdrücke entsprechend miteinander verknüpft.

(1) a. SYN(*A*, *B*)
 b. SEM(⟦*A*⟧, ⟦*B*⟧)

Für jede syntaktische Operation SYN gilt es also, eine semantische Entsprechung SEM zu finden. Sind solche Entsprechungen etabliert, haben wir auch die syntaktische Struktur eines komplexen Ausdrucks kompositionell in die Semantik integriert.

Arten von Kompositionalitätsproblemen: Wenn wir der Einfachheit halber davon ausgehen, dass es nur binäre Verknüpfungen gibt, dann existieren prinzipiell drei Arten von Kompositionalitätsproblemen. Mit Zimmermann (2012: 87) nehmen wir die folgende Klassifikation von Kompositionalitätsproblemen an:

(2) Typ 0:

(3) Typ 1a:

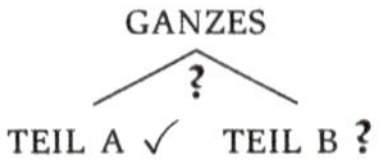

Typ 1b:

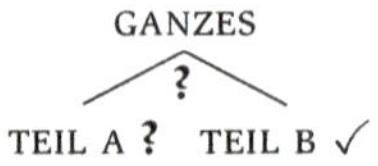

(4) Typ 2:

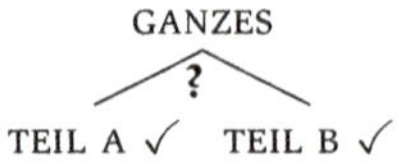

Da wir davon ausgehen, dass die Art der Bedeutung des komplexen Ausdrucks (GANZES) bekannt ist, gibt es drei mögliche Unbekannte: die Art der Bedeutung jeweils eines Teils (TEIL A bzw. TEIL B) und die Art der Verknüpfung (dargestellt durch das »?« unterhalb des Knotens), die der oben erwähnten semantischen Operation SEM entspricht. Da all diese Komponenten unbekannt sein können, gibt es insgesamt die oben dargestellten drei möglichen Typen von Kompositionalitätsproblemen.

Die Darstellung dieser Kompositionalitätsprobleme sieht vielleicht sehr abstrakt aus, ist aber nur eine schematische Illustration ganz alltäglicher Fragestellungen, denen man in der Semantik begegnen kann. Im letzten Kapitel sind wir zum Beispiel bereits auf ein Kompositionalitätsproblem gestoßen und im Laufe dieser Einführung werden wir uns immer wieder derartige Fragen stellen. Das Kompositionalitätsproblem, das in Kapitel 2 bereits angeschnitten wurde und welches wir in diesem Kapitel noch ausführlicher bearbeiten werden, war im Prinzip das folgende Typ-0-Problem:

(5)

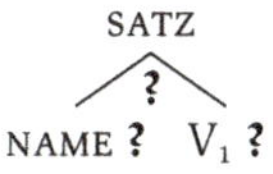

Wir haben angenommen, dass die Bedeutung eines Satzes ein Wahrheitswert ist. Nun gilt es sich zu fragen, wie sich dieser Wahrheitswert aus der Bedeutung eines Namens und der Bedeutung des einstelligen Verbs – notiert als »V_1« – und der Art, wie diese zusammengesetzt werden (das »?« in der Mitte), ergibt. Diese wollen wir im Folgenden lösen, wobei wir noch mal bei der Satzbedeutung beginnen.

Domäne der Wahrheitswerte

Bedeutung für Sätze: Die Grundannahme der Wahrheitsbedingungensemantik ist, dass die Bedeutung eines Satzes sein Wahrheitswert ist. Somit kennen wir die Art der Bedeutung von Ausdrücken, die Sätze sind. Da wir nur zwei Wahrheitswerte annehmen, ist {1, 0} die Menge der Wahrheitswerte, die man auch als D_t bezeichnet (wobei D hier für **Domäne** steht und t für Englisch **truth value**).

(6) $D_t = \{1, 0\}$

Für Ausdrücke der Kategorie *Satz* gilt also, dass ihre Bedeutung ein Element aus der Menge der Wahrheitswerte sein muss, was durch das Symbol »$\in$« gekennzeichnet wird und wie folgt notiert wird:

(7) $[\![\text{Satz}]\!] \in D_t$

In der schematischen Darstellung eines Kompositionalitätsproblems ist es wichtig, dass es sich bei den jeweiligen Teilen – also in (5) beispielsweise SATZ oder NAME – immer um Kategorien oder Ausdrucksklassen handelt und nicht um konkrete Ausdrücke. Es geht also hier um Sätze und Namen im Allgemeinen und nicht um einen bestimmten Satz oder Namen. Wir können wissen, dass die Bedeutung eines Satzes ein Wahrheitswert ist, selbst wenn wir nicht wissen, was die Bedeutungen der Teile des Satzes sind. Den Wahrheitswert eines konkreten Satzes bzw. dessen Wahrheitsbedingungen können wir hingegen natürlich erst dann kennen, wenn wir die konkrete Bedeutung seiner Bestandteile kennen.

Bedeutung für Namen: Kompositionalitätsprobleme wie (5) vom Typ 0 sind auf der einen Seite schwierig, da wir keinerlei weitere Hinweise auf die Art der Bedeutung der Einzelteile und die Art der Verknüpfung haben. Auf der anderen Seite sind sie dadurch immer lösbar, da wir die Bedeutung der einzelnen Ausdrücke einfach festlegen können. Dies haben wir zum Beispiel in Kapitel 2 getan. Dort haben wir festgelegt, dass die Bedeutung eines Eigennamens ein Individuum in der Welt ist und dass die

Bedeutung eines einstelligen Prädikats eine Menge von Individuen ist. Wenn wir die Menge der Individuen in der Welt als D_e bezeichnen (wobei das *e* hier für *Entität*, also Individuum steht), können wir für die Bedeutung von Eigennamen Folgendes festhalten.

(8) $[\![\text{Name}]\!] \in D_e$

Bedeutung für einstellige Prädikate: Wenn die Menge der Dinge durch D_e gegeben ist und die Bedeutung eines einstelligen Prädikats eine Menge von Individuen ist, dann muss die Bedeutung des Prädikats eine Menge sein, die aus den Individuen aus D_e gebildet wird. Die Menge aller Mengen, die man aus der Menge D_e bilden kann, nennt man die **Potenzmenge** von D_e, geschrieben: $\wp(D_e)$.

Definition

> Die **Potenzmenge** $\wp(M)$ einer Menge M ist die Menge aller Mengen U, für die gilt, dass U Teilmenge der Menge M ist.
> $$\wp(M) = \{U : U \subseteq M\}$$

Illustrieren wir das anhand eines Beispiels. Wenn die Menge der Individuen D_e zum Beispiel aus den beiden Individuen Alex und Bente besteht, dann besteht $\wp(D_e)$ – die Potenzmenge von D_e – aus den vier Elementen {Alex, Bente}, {Alex}, {Bente} und der leeren Menge ∅ (da die leere Menge Teilmenge jeder Menge ist):

(9) Wenn D_e = {Alex, Bente},
dann $\wp(D_e)$ = {{Alex, Bente}, {Alex}, {Bente}, ∅}

Besteht D_e aus mehr oder weniger Elementen, dann vergrößert bzw. verkleinert sich auch $\wp(M)$ entsprechend:

Potenzmengen: Beispiele

(10) a. Wenn D_e = {Alex},
dann $\wp(D_e)$ = {{Alex}, ∅}
b. Wenn D_e = {Alex, Bente, Chris},
dann $\wp(D_e)$ = {{Alex, Bente, Chris}, {Alex, Bente}, {Alex, Chris}, {Bente, Chris}, {Alex}, {Bente}, {Chris}, ∅}

Die Potenzmenge von D_e ist also die Menge aller möglichen Mengen, die man aus D_e überhaupt bilden kann. Folglich muss die Bedeutung eines einstelligen Prädikats Element der Potenzmenge von D_e sein, da wir ja gesagt haben, dass die Bedeutung eines einstelligen Prädikats eine Menge von Individuen ist.

(11) $[\![V_1]\!] \in \wp(D_e)$

Wenn die Menge der Individuen wie in (9) nur aus Alex und Bente besteht, dann muss ein einstelliges Verb wie beispielsweise *schläft* eine der vier möglichen Mengen aus (9) bezeichnen; also entweder {Alex, Bente} –

wenn Alex und Bente schlafen – oder {Alex} oder {Bente} – wenn nur eine von ihnen schläft – oder die leere Menge { }, wenn niemand schläft.

Mit (11) und (8) haben wir somit eine Belegung für die Bedeutung der beiden Teile A und B des in (5) skizzierten Kompositionalitätsproblems gefunden, welches ein Typ-0-Problem war. Dieses Problem reduziert sich somit auf folgendes Typ-II-Problem.

(12)
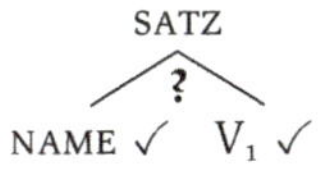

Um das Kompositionalitätsproblem endgültig aufzulösen und die Bedeutung eines Satzes kompositionell aus der Bedeutung eines Eigennamens und eines einstelligen Verbs zu berechnen, müssen wir für die Formulierung unserer Semantik nun noch die Art der Verknüpfung der beiden Teilbedeutungen ermitteln.

Art der Verknüpfung: Die einzigen komplexen Ausdrücke, für die im Folgenden eine Semantik formuliert werden soll, sind wie bereits erwähnt Sätze, die aus einem Eigennamen und einem einstelligen Prädikat bestehen.

(13) a. Alex pennt.
b. Bente tanzt.
c. Chris rennt.

Die syntaktische Struktur, die wir für solche Sätze annehmen, ist denkbar einfach.

(14)
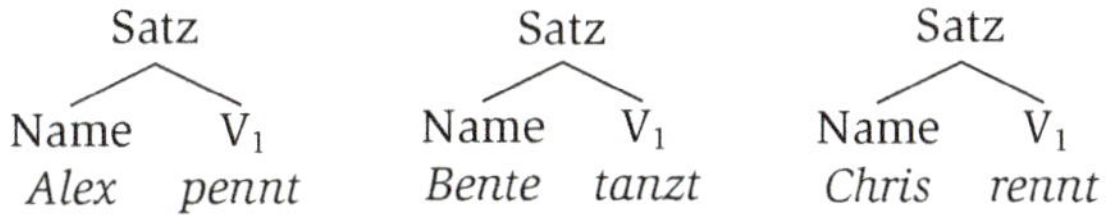

Syntaktisch werden also ein Eigenname und ein einstelliges Prädikat verknüpft, um einen Satz zu erhalten, was wir schematisch wie folgt festhalten können.

(15) Satz = Name + V_1

Für diese syntaktische Operation müssen wir also nun eine korrespondierende semantische Operation finden, die die Bedeutung des Eigennamens so mit der Bedeutung des Verbs verknüpft, dass daraus der Wahrheitswert des Satzes berechnet werden kann. Um herauszufinden, wie eine solche semantische Verknüpfung aussehen kann, betrachten wir zunächst noch einmal die intuitiven Wahrheitsbedingungen für die Sätze in (13), die wir am Ende erhalten wollen.

(16) a. ⟦*Alex pennt*⟧ = 1, wenn Alex pennt, sonst 0.
b. ⟦*Bente tanzt*⟧ = 1, wenn Bente tanzt, sonst 0.
c. ⟦*Chris rennt*⟧ = 1, wenn Chris rennt, sonst 0.

In diese intuitiven Wahrheitsbedingungen können wir die formalen Bedeutungen, die wir den einzelnen Ausdrücken zugewiesen haben, einsetzen, denn damit wir die Wahrheitsbedingungen kompositionell berechnen können, muss in den Wahrheitsbedingungen natürlich Bezug auf die Bedeutung der einzelnen Teile genommen werden. Das heißt, wir setzen zunächst die Bedeutung der Ausdrücke ein, damit wir sehen, dass diese tatsächlich Teil der Wahrheitsbedingungen sind.

(17) a. ⟦*Alex pennt*⟧ = 1, wenn ⟦*Alex*⟧ ? ⟦*pennt*⟧, sonst 0.
b. ⟦*Bente tanzt*⟧ = 1, wenn ⟦*Bente*⟧ ? ⟦*tanzt*⟧, sonst 0.
c. ⟦*Chris rennt*⟧ = 1, wenn ⟦*Chris*⟧ ? ⟦*rennt*⟧, sonst 0.

Das Fragezeichen in diesen Wahrheitsbedingungen steht für die Verknüpfungsrelation, die uns bisher noch unbekannt ist. Wie wir wissen, ist die Bedeutung eines Eigennamens die Person, die durch ihn bezeichnet wird, und die Bedeutung eines einstelligen Prädikats ist die Menge der Individuen, auf die das Prädikat zutrifft. Für die Bedeutungen in den Wahrheitsbedingungen in (17) setzen wir Werte ein: für Eigennamen Individuen und für Prädikate Mengen von Individuen.

(18) a. ⟦*Alex pennt*⟧ = 1, wenn Alex ? {*x*: *x* pennt}, sonst 0.
b. ⟦*Bente tanzt*⟧ = 1, wenn Bente ? {*x*: *x* tanzt}, sonst 0.
c. ⟦*Chris rennt*⟧ = 1, wenn Chris ? {*x*: *x* rennt}, sonst 0.

Nehmen wir jetzt weiterhin an, dass die konkreten Mengen, auf die die Prädikate *pennt*, *läuft* bzw. *rennt* referieren, die folgenden sind:

(19) a. {*x*: *x* pennt} = {Alex, Chris}
b. {*x*: *x* tanzt} = {Bente, Eike}
c. {*x*: *x* rennt} = {Deniz, Flo}

Die Werte für die Prädikate können nun die funktional angegebenen Mengen in den Wahrheitsbedingungen in (18) ersetzen. Somit ergeben sich die folgenden Wahrheitsbedingungen.

(20) a. ⟦*Alex pennt*⟧ = 1, wenn Alex ? {Alex, Chris}, sonst 0.
b. ⟦*Bente tanzt*⟧ = 1, wenn Bente ? {Bente, Eike}, sonst 0.
c. ⟦*Chris rennt*⟧ = 1, wenn Chris ? {Deniz, Flo}, sonst 0.

Elemente von Mengen: Wir haben diese etwas umständliche Vorgehensweise gewählt, da aus dieser Darstellung eigentlich schon hervorgeht, wie die semantische Verknüpfung der beiden Teilausdrücke formuliert werden kann, damit sich die intuitiven Wahrheitsbedingungen formal ergeben. Wir wissen bereits, dass die Bedeutung des Eigennamens *Alex* die Person Alex ist und dass die Bedeutung des Prädikats *pennt* die Menge bestehend aus Alex, Hans und Chris ist. Alex ist also Teil der Menge der pennenden Personen. Und wenn Alex Teil der Menge der pennenden Personen ist, dann ist der Satz *Alex pennt* wahr. Die Person Chris ist hingegen nicht in der Menge der rennenden Personen enthalten. Folglich ist

Chris keine rennende Person und der Satz *Chris rennt* ist somit falsch. Die Wahrheit des Satzes hängt also in folgender Weise von dem Verhältnis der Bedeutung des Subjektes und der Bedeutung des Verbs ab: Wenn die Referenz des Subjektes Element der Menge ist, die durch das Verb bezeichnet wird, dann ist der Satz wahr. Wenn nicht, ist er falsch. Die formale Relation, die wir uns hier zunutze machen, ist also Element einer Menge zu sein.

Lösung des Kompositionalitätsproblems: Wir können jetzt die Fragezeichen in (20) auflösen und erhalten die kompletten Wahrheitsbedingungen:

(21) a. ⟦*Alex pennt*⟧ = 1, wenn Alex ∈ {Alex, Chris}, sonst 0.
b. ⟦*Bente tanzt*⟧ = 1, wenn Bente ∈ {Bente, Eike}, sonst 0.
c. ⟦*Chris rennt*⟧ = 1, wenn Chris ∈ {Deniz, Flo}, sonst 0.

Da wir konkrete Bedeutungen für die Eigennamen und die Prädikate angenommen haben, lassen sich aus diesen Wahrheitsbedingungen auch direkt die Wahrheitswerte ablesen.

(22) a. ⟦*Alex pennt*⟧ = 1, da Alex ∈ {Alex, Chris}.
b. ⟦*Bente tanzt*⟧ = 1, da Bente ∈ {Bente, Eike}.
c. ⟦*Chris rennt*⟧ = 0, da Chris ∉ {Deniz, Flo}.

In (22) stehen die Wahrheitsbedingungen der Sätze aus (5). Da diese aber alle die gleiche Struktur haben, können wir ein allgemeines semantisches Schema aufstellen, das dem syntaktischen Schema in (15) entspricht.

(23) $[\![\text{Name } V_1]\!] = 1$, wenn $[\![\text{Name}]\!] \in [\![V_1]\!]$

Nun haben wir die Art der Bedeutungen der Einzelteile und die Art der Verknüpfung für unser anfängliches Kompositionalitätsproblem (5) gefunden und dieses somit gelöst. Bisher haben wir diese Zutaten allerdings nur auf einer intuitiven Ebene miteinander vermischt. Im Folgenden werden wir nun eine einfache Semantik definieren, die all die entwickelten Komponenten formal miteinander in Verbindung setzt. Darüber hinaus werden wir anhand dieser einfachen Semantik die Struktur veranschaulichen, die alle im Laufe dieser Einführung entwickelten Semantiken haben werden.

3.2 | L_1 – eine erste formale Sprache

Formale Sprache

Die erste formale Semantik, die wir hier im Folgenden definieren wollen, wollen wir »L_1« nennen, da sie nur für Sätze definiert sein wird, die aus Eigennamen und einem einstelligen Verb bestehen. Das »L« steht dabei für *language*, also Sprache, und die »1« dafür, dass wir nur einstellige Verben behandeln werden. Anschließend erweitern wir dieses System dann um Definitionen für zweistellige Verben, was uns dann zu L_{1+2} führen wird.

Bevor wir dies in folgenden Abschnitten angehen und die Sprache präzise L_1 definieren werden, müssen wir kurz die Komponenten und die generelle Architektur einer **modelltheoretischen Semantik** betrachten, wie die Art von Semantik genannt wird, die wir hier nutzen.

Bestandteile einer formalen Sprache

Jede Semantik, die in dieser Einführung formuliert wird, besteht aus

- einer **Grammatik**, (inklusive Lexikon und Syntax)
- einem **Modell** und
- einer **Interpretation**.

Die erste Komponente stellt dabei unsere künstliche Sprache, die wir untersuchen, dar. Das Modell kann als eine Art »Kunstwelt« verstanden werden, auf die sich die Sprache bezieht. Die Interpretation stellt dann die eigentliche Semantik dar, die den Ausdrücken der Sprache eine Bedeutung (im Modell) zuweist.

Grammatik: Um eine formale Semantik zu entwickeln, muss zunächst festgelegt werden, was die Ausdrücke sind, die die Semantik erfassen können soll. Dies geschieht in der Grammatik, in der wir eine künstliche Sprache definieren, die in diesem Falle einem Fragment des Deutschen entspricht. Innerhalb der Grammatik werden im Lexikon die atomaren Ausdrücke definiert, die Teil der Sprache sein sollen: also die einfachen, unteilbaren, was in der Regel Wörter sind. In der Syntax wird geregelt, inwieweit diese Ausdrücke zu neuen wohlgeformten, komplexen Ausdrücken kombiniert werden können. Mit Syntax sind hier einfach die Regeln gemeint, nach denen also Ausdrücke in der formalen Sprache geformt werden können. Sie entspricht nicht der Syntax, wie sie aus entsprechenden Einführungsbüchern bekannt ist (beispielsweise Repp /Struckmeier 2020).

Modell: Ist die Grammatik der Semantik definiert, brauchen wir zudem ein Modell, das uns die möglichen Bedeutungen der Ausdrücke liefert. Denn wie wir gesagt haben, liegt die Bedeutung von sprachlichen Ausdrücken in den Dingen, die sie bezeichnen. Da unsere Semantik aber nicht auf unsere Welt, wie wir sie kennen, beschränkt sein soll (sondern auch auf mögliche Zustände der Welt aber auch fiktive Welten wie beispielsweise das Star-Wars-Universum anwendbar sein soll) verwenden wir die Methode der Modellbildung. Die sprachlichen Ausdrücke bezeichnen dann Objekte, die wir in einem solchen Modell annehmen. Solche Objekte können z. B. Individuen, Mengen von Individuen oder auch die beiden Wahrheitswerte sein. Die Verbindung zwischen dem Modell und den sprachlichen Ausdrücken wird durch eine **Zuweisungsfunktion** geregelt, die den atomaren Ausdrücken eine Bedeutung zuordnet.

Interpretation: Die dritte wichtige Komponente einer solchen Semantik ist schließlich die **Interpretationsfunktion**, die jeden wohlgeformten Ausdruck der Sprache interpretiert und dessen Bedeutung liefert. Dies stellt die Semantik im eigentlichen Sinne dar.

3.2.1 | Die Grammatik für L_1

Wie oben bereits erwähnt, besteht die Grammatik unserer einfachen Semantik aus einem Lexikon und einer Syntax. Im Lexikon wird definiert, was die atomaren Ausdrücke für L_1 sind, während in der Syntax festgelegt wird, wie Ausdrücke so zu neuen, komplexen Ausdrücke kombiniert werden dürfen. Die Grammatik regelt also, was die Ausdrücke für L_1 sind. Diese werden **wohlgeformte Ausdrücke** genannt. Die Menge aller wohlgeformter Ausdrücke nennen wir WFA.

Wir beginnen zunächst mit dem **Lexikon**, das in unserer Semantik nur Eigennamen und einstellige Prädikate enthalten soll. NAME sei die Menge aller Eigennamen in der Objektsprache und $\mathbf{V_1}$ sei die Menge aller einstelligen Prädikate der Objektsprache. Da sowohl die Eigennamen als auch die einstelligen Prädikate wohlgeformte Ausdrücke sein sollen, legen wir für L_1 fest, dass ein eine Ausdruck α gilt: Wenn $\alpha \in$ NAME, dann $\alpha \in$ WFA. Für die Prädikate ganz analog: Wenn $\alpha \in \mathbf{V_1}$, dann ist auch $\alpha \in$ WFA.

Die Objektsprache, für die wir unsere Semantik formulieren, enthält nur Sätze, die aus Eigennamen und einem einstelligen Prädikat bestehen, und es gibt auch sonst keine weiteren Möglichkeiten, wie Ausdrücke miteinander verknüpft werden können. Die **Syntax** für L_1 ist daher entsprechend einfach. Sie besagt einfach, dass, wenn $\alpha \in$ NAME und $\beta \in \mathbf{V_1}$, dann ist auch die Verknüpfung $\alpha\ \beta \in$ WFA.

Grammatik für L_1

Da wir außerdem ausschließen wollen, dass L_1 darüber hinaus noch andere Ausdrücke interpretiert, stellen wir noch eine Ausschlussklausel auf. Die vollständige Grammatik für L_1 lässt sich also wie folgt definieren, wobei (24a) und (24b) dem Lexikon entsprechen und (24c) der Syntax.

(24) **Grammatik für L_1**
  a. Wenn $\alpha \in$ NAME, dann $\alpha \in$ WFA.
  b. Wenn $\alpha \in \mathbf{V_1}$, dann $\alpha \in$ WFA.
  c. Wenn $\alpha \in$ NAME und $\beta \in \mathbf{V_1}$, dann $\alpha\ \beta \in$ WFA.
  d. Nichts sonst ist ein wohlgeformter Ausdruck für L_1.

3.2.2 | Modelle für L_1

Um den Ausdrücken von L_1 eine Bedeutung zuzuweisen, brauchen wir ein Modell, das die Objekte enthält, auf die die Ausdrücke referieren und die somit die Bedeutung der Ausdrücke darstellen. Wie eingangs erwähnt, besteht ein Modell für L_1 aus einer Domäne $\mathbf{D}$ – einer Menge von Objekten im Modell – und einer Zuweisungsfunktion I, die den sprachlichen Ausdrücken eines dieser Modellobjekte zuweist. Ein Modell ist also ein Paar $\langle \mathbf{D}, I \rangle$.

Domäne des Modells: Wie in Kapitel 2 und in zu Beginn dieses Kapitels diskutiert, ist die Bedeutung eines Satzes ein Wahrheitswert und die Bedeutung eines Eigennamens ein Individuum, während die Bedeutung eines einstelligen Prädikats eine Menge aus diesen Individuen ist. Ein

Modell für $\boldsymbol{L}_1$ muss also entsprechende »Dinge« beinhalten, die dann als die Bedeutung von den zu analysierenden Ausdrücken fungieren können. Die Menge aller Dinge in einem Modell – also alle modelltheoretischen Objekte – bezeichnen wir als die Domäne **D** unseres Modells. Um die passenden Objekte für unsere Ausdrücke bereitzustellen, muss **D** mit Wahrheitswerten und Individuen zwei Arten von Dingen enthalten, also aus zwei Teilmengen bestehen: zum einem aus D_e (einer Menge von Individuen), und zum anderen aus D_t (der Menge der Wahrheitswerte).

Die Zuweisungsfunktion ist es, die jeden wohlgeformten, atomaren Ausdruck von $\boldsymbol{L}_1$ auf ein Objekt aus dem Modell abbildet. Diese wird typischerweise als *I* notiert, was an »Interpretation« erinnern soll. Aber Achtung: die Zuweisungsfunktion *I* darf nicht mit der eigentlichen Interpretationsfunktion verwechselt werden, zu der wir im nächsten Abschnitt kommen werden, da die Zuweisungsfunktion wirklich nur für die atomaren Ausdrücke zuständig ist.

Die Zuweisungsfunktion ist eine **Funktion**, ähnlich wie Sie sie noch aus dem Mathematikunterricht kennen. Eine Funktion nimmt ein **Argument** und gibt einen sogenannten **Funktionswert** zurück. In Falle der Zuweisungsfunktion *I* sind atomare Ausdrücke von $\boldsymbol{L}_1$ die möglichen Argumente und die Funktionswerte sind die Bedeutungen der Ausdrücke, also die entsprechenden Objekte aus der Domäne des Modells. Wenn also, beispielsweise, der Ausdruck *Alex* dem Individuum A im Modell zugewiesen wird, dann sagen wir, dass »*I* von *Alex* gleich A ist«, was wir auch formaler schreiben können als: $I(Alex) = \text{A}$. Auf den Funktionsbegriff werden wir in Kapitel 4 noch ausführlich zu sprechen kommen.

Es ist wichtig zu verstehen, dass die Bedeutungen, die die sprachlichen Ausdrücke im Modell erhalten, zunächst völlig arbiträr sind und in keinerlei inhärenter Beziehung zu den Ausdrücken stehen. So können wir ein konkretes Modell definieren, das die drei Individuen Alex, Bente und Chris enthält und in dem der Ausdruck *Alex* der Person Bente zugeordnet wird. Oder wir haben ein Modell mit den Individuen A, B und C und in diesem Modell weist *I* dem Ausdruck *Alex* das Individuum A zu.

Die Beziehung zwischen einem Ausdruck der Sprache und den Objekten in einem Modell hängt also davon ab, wie die Zuweisungsfunktion in dem konkreten Modell definiert ist.

Natürlich wollen wir nicht, dass die Zuweisungsfunktion völlig arbiträr ist, sondern in gewisser Hinsicht die Typen der Ausdrücke berücksichtigt, damit auch die Generalisierungen aus Kapitel 2 weiterhin gültig sind und *I* nicht auf einmal einem Eigennamen wie *Bente* einen Wahrheitswert zuweist oder eine Menge von Individuen. Je nach Typ eines Ausdrucks der Sprache soll *I* bestimmten Beschränkungen unterliegen, damit *I* einem Namen ein Individuum und einem einstelligen Prädikat eine Menge von Individuen im Modell zuweist. Da wir zwei Arten von basalen Ausdrücken für $\boldsymbol{L}_1$ definiert haben, sind also zwei Beschränkungen der Zuweisungsfunktion *I* nötig. (i) Wenn ein Ausdruck α ein Name ist, dann muss *I* diesem Ausdruck α ein Individuum zuweisen, also ein Element aus D_e (siehe auch (8)). (ii) Wenn ein Ausdruck α ein einstelliges Prädikat ist, dann muss I von α eine Menge von Elementen aus D_e sein.

Der Wert eines einstelligen Prädikats muss folglich Element der Potenzmenge von D_e sein (siehe auch (11)).

Eine vollständige Definition von Modellen für $\boldsymbol{L_1}$ kann nun wie folgt formuliert werden.

Modelle für L_1

(25) **Modelle für $\boldsymbol{L_1}$**
Ein Modell für $\boldsymbol{L_1}$ ist eine Struktur $M = \langle \mathbf{D}, I \rangle$, so dass gilt:
a. $\boldsymbol{D}$ ist eine Menge von modelltheoretischen Objekten, die aus den folgenden Teildomänen besteht:
   (i) D_e, einer Menge von Individuen
   (ii) $D_t = \{1, 0\}$, der Menge der Wahrheitswerte
b. I ist eine Zuweisungsfunktion, die jedem atomaren, wohlgeformten Ausdruck von $\boldsymbol{L_1}$ ein modelltheoretisches Objekt aus $\boldsymbol{D}$ zuweist, wobei gilt:
   (i) Wenn $\alpha \in$ NAME, dann $I(\alpha) \in D_e$.
   (ii) Wenn $\alpha \in \mathbf{V_1}$, dann $I(\alpha) \in \wp(D_e)$.

3.2.3 | Die Interpretation für L_1

Die dritte und letzte Komponente für unsere erste Semantik $\boldsymbol{L_1}$ ist die Denotations- oder Interpretationsfunktion, die die Bedeutung für alle wohlgeformten Ausdrücke der Sprache liefert. Konventionell üblich wird sie mit den eckigen Doppelklammern »$[\![\cdot]\!]$« geschrieben, wie wir sie bereits informell verwendet haben, als wir über die Bedeutung von Ausdrücken gesprochen haben. Diese Interpretationsfunktion wollen wir nun formal definieren, so dass sie auf kompositionelle Art und Weise die Bedeutung der Ausdrücke ermittelt.

Wenn die Interpretationsfunktion auf einen Ausdruck einer beliebigen Sprache angewendet wird, dann gibt es prinzipiell zwei Möglichkeiten: Entweder ist der Ausdruck atomar oder er ist komplex, das heißt, er besteht aus mehreren Teilausdrücken.

Atomare Ausdrücke: Wenn ein Ausdruck α basal ist, dann ist die Bedeutung des Ausdrucks das Objekt, das dem Ausdruck durch die Zuweisungsfunktion I im Modell als Bedeutung zugewiesen wird. Es gilt also $[\![\alpha]\!] = I(\alpha)$. Dies mag vielleicht zunächst etwas umständlich erscheinen, ist aber plausibel, wenn wir uns überlegen, dass man sich die Zuweisungsfunktion auch wie eine Art Lexikon vorstellen kann, in dem die Bedeutung eines Ausdrucks festgelegt wird, oder auch als die Menge der Konventionen, die die Bedeutung von Ausdrücken festlegen. Und da die Bedeutung eines atomaren Ausdrucks nicht weiter kompositionell ermittelt werden kann, kann die Interpretationsfunktion für solch einen Ausdruck auch nur dessen lexikalische Bedeutung ausgeben, auf die er durch die Zuweisungsfunktion abgebildet wird.

Komplexe Ausdrücke: Die andere Möglichkeit ist, dass der Ausdruck, den wir interpretieren wollen, selbst aus anderen Ausdrücken zusammengesetzt ist. Für solche Ausdrücke soll die Interpretationsfunktion die Bedeutung kompositionell angeben, also indem sie auf die Bedeutung der Einzelteile und der Art ihrer Verknüpfung Bezug nimmt. Da die einzigen komplexen Ausdrücke in $\boldsymbol{L_1}$ Sätze sind, die aus einem Eigennamen und einem einstelligen Verb bestehen, müssen wir für die Interpretation von komplexen Ausdrücken also eine Regel formulieren, nach der der Wahrheitswert eines Satzes ermittelt wird. Das haben wir anhand konkreter Beispiele schon in (23) getan. Dies generalisieren wir für alle komplexen Ausdrücke $\alpha\ \beta$, die aus einem Eigennamen α und einem einstelligen Verb β bestehen, und sagen, dass ein Satz $\alpha\ \beta$ wahr ist, wenn die Bedeutung von α Element der Bedeutung von β ist.

Bevor wir eine mögliche, formale Definition der Interpretationsfunktion präsentieren, sei noch darauf hingewiesen, dass es wichtig ist, dass die Interpretation eines Ausdrucks nicht absolut ist, sondern immer nur in Bezug auf ein konkretes Modell stattfinden kann, da die Interpretation immer von der Zuweisungsfunktion I abhängt, wie sie für ein bestimmtes Modell definiert ist. Folglich versehen wir die Interpretationsfunktion offiziell mit einem Index, so dass »$[\![\alpha]\!]^M$« als »Die Bedeutung von α in dem Modell M« zu lesen ist. Diesen Index werden wir zugunsten der Lesbarkeit allerdings oft weglassen, wenn es nicht zu Verständnisschwierigkeiten führt. Die Tatsache, dass eine Interpretation in Beziehung zu einem Modell ist, gilt aber natürlich auch für diese vereinfachte Schreibweise.

Die Interpretationsfunktion für $\boldsymbol{L}_1$ definieren wir nun wie folgt:

Interpretation für L_1

(26) **Interpretation für $\boldsymbol{L}_1$**

$[\![\cdot]\!]^M$ ist eine Interpretationsfunktion für $\boldsymbol{L}_1$, die jedem wohlgeformten Ausdruck für $\boldsymbol{L}_1$ eine Bedeutung in Bezug auf ein Modell M zuweist, so dass gilt:

a. Wenn α atomar ist, dann $[\![\alpha]\!]^M = I(\alpha)$.
b. $[\![\alpha\ \beta]\!]^M = 1$, wenn $[\![\alpha]\!]^M \in [\![\beta]\!]^M$.

Mit diesen Definitionen haben wir jetzt eine erste, sehr basale Sprache und Semantik definiert, mit der einfache Sätze gebildet und interpretiert werden können. Der folgende Kasten illustriert dies anhand eines Beispiels.

Beispiel

Beispielanalyse für $\boldsymbol{L}_1$

In Bezug auf unsere erste Sprache $\boldsymbol{L}_1$ wollen wir folgendes Beispiel analysieren.

(27) Bente büffelt.

Um diesen Satz überhaupt zu analysieren, müssen wir ein konkretes Lexikon für unsere Sprache definieren, sowie die Interpretation der lexikalischen Ausdrücke, also den Wert der I-Funktion für diese Ausdrücke festlegen. Das Gleiche gilt für die Objekte in unserem Modell. Arbeiten wir mit folgenden Beispielen:

(28) **Lexikon**

a. **Name** = {*Alex, Bente, Chris*}
b. $\mathbf{V}_1$ = {*büffelt*}

(29) **Modell**
a. $D_e = \{A, B, C\}$
b. $I(Alex) = A, I(Bente) = B, I(Chris) = C$
$I(büffelt) = \{\mathrm{B}, \mathrm{C}\}$

Das Lexikon definiert also, dass wir drei Eigennamen in unserer Sprache haben und ein Prädikat. Im Modell werden dann die Denotationen für diese Ausdrücke durch die *I*-Funktion festgelegt. Dabei benutzen wir für die Individuen im Modell die Buchstaben *A*, *B*, *C*, die natürlich an die vorhandenen Eigennamen erinnern sollen.
Zunächst prüfen wir, ob der Ausdruck in (27) überhaupt wohlgeformt in unserer Sprache ist. Dies ist entsprechend (24c) der Fall:

(30) Da *Bente* ∈ NAME und *büffelt* ∈ $\mathbf{V_1}$: *Bente büffelt* ∈ WFA.

Folglich kann der Ausdruck durch die Interpretationsfunktion interpretiert werden. Da es sich bei (27) um einen Satz handelt, müssen wir zunächst die Regel in (26b) anwenden, da Sätze keine atomaren, sondern komplexe Ausdrücke sind.

(31) $[\![\textit{Bente büffelt}]\!] = 1$, wenn $[\![\textit{Bente}]\!] \in [\![\textit{büffelt}]\!]$.

In einem zweiten Schritt können wir bei beiden Teilausdrücken gemäß (25a) auf die Zuweisungsfunktion verweisen, um die Bedeutung der Ausdrücke zu erhalten.

(32) $[\![\textit{Bente büffelt}]\!] = 1$, wenn $I(Bente) \in I(büffelt)$.

Wenn wir in (32) jetzt die entsprechenden Werte aus (29) einsetzen, dann sehen wir, dass der Satz in unserem Modell wahr ist.

(33) $[\![\textit{Bente büffelt}]\!] = 1$, da $B \in \{\mathrm{B}, \mathrm{C}\}$.

Wir haben den Wahrheitswert des Ausdrucks *Bente büffelt* also zurückgeführt auf die Bedeutung der Einzelteile und die Regel, die diese Bedeutungen miteinander in Verbindung setzt.

3.3 | L_{1+2} – eine Sprache mit Relationen

Erweiterung der Sprache

Wir wollen jetzt unsere Semantik $\boldsymbol{L_1}$ so erweitern, dass die erweiterte Sprache $\boldsymbol{L_{1+2}}$ auch Sätze umfasst, die wie in (34) aus zwei Eigennamen und einem zweistelligen Verb bestehen.

(34) a. Alex liebt Chris.
b. Bente ärgert Alex.

Diese Sätze haben die vereinfachte syntaktische Struktur in (35), wobei das Subskript 2 am V-Symbol für »zweistelliges Verb« steht.

(35)

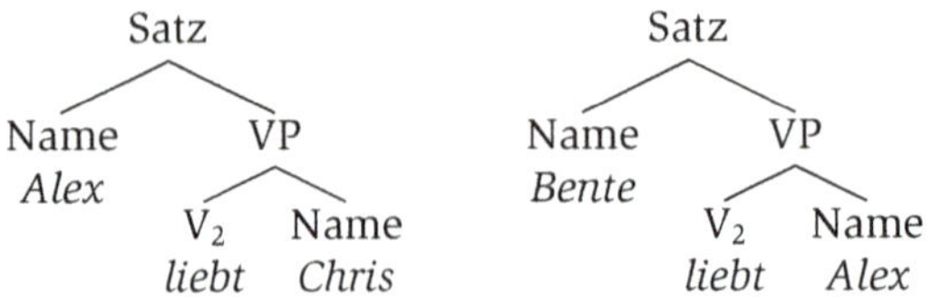

Wir werden für die Formulierung unserer Semantik jedoch zunächst die hierarchische syntaktische Struktur des Satzes, wie sie in (35) zu erkennen ist, ignorieren. Wir beachten hier nicht, dass Verb und Objekt die VP bilden, welche dann mit dem Subjekt verkettet wird. Stattdessen werden wir die nicht-hierarchische einfache Kombination in (36) annehmen.

(36) Satz = Name + V_2 + Name

Der Grund für diese Herangehensweise besteht darin, dass ich erstens die Grenzen eines solchen Ansatzes aufzeigen will und somit die Notwendigkeit eines generelleren Apparats motivieren möchte. Zweites ist die Erweiterung von $\boldsymbol{L}_1$ zu $\boldsymbol{L}_{1+2}$ relativ einfach, so dass sich durch ein solches Vorgehen gut exemplarisch illustrieren lässt, wie sich eine bereits vorhandene Semantik so erweitern lässt, dass sie mehr sprachliche Daten erfassen kann.

Um unsere Semantik um zweistellige Prädikate zu erweitern, müssen wir jeder Komponente von $\boldsymbol{L}_1$ einen Satz über zweistellige Verben hinzufügen. Da zweistellige Verben atomare Elemente sind, müssen wir diese als erstes in das Lexikon mit aufnehmen. Wenn ein Ausdruck ein zweistelliges Prädikat ist, dann ist dieser ein wohlgeformter Ausdruck für $\boldsymbol{L}_{1+2}$. Damit auch die Verbindung eines zweistelligen Prädikats mit seinem Subjekt und Objekt wohlgeformter Ausdruck unserer Semantik ist, erweitern wir die Syntax um einen Satz, der die Kombination zweier Eigennamen mit einem zweistelligen Prädikat lizensiert. Damit ist die Formseite unserer Semantik um zweistellige Verben und deren Kombination mit Eigennamen erweitert.

Auf der Inhaltseite müssen wir nun sowohl das Modell als auch die Interpretationsfunktion erweitern. Da, wie wir bereits diskutiert haben, die Bedeutung eines zweistelligen Verbs eine Menge von geordneten Paaren von Individuen ist und Individuen bereits Teil der Modelle für $\boldsymbol{L}_1$ sind, brauchen wir der Domäne $\boldsymbol{D}$ der Modelle für $\boldsymbol{L}_{1+2}$ nichts hinzuzufügen. Allerdings müssen wir die Zuweisungsfunktion derart beschränken, dass zweistellige Verben immer eine Menge geordneter Paare von Individuen aus D_e bezeichnen. Die Menge aller möglichen geordneten Paare, die sich aus zwei Mengen bilden kann, nennt man das **kartesische Produkt** dieser beiden Mengen, das konventionell mit einem »×«geschrieben wird.

Definition

Das kartesische Produkt zweier Mengen *A* und *B* ist die Menge aller geordneten Paare $\langle a, b \rangle$, für die gilt, dass *a* Element aus *A* ist und *b* Element aus *B* ist.

$$A \times B = \{\langle a, b \rangle : a \in A \text{ und } b \in B\}$$

Beispiel

Aus den Mengen $A = \{♠, ♥\}$ und $B = \{\text{Alex, Bente, Chris}\}$ erhalten wir das folgende kartesische Produkt.

(37) $A \times B = \{\langle ♠, \text{Alex}\rangle, \langle ♠, \text{Bente}\rangle, \langle ♠, \text{Chris}\rangle, \langle ♥, \text{Alex}\rangle, \langle ♥, \text{Bente}\rangle, \langle ♥, \text{Chris}\rangle\}$

Da die Reihenfolge in den Paaren entscheidend ist, ist auch die Reihenfolge im kartesischen Produkt relevant.

(38) $B \times A = \{\langle \text{Alex}, ♠\rangle, \langle \text{Bente}, ♠\rangle, \langle \text{Chris}, ♠\rangle, \langle \text{Alex}, ♥\rangle, \langle \text{Chris}, ♥\rangle, \langle 3, ♥\rangle\} \neq A \times B$

Wir können auch das kartesische Produkt einer Menge mit sich selbst bilden.

(39) $A \times A = \{\langle ♠, ♠\rangle, \langle ♠, ♥\rangle, \langle ♥, ♠\rangle, \langle ♥, ♥\rangle\}$

Da wir festlegen wollen, dass die Bedeutung eines zweistelligen Verbs eine Menge geordneter Paare von Individuen aus D_e ist, können wir die Beschränkung aufstellen, dass die Zuweisungsfunktion I einem zweistelligen Prädikat ein Element aus $\wp(D_e \times D_e)$ zuweist, da das kartesische Produkt von $D_e \times D_e$ ja alle geordneten Paare umfasst, die man mit den Elementen aus D_e bilden kann.

Als Letztes müssen wir noch die Interpretationsfunktion für $\boldsymbol{L}_{1+2}$ anpassen. Hierzu stellen wir für Sätze, die nach der Regel für zweistellige Prädikate konstruiert wurden, eine Regel auf, die deren Wahrheitswert definiert. Während für Sätze mit einstelligem Prädikat gilt, dass sie wahr sind, wenn die Bedeutung des Subjekts Element der Bedeutung des Verbs ist, so gilt für zweistellige Sätze, dass sie wahr sind, wenn das geordnete Paar bestehend aus der Bedeutung des Subjekts und der Bedeutung des Objekts Teil der Bedeutung des zweistelligen Prädikats ist. Wenn α und β also beides Eigennamen sind und γ ist ein zweistelliges Prädikat, dann ist der Satz $\alpha\ \gamma\ \beta$ wahr, wenn das Paar $\langle [\![\alpha]\!], [\![\beta]\!]\rangle$, Element von $[\![\gamma]\!]$ ist.

Grammatik für L_{1+2}

Die vollständige Semantik $\boldsymbol{L}_{1+2}$ lässt sich also wie folgt definieren. Dabei sind die neuen Regeln, also solche, die nicht direkt aus $\boldsymbol{L}_{1+2}$ übernommen werden, in Blau gesetzt.

(40) **Grammatik für $\boldsymbol{L}_{1+2}$**

a. Wenn $\alpha \in$ NAME, dann $\alpha \in$ WFA.
b. Wenn $\alpha \in \mathbf{V_1}$, dann $\alpha \in$ WFA.
c. Wenn $\alpha \in \mathbf{V_2}$, dann $\alpha \in$ WFA.
d. Wenn $\alpha \in$ NAME und $\beta \in \mathbf{V_1}$, dann $\alpha\ \beta \in$ WFA.
e. Wenn $\alpha \in$ NAME und $\beta \in$ NAME und $\gamma \in \mathbf{V_2}$, dann $\alpha\ \gamma\ \beta \in$ WFA.
f. Nichts sonst ist ein wohlgeformter Ausdruck für $\boldsymbol{L}_{1+2}$.

Modelle und Interpretation für L_{1+2}

(41) **Modelle für L_{1+2}**
Ein Modell für L_{1+2} ist eine Struktur $M = \langle \mathbf{D}, I \rangle$, so dass gilt:
a. $\mathbf{D}$ ist eine Menge von modelltheoretischen Objekten, die aus den folgenden Teildomänen besteht:
(i) D_e, einer Menge von Individuen
(ii) $D_t = \{1, 0\}$, der Menge der Wahrheitswerte
b. I ist eine Zuweisungsfunktion, die jedem atomaren, wohlgeformten Ausdruck von L_{1+2} ein modelltheoretisches Objekt aus $\mathbf{D}$ zuweist, wobei gilt:
(i) Wenn $\alpha \in$ NAME, dann $I(\alpha) \in D_e$.
(ii) Wenn $\alpha \in \mathbf{V_1}$, dann $I(\alpha) \in \wp(D_e)$.
(iii) Wenn $\alpha \in \mathbf{V_2}$, dann $I(\alpha) \in \wp(D_e \times D_e)$.

(42) **Interpretation für L_{1+2}**
$[\![\cdot]\!]^M$ ist eine Interpretationsfunktion für L_{1+2}, die jedem wohlgeformten Ausdruck für L_{1+2} eine Bedeutung in Bezug auf ein Modell M zuweist, so dass gilt:
a. Wenn α atomar ist, dann $[\![\alpha]\!]^M = I(\alpha)$.
b. $[\![\alpha\ \beta]\!]^M = 1$, wenn $[\![\alpha]\!]^M \in [\![\beta]\!]^M$.
c. $[\![\alpha\ \gamma\ \beta]\!]^M = 1$, wenn $\langle [\![\alpha]\!]^M, [\![\beta]\!]^M \rangle \in [\![\gamma]\!]^M$.

Damit haben wir unser System um zweistellige Prädikate erweitert. Eine Beispielanalyse gibt der folgende Kasten.

Beispiel

Beispielanalyse für L_{1+2}

(43) Bente ärgert Alex.

Auch hier müssen wir wieder ein Lexikon festlegen sowie den lexikalischen Ausdrücken eine Bedeutung mittels der I-Funktion zuweisen. Dazu erweitern wir das Beispiel aus der Beispielanalyse für in L_{1+2} minimal um ein zweistelliges Verb und dessen Denotation.

(44) **Lexikon**
a. NAME = {*Alex, Bente, Chris*}
b. $\mathbf{V_1}$ = {*büffelt*}, $\mathbf{V_2}$ = {*ärgert*}

(45) **Modell**
a. $D_e = \{A, B, C\}$
b. $I(Alex) = A$, $I(Bente) = B$, $I(Chris) = C$
$I(büffelt) = \{B, C\}$, $I(ärgert) = \{\langle A, B\rangle, \langle A, C\rangle, \langle B, C\rangle\}$

Wie zuvor stellen wir erst fest, dass (41) ein wohlgeformter Ausdruck für L_{1+2} ist.

(46) Da *Bente* ∈ NAME und *Alex* ∈ NAME und *ärgert* ∈ $\mathbf{V_2}$: *Bente ärgert Alex* ∈ WFA.

Die Interpretation von (43) beginnen wir mit der Anwendung des neuen Satzes in (42c).

(47) $[\![\textit{Bente ärgert Alex}]\!] = 1$, wenn $\langle [\![\textit{Bente}]\!], [\![\textit{Alex}]\!] \rangle \in [\![\textit{ärgert}]\!]$.

Im zweiten Schritt verweist die Interpretationsfunktion dann auf die Zuweisungsfunktion.

(48) $[\![\textit{Bente ärgert Alex}]\!] = 1$, wenn $\langle I(\textit{Bente}), I(\textit{Alex}) \rangle \in I(\textit{ärgert})$.

Setzen wir in (46) nun die Werte ein, die in (43) gegeben sind, sehen wir, dass der Satz gemäß dem Modell als unwahr interpretiert wird, da das Paar aus *B* und *A* nicht in der Denotation des Verbs *ärgert* enthalten ist.

(49) $[\![\textit{Bente ärgert Alex}]\!] = 0$, da $\langle B, A \rangle \notin \{\langle A, B \rangle, \langle A, C \rangle, \langle B, C \rangle\}$

Das Prozedere ist also das gleiche wie für die Sätze mit nur einem Eigennamen und einem einstelligen Prädikat, nur dass wir es mit Paaren von Individuen und entsprechenden Mengen zu tun haben, anstatt mit einfachen Individuen und Mengen von Individuen.

In diesem Kapitel haben wir also die Grundzutaten für ein formal-semantisches System kennengelernt. Wir brauchen auf der einen Seite ein Lexikon und eine Grammatik, die bestimmen, was überhaupt die wohlgeformten Ausdrücke unserer Sprache sind, die von der Semantik interpretiert werden können. Daneben brauchen wir ein Modell, das eine angemessene lexikalische Bedeutung für die atomaren Ausdrücke zur Verfügung stellt und mittels der Zuweisungsfunktion *I* zuteilt, sowie eine Interpretationsfunktion, die generell alle wohlgeformten Ausdrücke der Sprache interpretiert.

Das System ist natürlich immer noch recht spärlich und kann nicht mit vielen komplexen Ausdrücken umgehen. Im nächsten Kapitel werden wir deshalb Werkzeuge kennenlernen, die uns ermöglichen werden, unsere Sprache auf systematische Art und Weise zu erweitern.

Aufgaben

1. Gegeben ist folgendes Lexikon und Modell:

a) $\textbf{NAME} = \{\textit{Alex, Deniz, Sasha}\}$
b) $\mathbf{V}_1 = \{\textit{kocht}\}$, $\mathbf{V}_2 = \{\textit{mag}\}$
c) $D_e = \{A, D, S\}$
d) $I(\textit{Alex}) = A$, $I(\textit{Deniz}) = D$, $I(\textit{Sasha}) = S$
$I(\textit{kocht}) = \{\text{Deniz, Sasha}\}$, $I(\textit{mag}) = \{\langle D, S \rangle, \{\langle S, D \rangle, \langle A, S \rangle\}$

Berechnen Sie in Bezug darauf die Bedeutung folgender Sätze:
- Alex kocht.
- Sasha mag Deniz.

2. Erweitern Sie die Sprache $\boldsymbol{L}_{1+2}$ zu $\boldsymbol{L}_{1+2+3}$ um das dreistellige Verb *vorstellen*, in dem sie den jeweiligen Komponenten Lexikon/Grammatik, Modell und Interpretation eine entsprechende Definition hinzufügen.

Zitierte Literatur

Frege, Gottlob. 1892. Über Sinn und Bedeutung. *Zeitschrift für Philosophie und philosophische Kritik* 100. 25–50.

Repp, Sophie/Volker Struckmeier. 2020. *Syntax. Eine Einführung*. Berlin: J. B. Metzler.

Zimmermann, Thomas Ede. 2012. Compositionality problems and how to solve them. In: Markus Werning/Wolfram Hinzen/Edouard Machery (Hg.). *The Oxford Handbook of Compositionality*, 81–106. Oxford: Oxford University Press.

4 Funktionen

4.1 | Syntax und Semantik

In den vorangegangenen Kapiteln haben wir eine einfache Semantik für Sätze mit einstelligem Prädikat und einem Eigennamen als Subjekt entwickelt und diese anschließend so erweitert, dass wir auch Sätze erfassen können, die aus zweistelligen Prädikaten und jeweils einem Eigennamen als Subjekt und Objekt bestehen. Dazu haben wir die einzelnen Komponenten von $\boldsymbol{L}_{1+2}$ um entsprechende Definitionen erweitert.

(1) **Erweiterung von L_1 zu L_{1+2}**
   a. *Lexikon*: Wenn $\alpha \in \mathbf{V_2}$, dann $\alpha \in$ WFA.
   b. *Syntax*: Wenn $\alpha, \beta \in$ NAME und $\gamma \in V_2$, dann $\alpha\ \gamma\ \beta \in$ WFA.
   c. *Modell*: Wenn $\alpha \in \mathbf{V_2}$, dann $I(\alpha) \in \wp(D_e \times D_e)$.
   d. *Interpretation*: $[\![\alpha\ \gamma\ \beta]\!]^M = 1$, wenn $\langle [\![\alpha]\!], [\![\beta]\!] \rangle \in [\![\gamma]\!]$.

Erweiterung um dreistellige Prädikate

Schrittweise Erweiterung: Es ist leicht zu sehen, wie sich eine solche Art von Semantik auf beliebige andere Ausdrücke ausdehnen lässt, indem jeder Komponente der Semantik eine entsprechende Regel hinzugefügt wird. So können wir uns leicht eine Semantik $\boldsymbol{L}_{1+2+3}$ vorstellen, die um dreistellige Prädikate erweitert wird, wie beispielsweise *vorstellen*. (Dies ist die Lösung für die Übungsaufgabe am Ende des vorherigen Kapitels.)

(2) Alex stellt Chris Bente vor.

Um solche Prädikate und entsprechende Sätze in unsere Semantik aufzunehmen, müssen wir zunächst für das Lexikon definieren, dass es eine Menge an dreistelligen Verben gibt und dass diese Ausdrücke wohlgeformt sind. In der Syntax legen wir dann fest, dass ein solches dreistelliges Prädikat mit einem Subjekt auf der linken Seite und einem indirekten Objekt und einem direkten Objekt auf der rechten Seite kombiniert werden kann. Im Modell muss ein weiterer Satz dann sicherstellen, dass die Bedeutung von diesen neuen Verben eine Menge von 3-Tupeln ist, anstatt von einfachen geordneten Paaren. In der Interpretation definieren wir zum Abschluss noch, dass ein Satz mit einem dreistelligen Verb dann wahr ist, wenn das 3-Tupel aus Subjekt, indirektem Objekt und direktem

D. Gutzmann, *Semantik*, https://doi.org/10.1007/978-3-476-04870-7_4

Objekt Teil der durch das Verb denotierten Menge ist. (Zur Erinnerung: 3-Tupel sind wie geordnete Paare, nur dass sie drei Elemente statt zwei enthalten.) Um von $\boldsymbol{L}_{1+2}$ zu $\boldsymbol{L}_{1+2+3}$ zu kommen, müssen wir also folgende Sätze zu $\boldsymbol{L}_{1+2}$ hinzufügen.

(3) **Erweiterung von $\boldsymbol{L}_{1+2}$ zu $\boldsymbol{L}_{1+2+3}$**
  a. *Lexikon*: Wenn $\alpha \in \mathbf{V_3}$, dann $\alpha \in$ WFA.
  b. *Syntax*: Wenn $\alpha, \beta, \gamma \in$ NAME und $\delta \in \mathbf{V_3}$, dann $\alpha\ \delta\ \beta\ \gamma \in$ WFA.
  c. *Modell*: Wenn $\alpha \in \mathbf{V_3}$, dann $I(\alpha) \in \wp(D_e \times D_e \times D_e)$.
  d. *Interpretation:* $[\![\alpha\ \delta\ \beta\ \gamma]\!] = 1$, wenn $\langle [\![\alpha]\!], [\![\beta]\!], [\![\gamma]\!] \rangle \in [\![\delta]\!]$.

In Satz (3c) bilden wir hier das kartesische Produkt aus drei Mengen (jeweils D_e), so dass wir als Bedeutung für ein dreistelliges Verb als eine 3-Tupel von Individuen erhalten. Beispielweise I(*vorstellen*) = {⟨Alex, Bente, Chris⟩, ⟨Alex, Chris, Bente⟩}, wenn Alex Bente Chris und Chris Bente vorstellt und sonst niemand jemanden jemandem vorstellt.

Durch das Hinzufügen von neuen Sätzen für das Lexikon, die Syntax, das Modell und die Interpretationsfunktion lassen sich theoretisch beliebige, neue Ausdrücke und syntaktische Strukturen in eine solche Semantik aufnehmen.

Problem: schrittweise Erweiterung ist nicht kompositionell: Ein solches »peu à peu«-Vorgehen hat allerdings gravierende Nachteile. Zum einen müssen wir für jeden neuen Ausdruckstypen jede Komponente der Semantik um eine neue Regel erweitern (also das Lexikon, die Syntax, das Modell und die Interpretation). Dadurch wird unsere Semantik schnell sehr weit aufgeblasen und wir hätten einen riesigen Regelapparat, was nicht wünschenswert ist. In konzeptueller Hinsicht ist zum anderen jedoch schwerwiegender, dass ein solches Vorgehen strenggenommen nicht dem Kompositionalitätsprinzip entspricht, welches wir uns als ein wichtiges Gütekriterium für unsere Semantik gesetzt haben. Um zu sehen, warum dies so ist, reicht bereits ein Blick auf unsere Semantik $\boldsymbol{L}_{1+2}$ aus dem letzten Kapitel, da selbst diese nicht kompositionell ist. Betrachten wir dazu nochmals folgendes Beispiel.

(4) Alex mag Chris.

Die Regel, die zur Interpretation eines solchen Satzes benutzt wird, ist die Regel in (1d). Wenden wir diese auf unser Beispiel an, erhalten wir folgende Wahrheitsbedingungen für den Satz in (4).

(5) $[\![\textit{Alex mag Chris}]\!] = 1$, wenn $\langle [\![\textit{Alex}]\!], [\![\textit{Chris}]\!] \rangle \in [\![\textit{mag}]\!]$

Was ist an dieser Regel nicht kompositionell? Es ist ja durchaus so, dass sich in dieser Formel die Bedeutung des gesamten Satzes, also dessen Wahrheitswert, aus der Bedeutung der einzelnen Teile und deren Verknüpfung ergibt. Dies stimmt zwar, allerdings nur zu einem gewissen, eingeschränkten Grad. Betrachten wir dazu die syntaktische Struktur von (4).

(6) 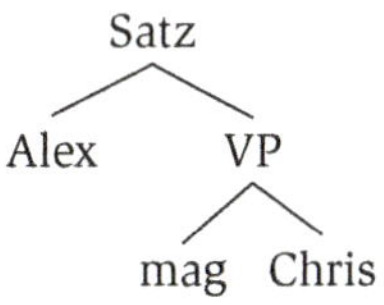

Bei der Entwicklung von L_{1+2} im vorherigen Kapitel haben wir die Tatsache ignoriert, dass die Struktur in (6) hierarchisch ist. Das Verb verbindet sich erst mit dem Objekt zur VP, bevor diese dann mit dem Subjekt Alex zu einem Satz kombiniert wird. Zwar spielen die Bedeutungen aller Teile des Satzes – also die Bedeutungen von *Alex*, *Chris* und *mag* – eine Rolle bei der Interpretation in (5), die »Art der Verknüpfung« aus (6) wird dort aber missachtet. Stattdessen arbeitet die Semantik in (5) mit einer sogenannten **flachen Struktur**, in der sich das Verb mit Subjekt und Objekt gleichzeitig verbindet, was wie folgt aussieht, was wir auch in der semantischen Regel im letzten Kapitel auch so angenommen hatten.

(7) Satz = Name + V_2 + Name

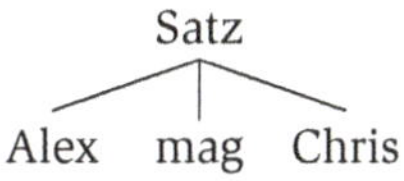

Die Struktur der semantischen Analyse (flach) entspricht nicht mit der Syntax (hierarchisch). In dieser Hinsicht ist die semantische Interpretation von zweistelligen Prädikaten, wie wir sie bisher betrieben haben, also nicht kompositionell.

Eine kompositionelle Analyse für Sätze wie (6) zu entwickeln, ist dabei nicht nur ein rein theoretisches Ideal. Die nicht-kompositionelle, flache Analyse aus (5) kann nämlich der Kombination aus Verb und Objekt keine Bedeutung zuweisen.

(8) $[\![$*mag Chris*$]\!]$ = ?

Während also der Gesamtsatz sowie Subjekt, Verb und Objekt (d. h. die Satzglieder) eine Bedeutung erhalten, ist die Interpretation der VP in dem System nicht vorgesehen. Genau genommen ist die Kombination aus *mag* und *Chris* nicht mal ein wohlgeformter Ausdruck in L_{1+2}, da es keine Regel gibt, die diese Kombination definiert.

Unmittelbare Konstituenten müssen beachtet werden

Diese mittlere Bedeutungsebene wird bei der Berechnung der Satzbedeutung entgegen der eigentlichen syntaktischen Struktur übergangen. Selbst wenn die Interpretationsregel in (5) alle Konstituenten in die Berechnung der Gesamtbedeutung miteinbezieht, beachtet sie nicht alle **unmittelbaren Konstituenten** und kann dadurch nicht die syntaktische Struktur erfassen. Unmittelbare Konstituenten sind die Konstituenten eines komplexen Ausdrucks, die sich direkt (also unmittelbar) unter der Ebene des Ausdrucks befinden; in unserem Fall also das Subjekt und die VP. Eine **strikte Version des Kompositionalitätsprinzip**, die dies verlangt, lässt sich wie folgt formulieren:

Definition

> **Striktes Kompositionalitätsprinzip:** Die Bedeutung eines komplexen Ausdrucks ergibt sich aus der Bedeutung seiner *unmittelbaren* Bestandteile und der Art ihrer Verknüpfung.

Problem: ungenügende Generalisierbarkeit: Die flache Interpretationsregel scheitert nicht nur daran, der Kombination aus Objekt und Verb eine Bedeutung zuzuweisen, sie ist auch nicht in der Lage, den Zusammenhang zwischen einem zweistelligen Verb mit Objekt und einem einstelligen Verb zu erfassen. Betrachten wir folgende Beispiele:

(9) Alex [schläft].
(10) Alex [liebt Chris].

In beiden Fällen wird der Ausdruck in Klammern mit dem Subjekt verbunden, um einen Satz zu bilden. Das heißt, es ist plausibel anzunehmen, dass ein enger Zusammenhang zwischen einstelligem Verb und zweistelligem Verb mit Objekt besteht (was in der Syntax dadurch erfasst wird, dass beides Verbalphrasen (VPs) sind). Dies wird durch die flache Interpretationsregel nicht berücksichtigt, da hier wie erörtert die Kombination aus Verb und Objekt gerade nicht berücksichtigt wird. Und da es eine wichtige Aufgabe jeder semantischen Theorie ist, Beziehungen zwischen Ausdrücken zu beschreiben und daraus auch **Generalisierungen** abzuleiten, sollten wir folglich Abstand davon nehmen, unsere Semantik durch das Hinzufügen von isolierten Regeln für jede neue Struktur zu erweitern. Vielmehr sollten wir unsere Herangehensweise überdenken und einen generellen Weg finden, die syntaktischen und semantischen Regeln unserer formalen Sprache zu formulieren, der im besten Fall dann auch dem strikteren Kompositionalitätsprinzip genügt. Dazu wird sich der Begriff der **Funktion** als sehr hilfreich erweisen, weshalb wir diesen im nun folgenden Abschnitt dieser Stelle einführen wollen.

4.2 | Funktionen

Der Begriff der **Funktion**, den wir im vorangegangenen Kapitel schon kurz angesprochen hatten, sollte den meisten Leser/innen noch aus dem Mathematikunterricht bekannt sein. Da dies aber schon länger her oder verdrängt worden sein mag, wollen wir hier eine kurze Einführung geben. Dabei werden wir auch weit unterhalb der Komplexität bleiben, die im Matheunterricht der Oberstufe anzusetzen ist.

Funktionen im Mathematikunterricht: Betrachten wir für den Einstieg eine einfache Funktion, der Sie im Laufe Ihrer Schulzeit sicher begegnet sind:

(11) $f(x) = x^2$

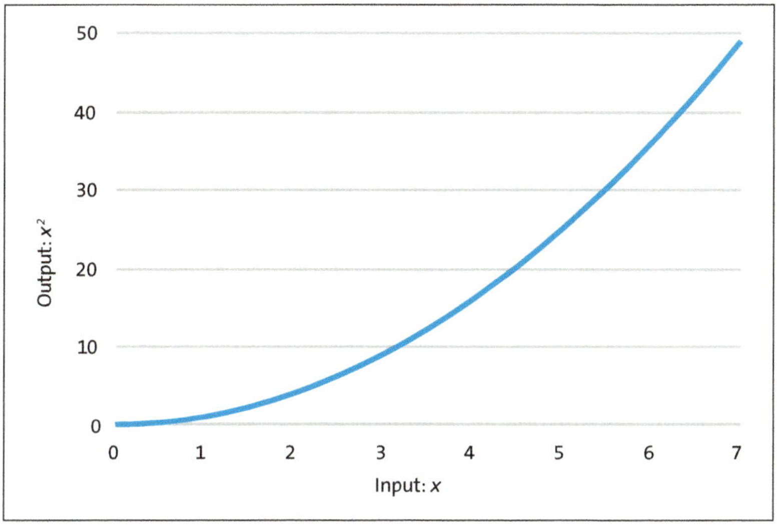

Abb. 4.1: Die Funktion $f(x) = x^2$

Diese Formel beschreibt eine Funktion f und zwar diese, die eine beliebige Zahl x auf ihr Quadrat (x^2) abbildet. Die Grafik in Abbildung 1 zeigt den bekannten **Funktionsverlauf** dieser Funktion f.

Argumente und Funktionswerte

Eine Funktion besteht gewissermaßen aus zwei Teilen: einem Input (= der »x-Wert« in der Grafik) und einem Output, auf den dieser Input abgebildet wird (= der »y-Wert« in der Grafik). Die Schreibweise in (11) ist also eigentlich eine Abkürzung, die uns sagt, wie wir aus **Argument** x (dem Input) den **Funktionswert** $f(x)$ gewinnen. In diesem Fall geschieht das dadurch, dass wir die Zahl x mit sich selbst multiplizieren. Die Funktion selbst wird also indirekt durch die Beziehung zwischen Input und Output charakterisiert.

Beschränken wir uns zur Illustration auf die ganzen, positiven Zahlen, dann können wir die Funktion auch wie folgt darstellen, indem wir jedem Input explizit den entsprechenden Output zuordnen.

(12)
$$f = \begin{bmatrix} 1 & \mapsto & 1 \\ 2 & \mapsto & 4 \\ 3 & \mapsto & 9 \\ 4 & \mapsto & 16 \\ \vdots & & \vdots \end{bmatrix}$$

Wenn wir diese Funktion mit einem Argument (dem Input) »füttern« – man spricht hier von der **Anwendung** der Funktion auf ein Argument – dann erhalten wir den entsprechenden Funktionswert als Output, auf den die Funktion das Argument abbildet.

(13)
$$f(3) = \begin{bmatrix} 1 & \mapsto & 1 \\ 2 & \mapsto & 4 \\ \mathbf{3} & \mapsto & \mathbf{9} \\ 4 & \mapsto & 16 \\ \vdots & & \vdots \end{bmatrix}(3) = 9$$

In dieser expliziten Darstellung der Funktion müssen wir nur die entsprechende Zeile finden (hier fett gedruckt) und den zum Input zugehörigen Output ablesen.

Funktionen jenseits des Mathematikunterrichts: Funktionen wie diese sind aus dem Matheunterricht bekannt. Aber inwiefern hilft uns das weiter? Wir wollen natürlich-sprachliche Ausdrücke und deren Bedeutung modellieren und nicht mit Zahlen hantieren. Nun muss nicht jede Funktion wie die in (12) aussehen. Für (12) können wir feststellen, dass man eine Zahl in die Funktion als Argument eingibt. Man drückt das so aus, dass die Funktion die Menge der Zahlen als **Domäne** hat (auch *Definitionsmenge* genannt). Dies ist der Bereich, aus dem die Argumente entnommen werden. In dem Fall der Quadratfunktion ist auch das Ergebnis eine Zahl. Hier spricht man davon, dass die **Kodomäne** der Funktion eine Zahl ist (auch *Zielmenge* genannt). Die x^2-Funktion ist also eine Funktion *von Zahlen in Zahlen*.

(14) Quadratfunktion:
$$\underbrace{\boxed{\underbrace{\text{ZAHL}}_{\text{Domäne}} \mapsto \underbrace{\text{ZAHL}}_{\text{Kodomäne}}}}_{\text{Funktion}}$$

Beispiel: Wochentagsfunktion

Betrachten wir nun eine Funktion von einem anderen Typ, also wo Domäne und/oder Kodomäne keine Zahlen sind. Es ist beispielsweise eine Wochentagsfunktion f_{wt} denkbar, die ein Datum auf den zugehörigen Wochentag abbildet. Ein Ausschnitt aus dieser Funktion kann wie folgt aussehen.

(15)
$$\begin{array}{c} \text{DATUM} \qquad\qquad \text{WOCHENTAG} \\ \begin{bmatrix} \vdots & & \vdots \\ 08.06.2019 & \mapsto & \text{Samstag} \\ 09.06.2019 & \mapsto & \text{Sonntag} \\ 10.06.2019 & \mapsto & \text{Montag} \\ 11.06.2019 & \mapsto & \text{Dienstag} \\ \vdots & & \vdots \\ 15.09.2019 & \mapsto & \text{Samstag} \\ 16.09.2019 & \mapsto & \text{Sonntag} \\ \vdots & & \vdots \end{bmatrix} \end{array}$$

Im Unterschied zur Quadratfunktion hat diese Funktion die Menge der Tage (in Form von Daten) als Domäne und die sieben Wochentage als Kodomäne.

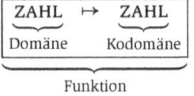

(16) Wochentagsfunktion f_{wt}: $\underbrace{\underbrace{\text{DATUM}}_{\text{Domäne}} \mapsto \underbrace{\text{WOCHENTAG}}_{\text{Kodomäne}}}_{\text{Funktion}}$

Arten von Funktionen

Eineindeutige und eindeutige Funktionen: Die Wochentagsfunktion zeigt auch einen weiteren wichtigen Unterschied zu der Quadratfunktion oben. Die Quadratfunktion – zumindest, wenn wir sie wie oben auf die natürlichen Zahlen beschränken – ist **eineindeutig**. Das heißt, jedem Input wird ein Output zugeordnet und jeder Output ist nur das Ergebnis eines einzigen Inputs. Wenn man die Funktion kennt, dann kann man also von einem Argument (Input) immer zu einem definitiven Funktionswert (Output) gelangen. In unserem Fall: Wenn der Funktionswert beispielsweise 25 ist, dann wissen wir, dass das Argument der Funktion 5 war, und wenn der Output 144 ist, dann wissen wir, dass der Input 12 war. Dies gilt offensichtlich nicht für die Wochentagsfunktion: Jedem Datum wird ein Wochentag als Wert zugeordnet, aber ein Wochentag kann der Wert von verschiedenen Argumenten sein. So kommen wir von dem Argument 09.06.2019 eindeutig zu dem Wert Dienstag, aber wenn wir nur wissen, dass der Wert ein Sonntag ist, dann wissen wir nicht, ob der Input beispielweise der 09.06.2019 oder der 16.06.2019 war.

(17) a. f_{wt} (09.06.2019) = Sonntag
b. f_{wt} (16.06.2019) = Sonntag

Zwei unterschiedliche Argumente können in diesem Fall also denselben Funktionswert haben. Da ein Datum aber immer nur einem Wochentag zugeordnet werden kann, ist die Wochentagsfunktion somit **eindeutig**.

(18) a. eindeutige Funktion

$$\begin{bmatrix} a & \mapsto & x \\ b & \mapsto & x \\ c & \mapsto & z \end{bmatrix}$$

b. eineindeutige Funktion

$$\begin{bmatrix} a & \mapsto & x \\ b & \mapsto & y \\ c & \mapsto & z \end{bmatrix}$$

Eindeutigkeit ist im Übrigen eine Mindestanforderung an eine Funktion. Eine Funktion kann jedem Argument immer nur höchstens einen Funktionswert zuweisen. Das heißt, während »ein Output, mehrere Inputs« wie in (19a) möglich ist, ist eine Konstellation mit »ein Input, mehrere Outputs« wie in (19) keine Funktion mehr.

(19) a. Funktion:

$$\begin{bmatrix} a & \mapsto & x \\ b & \mapsto & x \end{bmatrix}$$

b. keine Funktion:

$$\begin{bmatrix} a & \mapsto & x \\ a & \mapsto & y \end{bmatrix}$$

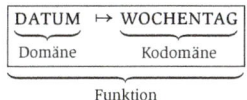

Totale und partielle Funktionen: Neben der Unterscheidung zwischen eindeutigen und eineindeutigen Funktionen, können wir noch eine weitere Unterscheidung vornehmen. Die meisten Funktionen, mit denen wir es in dieser Einführung zu tun haben werden, sind **totale Funktionen**. Das bedeutet, dass *jedes* Element der Domäne durch die Funktion auf ein Element der Kodomäne abbildet. Sprich, jeder mögliche Input erhält einen möglichen Output. Anders ist es bei sogenannten **partiellen Funktionen**: Diese ordnen nur einer Teilmenge der Domäne einen Funktionswert zu.

(20) a. totale Funktion b. partielle Funktion

$$\begin{bmatrix} a & \mapsto & x \\ b & \mapsto & y \\ c & \mapsto & z \end{bmatrix} \qquad \begin{bmatrix} a & \mapsto & x \\ b & \mapsto & \\ c & \mapsto & z \end{bmatrix}$$

Wir werden uns zunächst nur mit totalen Funktionen beschäftigen; partielle Funktionen werden uns erst in Kapitel 10 wieder begegnen. Als Beispiel für eine partielle Funktion können wir uns eine Funktion f_{2gs} vorstellen, die jedem Bundesland die zweitgrößte Stadt zuordnet. Diese Funktion würde beispielsweise Nordrhein-Westfalen auf Düsseldorf abbilden, Rheinland-Pfalz auf Ludwigshafen, Baden-Württemberg auf Karlsruhe und Schleswig-Holstein auf Lübeck. Für die Stadtstaaten wie Berlin oder Hamburg kann diese Funktion aber keinen Wert ausgeben, da diese Bundesländer keine zweitgrößten Städte haben. (Im Falle von Bremen lässt sich darüber streiten, ob Bremerhaven als Wert ausgegeben wird.) Wir können also sagen, dass die Funktion f_{2gs} in Bezug auf die Domäne (= Bundesländer) eine partielle Funktion ist, da nicht alle Argumente der Domäne einen Wert aus der Kodomäne (= Städte) erhalten.

Definition

Eine **Funktion** f ordnet Elementen x aus einer Domäne D als Argument genau ein Element $f(x) = y$ in einer Kodomäne K als Funktionswert zu:

$$f: x \in D \rightarrow y \in K$$

Eine Funktion ist **total**, wenn sie alle Elemente $x \in D$ auf Elemente $y \in K$ in der Kodomäne abbildet. Wenn nicht, ist sie **partiell**.
Eine Funktion ist **eineindeutig**, wenn jedem Element $y \in K$ aus der Kodomäne höchstens ein Element $x \in D$ aus der Domäne zugewiesen wird.

4.3 | Funktionen und Kompositionalität

Nach dieser Einführung in Funktionen, stellt sich nun die Frage, was das mit unserer Semantik zu tun hat und inwiefern der Funktionsbegriff für unsere Zwecke von Nutzen ist. Wir wollen zur Beantwortung dieser Frage die zuvor eingeführte Wochentagsfunktion daraufhin untersuchen, wie sie als eines der Kompositionalitätsprobleme, die wir in Kapitel 3.1 besprochen haben, verstanden werden kann. Erinnern Sie sich an das Kompositionalitätsproblem vom Typ 2, siehe (21). Bei diesem Typ sind die Teile und das Ganze bekannt, jedoch nicht die Verknüpfung.

(21)

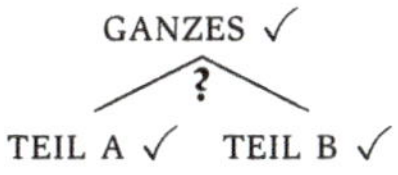

Wenn die Funktion selbst Teil A ist und das Argument (also das Datum) Teil B, dann ist das Ergebnis der Verknüpfung der Wochentagsfunktion mit ihrem Argument ein Wochentag (das Ganze). Wir kennen also die jeweiligen Knoten, wissen aber noch nicht genau, wie die Verknüpfung genau aussieht. Für die Wochentagsfunktion haben wir folglich die folgende Ausgangssituation.

(22)

Anwendung einer Funktion auf ein Argument

Links ist eine Funktion, die ein Datum auf einen Wochentag abbildet, rechts ein Datum und das Gesamte soll ein Wochentag sein. Wie können wir jetzt die beiden Teile miteinander verbinden, um zu dem Ganzen zu gelangen? Wenn wir sowohl eine Funktion, die Daten auf Wochentage abbildet, als auch ein Datum als potentielles Argument für diese Funktion vorliegen haben und das Ergebnis der Verbindung einen Wochentag sein muss, dann ist es naheliegend, dass wir die Funktion auf das Argument **anwenden**, um dann den Wochentag als Funktionswert zu erhalten. So wie wir die Quadratfunktion auf eine Zahl anwenden können, um deren Quadrat als Ergebnis zu erhalten, so wenden wir hier die Wochentagsfunktion auf ein bestimmtes Datum an und erhalten einen Wochentag als Ergebnis dieser Verknüpfung. Wenn wir die Knoten in (22) konkret füllen, sieht der Baum zunächst wie folgt aus:

(23)

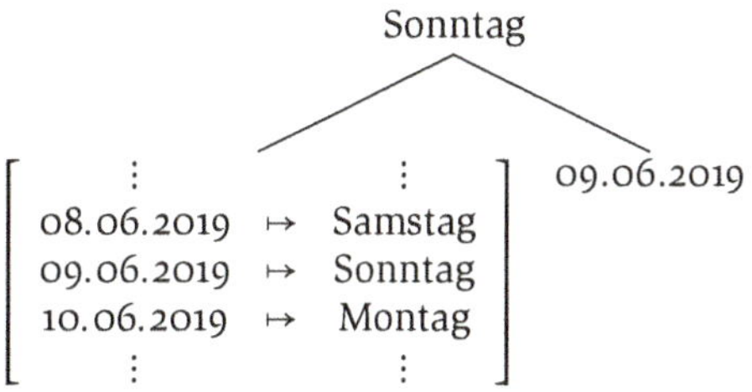

Hier sieht man deutlich, dass der Mutterknoten (also *Sonntag*) das Ergebnis der Anwendung der Funktion auf das Argument ist.

(24) $$\begin{bmatrix} \vdots & & \vdots \\ 08.06.2019 & \mapsto & \text{Samstag} \\ 09.06.2019 & \mapsto & \text{Sonntag} \\ 10.06.2019 & \mapsto & \text{Montag} \\ \vdots & & \vdots \end{bmatrix}(09.06.2019) = \text{Sonntag}$$

Die Anwendung einer Funktion auf ihre Argumente wird uns im Laufe dieser Einführung noch häufiger begegnen, weshalb wir uns den entsprechenden Fachbegriff merken sollten: **funktionale Applikation**.

Definition

> Die Anwendung einer Funktion f mit Domäne D und Kodomäne K auf ein Argument $A \in D$ wird **funktionale Applikation** genannt. Das Ergebnis der funktionalen Applikation von f auf A ist der Funktionswert $W = f(A)$, wobei gilt $f(A) \in K$

Es gilt also für unsere Zwecke: Wenn wir eine Funktion f haben und ein passendes Argument A, dann gewinnen wir das Ergebnis der Verknüpfung aus diesen Beiden – den Funktionswert W – durch die funktionale Applikation von der Funktion f auf das Argument A.

(25) $W = f(A)$

f A

Fassen wir diese Überlegungen für unser Beispiel noch einmal zusammen: Wenn wir eine Funktion haben, die ein Datum auf einen Wochentag abbildet, also vom Typ DATUM ↦ WOCHENTAG, und diese auf ein Argument vom Typ DATUM anwenden, dann ist das Ergebnis dieser Applikation vom Typ WOCHENTAG.

(26) [DATUM ↦ WOCHENTAG]([DATUM]) = [WOCHENTAG]

Dies wird uns helfen, die bisherigen Überlegungen zu Funktionen auf unsere Semantik zu übertragen.

4.4 | Prädikate als Funktionen

Um den entwickelten Funktionsbegriff nun für unsere Zwecke einsetzen zu können, beginnen wir zunächst wieder mit Sätzen, die aus einem Eigennamen und einem einstelligen Verb bestehen.

(27) SATZ

NAME V_1

Für die Semantik wollen wir eine Struktur haben, die dieser syntaktischen Struktur entspricht.

Mengen von Individuen als Funktion: Was wir bisher wissen, ist, dass die Bedeutung eines Eigennamens ein Individuum ist und die eines Satzes ein Wahrheitswert. Als Bedeutung für das einstellige Verb haben wir bisher eine Menge von Individuen angenommen, wovon wir uns aber ein wenig lösen werden (aber nicht komplett, wie wir gleich sehen werden) und stattdessen den Funktionsbegriff nutzen wollen. Es stellt sich also die Frage, welche Art von Funktion als Denotation für das Prädikat fungieren soll. Betrachten wir das zugrundeliegende Kompositionalitätsproblem.

(28)

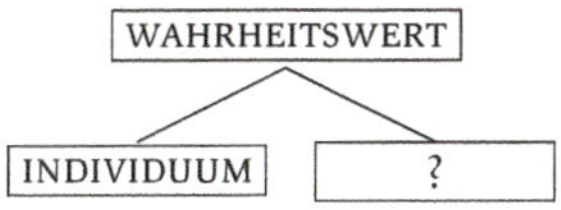

Da wir schon wissen, dass, wenn wir mit Funktionen zu tun haben, die Art der Verknüpfung funktionale Applikation sein wird, und wir die Bedeutung des Satzes (= ein Wahrheitswert) und des Subjektes (= ein Individuum) ebenfalls gesetzt haben, wissen wir bisher Folgendes:

(29) [   ] ([INDIVIDUUM]) = [WAHRHEITSWERT]

Um herauszufinden, was für eine Funktion durch das Prädikat ausgedrückt wird, müssen wir diese Gleichung gewissermaßen nur rückwärts auflösen. Wenn wir als Input ein Individuum haben und als Output einen Wahrheitswert haben wollen, dann brauchen wir dafür eine Funktion, die ein Individuum als Input nimmt und als Output einen Wahrheitswert liefert.

(30) [INDIVIDUUM ↦ WAHRHEITSWERT] ([INDIVIDUUM]) = [WAHRHEITSWERT]

Um die Bedeutung des Satzes, also dessen Wahrheitswert, kompositionell aus der Verknüpfung zwischen der Bedeutung des Subjektes und des Prädikats zu erhalten, benötigen wir als Bedeutung für das Prädikat eine Funktion, die Individuen in Wahrheitswerte abbildet. Die Domäne dieser Funktion ist folglich die Menge der Individuen und die Kodomäne die Menge der beiden Wahrheitswerte. Wie sieht so eine Funktion aus? Nehmen wir an, dass wir wieder drei Individuen haben: A(lex), B(ente) und C(hris). Und nehmen wir darüber hinaus an, dass Alex und Chris schlafen, während Bente wach ist. Für die drei Sätze, die wir aus den drei Eigennamen und dem Prädikat bilden können, sollten wir dann die folgenden Wahrheitswerte erhalten.

(31) a. ⟦*Alex schläft*⟧ = 1
b. ⟦*Bente schläft*⟧ = 0
c. ⟦*Chris schläft*⟧ = 1

Damit wir diese Werte erhalten, muss die durch *schlafen* ausgedrückte Bedeutung also A(lex) und C(hris) auf 1 abbilden (da diese ja schlafen) und B(ente) auf 0.

(32)
$$[\![\textit{schläft}]\!] = \begin{bmatrix} \mathrm{A} & \mapsto & 1 \\ \mathrm{B} & \mapsto & 0 \\ \mathrm{C} & \mapsto & 1 \end{bmatrix}$$

Die Bedeutung von *schlafen* können wir also als die Funktion auffassen, die Individuen auf Wahrheitswerte abbildet, und zwar so, dass ein Individuum auf 1 abgebildet wird, wenn es schläft, und auf 0, wenn es nicht schläft. Wenn wir diese Funktion auf ein Individuum, sagen wir A(lex) anwenden, dann erhalten wir den entsprechenden Wahrheitswert. Die Struktur dieser Verknüpfung entspricht dann auch der angenommenen Struktur des Satzes (was links und was rechts steht bei der funktionalen Applikation ist unerheblich).

(33) Alex schläft

Alex schläft

(34)
$$\begin{bmatrix} \mathrm{A} & \mapsto & 1 \\ \mathrm{B} & \mapsto & 0 \\ \mathrm{C} & \mapsto & 1 \end{bmatrix}(A) = 1$$

$$\begin{bmatrix} \mathrm{A} & \mapsto & 1 \\ \mathrm{B} & \mapsto & 0 \\ \mathrm{C} & \mapsto & 1 \end{bmatrix} \qquad \mathrm{A}$$

Charakteristische Funktionen: Statt die Funktion explizit wie in (34) darzustellen – was für drei Individuen noch gut möglich ist, aber für 40 oder gar 1.000 Individuen doch sehr mühselig wäre – können wir die durch *schläft* ausgedrückte Funktion auch wie folgt charakterisieren.

(35) $[\![\textit{schläft}]\!]$ = die Funktion f, so dass für jedes Individuum x gilt: $f(x) = 1$, wenn x schläft, ansonsten $f(x) = 0$.

Von Mengen zu Funktionen

Interessanterweise – und das ist kein Zufall – sieht diese Beschreibung der Funktion sehr ähnlich aus wie die funktionale Schreibweise, die wir für die Menge genutzt haben, die wir zuvor als Denotation für einstellige Prädikate wie *schlafen* gegeben haben.

(36) $[\![\textit{schläft}]\!] = \{x\text{: } x \text{ schläft}\}$ = die Menge M, so dass für jedes Individuum x gilt: $x \in M$, wenn x schläft, ansonsten $x \notin M$.

Die Ähnlichkeit zwischen (35) und (36) ist auf einen zugrundeliegenden Zusammenhang zwischen Funktionen und Mengen zurückzuführen. Während wir bisher so getan haben, als seien Funktionen etwas grundlegend Neues, lassen sich Funktionen immer auch als Mengen ausdrücken und umgekehrt. Wir können für jede Menge eine Funktion angeben, die diese Menge charakterisiert und deshalb auch die **charakteristische Funktion** der Menge genannt wird. Dazu müssen wir lediglich die Gesamtdomäne der möglichen Objekte kennen, die potentiell in der Menge enthalten sein könnten. Wenn wir dies wissen, dann ist die charakteristische Funktion einer Menge M einfach die Funktion, die Objekte, die Teil der Menge M sind, auf den Wahrheitswert 1 abbildet, und alle Objekte der Gesamtdomäne D auf den Wahrheitswert 0 abbildet, die nicht Element der Menge M sind. Dies können wir zunächst grafisch illustrieren.

(37)

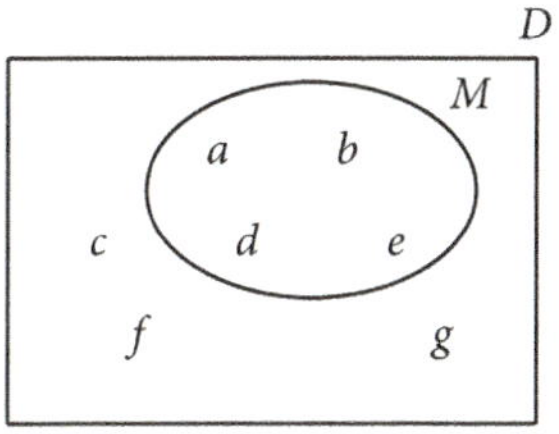

$$\longrightarrow \begin{bmatrix} a & \mapsto & \boxed{1} \\ b & \mapsto & \boxed{1} \\ c & \mapsto & 0 \\ d & \mapsto & \boxed{1} \\ e & \mapsto & \boxed{1} \\ f & \mapsto & 0 \end{bmatrix}$$

Diese Funktion bildet alle Elemente auf 1 ab, die in der Menge $M = \{a, b, d, e\}$ enthalten sind, also a, b, d und e. Dies ist (nur zur Illustration) in (37) durch die Boxen um den Wahrheitswert 1 in der Funktion gekennzeichnet. Die Elemente der Gesamtdomäne D, die nicht Element von M sind, also c und f, werden von der Funktion dann auf 0 abgebildet. Etwas formaler ausgedrückt können wir die charakteristische Funktion χ (gesprochen »chi«) für eine Menge M (also χ_M) in Bezug auf eine Domäne D wie folgt definieren.

Definition

Eine Funktion χ_M ist die **charakteristische Funktion** einer Menge M in Bezug auf eine Domäne D, wenn für alle $x \in D$ gilt:

$$\chi_M(x) = \begin{cases} = 1 & \text{wenn } x \in M \\ = 0 & \text{wenn } x \notin M \end{cases}$$

Wir kommen von einer Menge von Elementen also immer zu einer Funktion, die solche Elemente auf Wahrheitswerte abbildet. Umgekehrt kommen wir von einer solchen Funktion auch immer zu einer Menge, indem wir einfach diejenigen Argumente, die von der Funktion auf 1 abgebildet werden, in einer Menge sammeln und diejenigen, die von der Funktion auf 0 abgebildet werden, außen vorlassen. Beispiel (38) illustriert dies.

(38)
$$\begin{bmatrix} a & \mapsto & 0 \\ b & \mapsto & 0 \\ c & \mapsto & \boxed{1} \\ d & \mapsto & 0 \\ e & \mapsto & \boxed{1} \end{bmatrix} \longrightarrow \{c, e\}$$

Die Einführung von Funktionen fügt also nichts grundlegend Neues zu unserer Herangehensweise hinzu. Allerdings ändert es die Perspektive auf die Bedeutung von Ausdrücken und das wird sich als sehr nützlich erweisen, insbesondere, wenn wir zu zwei- und mehrstelligen Prädikaten kommen.

4.5 | $L_{1\text{-fun}}$ – eine Sprache mit Funktionen

Mit dem neuen Werkzeug wollen wir zunächst eine Variante unserer einfachen Logik entwickeln, die auf dem Funktionsbegriff basiert. Die Grammatik dieser Logik $\boldsymbol{L}_{1\text{-fun}}$ bleibt dabei zunächst unverändert. Wir haben eine Menge von Eigennamen und eine Menge von einstelligen Verben als lexikalische Ausdrücke.

Lexikon, Grammatik und Modelle für $L_{1\text{-fun}}$

(39) **Lexikon für $\boldsymbol{L}_{1\text{-fun}}$**
 a. NAME, eine Menge von Eigennamen
 b. $\mathbf{V_1}$, eine Menge von einstelligen Verben

Darüber hinaus können wir einen Eigennamen mit einem Verb kombinieren, um einen komplexen wohlgeformten Ausdruck zu erhalten. Da dies nur Wiederholung ist, nutzen wir diese Gelegenheit, um die Definition mit formaleren Mitteln auszudrücken und das Symbol $\subset$ für Teilmenge zu benutzen. Anstatt also zu schreiben, dass ein Ausdruck zur Menge der wohlgeformten Ausdrücke gehört, wenn er Element der Menge der Namen ist, können wir mathematisch äquivalent sagen, dass die Menge der Namen eine Teilmenge der wohlgeformten Ausdrücke ist. Die Definitionen aus Kapitel 3 sehen dann wie folgt aus.

(40) **Grammatik für $\boldsymbol{L}_{1\text{-fun}}$**
 a. NAME $\subset$ WFA.
 b. $\mathbf{V_1} \subset$ WFA.
 c. Wenn $\alpha \in$ NAME und $\beta \in \mathbf{V_1}$, dann $\alpha\ \beta \in$ WFA.
 d. Nichts sonst ist ein wohlgeformter Ausdruck für $\boldsymbol{L}_{1\text{-fun}}$.

Auch die Modelle für $\boldsymbol{L}_{1\text{-fun}}$ sehen weitgehend aus wie zuvor mit dem einzigen Unterschied, dass wir als Denotation für die einstelligen Verben keine Menge von Individuen festlegen, sondern stattdessen die charakteristischen Funktionen dieser Mengen angeben, also Funktionen von Individuen in Wahrheitswerte. Die entsprechende Domäne im Modell, die diese Funktionen enthält, schreiben wir als $D_e \mapsto D_t$: die Menge der Funktionen, die Elemente aus D_e (Individuen) auf Elemente aus D_t (Wahrheitswerte) abbilden, also $\{f : D_e \mapsto D_t\}$.

(41) **Modelle für $\boldsymbol{L}_{1\text{-fun}}$**
 Ein Modell für $\boldsymbol{L}_{1\text{-fun}}$ ist eine Struktur $M = \langle \boldsymbol{D}, I \rangle$, so dass gilt:
 a. $\boldsymbol{D}$ ist eine Menge von modelltheoretischen Objekten, die aus den folgenden Teildomänen besteht:
  (i) D_e, einer Menge von Individuen
  (ii) $D_t = \{1, 0\}$, der Menge der Wahrheitswerte
 b. I ist eine Zuweisungsfunktion, die jedem atomaren, wohlgeformten Ausdruck von $\boldsymbol{L}_{1\text{-fun}}$ ein modelltheoretisches Objekt aus $\boldsymbol{D}$ zuweist, wobei gilt:
  (i) Wenn $\alpha \in$ NAME, dann $I(\alpha) \in D_e$.
  (ii) Wenn $\alpha \in \mathbf{V_1}$, dann $I(\alpha) \in D_{e\mapsto t}$.

Fehlt noch die Interpretationsfunktion für $L_{1\text{-fun}}$. Hier ändert sich die Regel für die Interpretation der Kombination aus Eigennamen und (einstelligem) Verb. Anstatt hier auf die »Element-von-Relation« zurückzugreifen, wie wir es in Kapitel 3 getan haben, nutzen wir die Tatsache, dass die Denotation des Verbs eine Funktion von Individuen in Wahrheitswerte ist, die wir auf die Denotation des Namens – passenderweise ein Individuum – anwenden können. Dies gibt uns dann direkt einen Wahrheitswert als Denotation für den Satz. Die Denotation des komplexen Ausdrucks besteht demnach aus der funktionalen Applikation der Denotation des einen Teils auf die Denotation des anderen Teils.

Interpretation für $L_{1\text{-fun}}$

(42) **Interpretation für $L_{1\text{-fun}}$**
$[\![\cdot]\!]^M$ ist eine Interpretationsfunktion für $L_{1\text{-fun}}$, die jedem wohlgeformten Ausdruck für $L_{1\text{-fun}}$ eine Bedeutung relativ zu einem Modell M zuweist, so dass gilt:
a. Wenn α atomar ist, dann $[\![\alpha]\!]^M = I(\alpha)$.
b. $[\![\alpha\ \beta]\!]^M = [\![\beta]\!]^M([\![\alpha]\!]^M)$.

Damit haben wir unsere Ausgangssprache $L_{1\text{-fun}}$, die den Mengenbegriff nutzt, in eine äquivalente Version überführt, die sich auf den Funktionsbegriff stützt.

Beispiel

Rechnen wir zur Illustration ein kleines Beispiel durch. Nehmen wir an, unser Modell enthält wie oben drei Individuen *A*, *B* und *C*, die die Namen *Alex*, *Bente* und *Chris* haben, so dass also gilt:

(43) a. $D_e = \{A, B, C\}$
b. NAME = {*Alex*, *Bente*, *Chris*}
c. *I*(*Alex*) = A
I(*Bente*) = B
I(*Chris*) = C

Nehmen wir auch an, dass wir das Verb *schlafen* $\in V_1$ haben, das als Denotation die Funktion aus (32) hat. Es gilt also:

(44) a. *schläft* $\in V_1$
b. $I(\textit{schläft}) = \begin{bmatrix} A & \mapsto & 1 \\ B & \mapsto & 0 \\ C & \mapsto & 1 \end{bmatrix}$

Nun können wir einen Eigennamen, sagen wir *Bente*, mit dem Verb *schlafen* kombinieren und erhalten nach (40c) einen wohlgeformten Ausdruck. Da dies der Struktur in (42b) entspricht, kommt die Regel für die Interpretation via funktionaler Applikation zum Einsatz, wenn wir den komplexen Ausdruck interpretieren wollen.

(45) $[\![\textit{Bente schläft}]\!] = [\![\textit{schläft}]\!]([\![\textit{Bente}]\!])$

Da sowohl *schläft* als auch *Bente* atomare Ausdrücke sind, kommt als zweiter Schritt für beide Teile die Regel in (42a) zur Anwendung. In beiden Fällen ersetzen wir die Interpretationsfunktion durch die Zuweisungsfunktion.

(46) $[\![schläft]\!]([\![Bente]\!]) = I(schläft)(I(Bente))$

In einem dritten Schritt ersetzen wir die beiden Teilinterpretationen mit der Denotation, die die *I*-Funktion ihnen jeweils zuweist. In unserem Fall also dem Individuum *B* und der Funktion in (44b). Beim Resultat müssen wir dann nur die Funktion auf das Argument anwenden und quasi nur den Wahrheitswert ablesen, auf den die Funktion das Argument *B* abbildet.

(47) $$\begin{bmatrix} A & \mapsto & 1 \\ B & \mapsto & 0 \\ C & \mapsto & 1 \end{bmatrix}\left(B\right) = 0$$

Diese kurze Berechnung zeigt, wie wir durch die systematische Anwendung der Interpretationsregeln den Wahrheitswert aus den Interpretationen der Teile erhalten. Für den Wechsel von $\boldsymbol{L}_1$ zu $\boldsymbol{L}_{1\text{-fun}}$ muss festgehalten werden, dass dieser uns noch nicht allzu viele Vorteile bringt. Diese zeigen sich erst, wenn wir das Ganze auf zweistellige Verben erweitern.

4.6 | Erweiterung auf zweistellige Verben

Mengen von geordneten Paaren als Funktion: Wenn wir den auf Funktionen beruhenden Ansatz jetzt auf ein System ausweiten wollen, in dem auch zweistellige Verben vorkommen, müssen wir zunächst die Frage beantworten, welche Funktionen als Denotationen für zweistellige Verben passend sind. Erinnern wir uns zunächst daran, was wir im vorherigen Kapitel als Denotation angenommen hatten: Mengen von geordneten Paaren. Für ein Verb wie *lieben* haben wir also die Menge der Paare $\langle x, y\rangle$, für die gilt: *x* liebt *y*. Für unsere drei Individuen also beispielsweise:

(48) $I(liebt) = \{\langle A, B\rangle, \langle B, C\rangle, \langle C, B\rangle\}$

In diesem Fall würde also gelten: A(lex) liebt B(ente) und Bente liebt C(hris) und C liebt B. Zwar handelt es sich bei der Denotation in (48) nicht um eine Menge von Individuen, sondern um eine Menge von geordneten Paaren, aber nichtsdestotrotz ist es eine Menge von Objekten. Deshalb können wir auch wieder eine charakteristische Funktion für diese Menge erstellen, nämlich die Funktion, die alle Elemente der Menge auf 1 abbildet und alle weiteren möglichen Tupel, die nicht in der Denotation von *liebt* enthalten sind, auf 0.

(49) $$\begin{bmatrix} \langle A,A\rangle & \mapsto & 0 \\ \langle A,B\rangle & \mapsto & 1 \\ \langle A,C\rangle & \mapsto & 0 \\ \langle B,A\rangle & \mapsto & 0 \\ \langle B,B\rangle & \mapsto & 0 \\ \langle B,C\rangle & \mapsto & 1 \\ \langle C,A\rangle & \mapsto & 0 \\ \langle C,B\rangle & \mapsto & 1 \\ \langle C,C\rangle & \mapsto & 0 \end{bmatrix}$$

Diese Funktion ist also ganz ähnlich wie die Funktion für einstellige Prädikate, nur, dass sie ein Tupel als Argument nimmt. Es ist relativ einfach, darauf aufbauend eine funktionsbasierte Variante unserer Sprache mit zweistelligen Prädikaten zu erstellen. Neben den bekannten Sätzen im Lexikon und der Grammatik, brauchen wir dann eine entsprechende Domänendefinition. Diese ist die Menge der Funktionen von der Domäne von Paaren von Individuen – also $D_{(e \times e)}$ – in Wahrheitswerte, also D_t.

(50) Wenn $\alpha \in V_2$, dann $\alpha \in D_{(e \times e) \mapsto t}$, wobei $D_{(e \times e) \mapsto t}$ die Menge der Funktionen von Paaren von Individuen in Wahrheitswerte ist

Es fehlt noch die entsprechende Definition für die Interpretationsfunktion. Hier muss die Denotation des Verbs das Paar der Denotation von Subjekt und Objekt als Argument nehmen und dann entsprechend (49) einen Wahrheitswert geben.

(51) $[\![\alpha\ \gamma\ \beta]\!] = [\![\beta]\!](\langle [\![\alpha]\!], [\![\beta]\!] \rangle)$

Striktes Kompositionsprinzip nicht erfüllt

Diese Analyse eines Satzes mit zweistelligem Verb (und entsprechendem Subjekt- und Objektargument) nutzt zwar den Funktionsbegriff um eine Denotation für das Verb zu geben, bringt uns aber kaum Vorteile gegenüber der Definition aus dem letzten Kapitel, bei der die Denotation des Verbs noch eine Menge war. Das Problem ist, dass auch die Regel in (51) nicht dem strikten Kompositionalitätsprinzip entspricht, denn auch nach (51) wird ein Satz mit Subjekt und Objekt als Ganzes interpretiert und hat demnach wie in Kapitel 4.1 bemängelt aus der Sicht der Semantik eine flache Struktur. Folglich kann auch durch (51) der Verbindung aus Verb und Objekt – der Verbalphrase – keine Bedeutung zugewiesen werden. Ebenso wird auch die Beobachtung, dass die Kombination aus zweistelligem Verb und Objekt sowohl syntaktisch als auch semantisch gesehen im Wesentlichen einem einstelligen Prädikat entspricht, nicht durch die Interpretationsregel in (51) erfasst. Wir haben also die gleichen Probleme wie zuvor auch.

Natürlich haben wir den Funktionsbegriff nicht aufwendig eingeführt, um nun nicht einen Vorteil daraus zu ziehen. Wir müssen lediglich unsere Vorgehensweise anpassen, um diese Neuerung gewinnbringend einzusetzen. Betrachten wir nochmal die Denotation von *lieben* in (49). Es handelt sich um eine Funktion, die ein Paar von Individuen als Argument nimmt und dieses auf einen Wahrheitswert abbildet (was der Denotation eines Satzes entspricht). Auch wenn es sich bei dem Argument dieser Funktion um ein Paar von Individuen handelt, so ist es dennoch ein einzelnes Argument (eines mit interner Struktur im Gegensatz zum Argument eines einstelligen Verbs). Genau hier liegt das Problem. Da die Bedeutung des Verbs gewissermaßen gleichzeitig mit der Bedeutung von Subjekt und Objekt verbunden wird, gibt es keinen Punkt in der semantischen Komposition, in der das Verb nur mit dem Objekt verknüpft ist. Folglich gibt es keinen Punkt, an dem diese Verbindung eine Bedeutung erhalten kann, woraus sich wieder das gleiche Kompositionalitätsproblem ergibt wie zuvor.

Mengen von geordneten Paaren als zweischrittige Funktion: Der Lösungsansatz besteht also darin, aus der Funktion, die zwei Argumente auf einmal nimmt, eine Funktion zu machen, die schrittweise auf ein Argument nach dem anderen angewendet wird. Wie kann so eine Funktion aussehen? Klar ist, dass sie sich zunächst mit der Bedeutung des Objekts verbindet, also ein Individuum als Argument nimmt. Aber was ist das Ergebnis? Wie oben diskutiert, entspricht die Bedeutung der Verbindung der Verbdenotation mit der Bedeutung des Objekts der Bedeutung eines einstelligen Prädikats. Das Ergebnis muss demnach wieder eine Funktion sein und zwar eine Funktion von Individuen in Wahrheitswerte. Halten wir also fest: Die Funktion, die wir benötigen, nimmt ein Individuum als Argument und bildet dieses wieder auf eine Funktion ab, die dann ein Individuum als Argument nimmt und auf einen Wahrheitswert abbildet. Wir können die Funktion (49) also in folgende, zweistufige Funktion umschreiben.

(52)
$$\begin{bmatrix} A & \mapsto & \begin{bmatrix} A & \mapsto & 0 \\ B & \mapsto & 0 \\ C & \mapsto & 0 \end{bmatrix} \\ B & \mapsto & \begin{bmatrix} A & \mapsto & 1 \\ B & \mapsto & 0 \\ C & \mapsto & 1 \end{bmatrix} \\ C & \mapsto & \begin{bmatrix} A & \mapsto & 0 \\ B & \mapsto & 1 \\ C & \mapsto & 0 \end{bmatrix} \end{bmatrix}$$

Ein paar Anmerkungen: Da sich das Verb zuerst mit dem Objekt verbindet, entspricht das erste Argument in dieser Funktion der Bedeutung des Objekts und das zweite Argument – also das Argument in dem kleineren »Funktionskasten« – entspricht der Bedeutung des Subjektes. Vergleichen wir diese Funktion noch einmal mit der Funktion in (49): Die drei Paare, die dort auf den Wahrheitswert 1 abgebildet werden, finden sich in (52) als die »Pfade » wieder, die mit dem Objekt starten und über das Subjekt führen und dann entsprechend im Wahrheitswert 1 enden. Da beispielsweise das Paar $\langle A, B \rangle$ durch (49) auf 1 abgebildet wurde, erhält man ebenfalls den Wahrheitswert 1, wenn man die ganze Funktion in (52) zunächst auf B und dann A anwendet. Schauen wir uns die Schritte kurz im Einzelnen an.

(53) a. $$\left[\begin{array}{lll} A & \mapsto & \left[\begin{array}{lll} A & \mapsto & 0 \\ B & \mapsto & 0 \\ C & \mapsto & 0 \end{array}\right] \\ B & \mapsto & \left[\begin{array}{lll} A & \mapsto & 1 \\ B & \mapsto & 0 \\ C & \mapsto & 1 \end{array}\right] \\ C & \mapsto & \left[\begin{array}{lll} A & \mapsto & 0 \\ B & \mapsto & 1 \\ C & \mapsto & 0 \end{array}\right] \end{array}\right]\Big(B\Big)\Big(A\Big)$$

b. $$= \left[\begin{array}{lll} A & \mapsto & 1 \\ B & \mapsto & 0 \\ C & \mapsto & 1 \end{array}\right]\Big(A\Big)$$

c. $= 1$

Als erstes wird die komplexe Funktion in (52) – also der ganze »Kasten« – auf ein Argument angewendet, also auf B in unserem Beispiel (53a). Das Ergebnis dieser funktionalen Applikation ist dann wieder eine Funktion und zwar einer der kleineren »Kästen« (53b). Diese Funktion wird im zweiten Schritt dann auf das Subjektargument (in unserem Beispiel also A) angewendet (53b). Wir erhalten dann Wahrheitswert 1 als Denotation (53c).

Auch wenn wir diese Interpretation der zweistelligen Verben noch formal definieren müssen, zeigt sich hier bereits ein Vorteil der Reformulierung der Verbdenotation als Funktion. Die Verbindung aus zweistelligem Verb und Objekt erhält eine Bedeutung: nämlich eine Funktion von Individuen in Wahrheitswerte. Dies entspricht natürlich der Art der Bedeutung eines einstelligen Verbs, so wie wir es oben bereits gefordert haben. Betrachten wir noch mal die simple syntaktische Struktur, wie wir sie unserem Beispielsatz zuordnen würden.

(54)

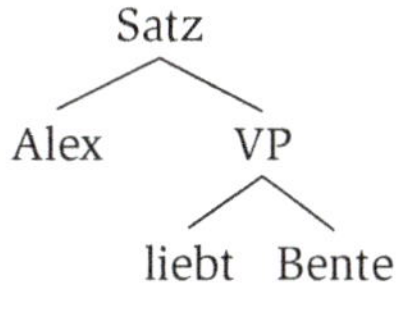

Wie sieht es mit der semantischen Komposition aus? Hier wissen wir, dass ein zweistelliges Verb wie *liebt* eine Funktion bezeichnet, die ein Individuum als Input nimmt und als Output wieder eine Funktion ergibt, die dann ein weiteres Individuum als Input nimmt, um schließlich einen Wahrheitswert als Output zu ergeben. Vom Typ her handelt es sich bei der Denotation eines zweistelligen Verbs also um eine Funktion der folgenden Art.

(55) INDIVIDUUM $\mapsto$ $\boxed{\text{INDIVIDUUM} \mapsto \text{WAHRHEITSWERT}}$

Funktion von Individuen in Funktionen von Individuen in Wahrheitswerte

Formale Darstellung mithilfe von semantischen Typen: Da es etwas mühselig ist, immer in aller Ausführlichkeit über Individuen, Wahrheitswerte und Funktionen zu schreiben, gibt es in der formalen Semantik Konventionen für kürzere Formulierungen. Es wird gesagt, dass Individuen den semantischen Typ e haben (für »Entität«) und Wahrheitswerte vom semantischen Typ t sind (für »truth value«). Wir kennen diese Abkürzungen schon von den Definitionen der Domänen innerhalb des Modells. Einer Funktion von Individuen in Wahrheitswerte – also beispielsweise der Bedeutung von schläft – kann dann entsprechend der Typ $e \mapsto t$ (sprich »eh nach teh«) zugewiesen werden. Eine komplexere Funktion wie in (55) erhält den Typen $e \mapsto (e \mapsto t)$ (sprich »eh nach (eh nach teh)«). Ordnen wir diese Typen den entsprechenden Ausdrücken im Strukturbaum in (54) zu, ergibt sich folgendes Bild, wobei wir das Schema Ausdruck: semantischer Typ verwenden.

(56)

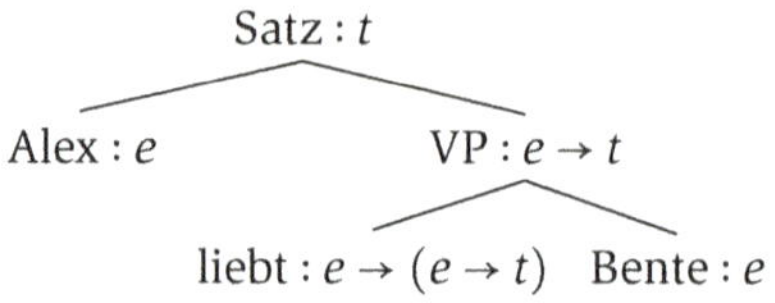

Vergleichen wir dies mit der entsprechenden Struktur für einen Satz mit einstelligem Verb und Subjekt.

(57)

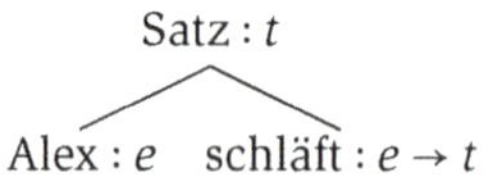

Auch vom semantischen Typen her entspricht die Bedeutung der VP in (56) der Bedeutung des einstelligen Verbs in (57): beides sind Funktionen vom Typ $e \mapsto t$, also Funktionen, die Individuen auf Wahrheitswerte abbilden.

Ein weiterer Vorteil der neuen Methode besteht darin, dass in der Semantik eigentlich genau das Gleiche passiert, wenn sich das zweistellige Verb mit dem Objekt verbindet und wenn die VP (aus Verb und Objekt) sich mit dem Subjekt verbindet. Wir haben folglich nur eine Art der Bedeutungskomposition in der Semantik. In beiden Fällen wird eine Funktion auf ein Argument angewendet. Eine Argumentverknüpfung in der Syntax entspricht immer einer funktionalen Applikation auf Bedeutungsebene, wodurch auch die gewünschte Parallelität zwischen Syntax und Semantik wiederhergestellt ist.

4.7 | $L_{1+2\text{-fun}}$ – Sprache L_{1+2} plus Funktionen

Nachdem wir uns bereits konzeptuell mit den Vorteilen der neuen Denotation für zweistellige Verben vertraut gemacht haben, gilt es nun, das Ganze auch wieder für unsere logische Sprache $\boldsymbol{L}_{1+2\text{-fun}}$ zu definieren.

Grammatik: Beginnen wir mit dem Lexikon, an dem sich nicht viel ändert gegenüber dem vorherigen System. Im Vergleich zu $\boldsymbol{L}_{1\text{-fun}}$ kommt hier lediglich die Menge der zweistelligen Verben hinzu.

Lexikon für $L_{1+2\text{-fun}}$

(58) **Lexikon für $L_{1+2\text{-fun}}$**
a. NAME, eine Menge von Eigennamen
b. $\mathbf{V_1}$, eine Menge von einstelligen Verben
c. $\mathbf{V_2}$, eine Menge von zweistelligen Verben

In der Syntax für $L_{1+2\text{-fun}}$ müssen wir allerdings einige Neuerungen vornehmen. Das liegt daran, dass wir auf die VP bezugnehmen wollen, um dieser dann eine Bedeutung zuzuweisen. Dazu nehmen wir an, dass es in unserer neuen Sprache $L_{1+2\text{-fun}}$ zwei Fälle von VPs gibt: einmal solche, die aus einem zweistelligen Verb plus Objekt bestehen und dann noch diejenigen, die nur aus einem einstelligen Verb bestehen. Syntaktisch wird dies für VPs mit Objekt durch (59a) ausgedrückt; für VPs ohne Objekt nehmen wir (59b) an, d. h. V_1 ist syntaktisch einfach dasselbe wie eine VP.

(59) a. $VP = V_2 + \text{NAME}$
b. $VP = V_1$

Eine entsprechende Regel müssen wir auch in die Grammatik unserer Sprache einbauen. Dies erreichen wir, indem wir einfach eine Menge von Ausdrücken der (nicht lexikalischen) Kategorie VP annehmen – die wir als **VP** notieren – zu der sowohl alle einstelligen Verben gehören, als auch jede Kombination aus zweistelligem Verb plus Objekt. Die folgenden Definitionen für die Grammatik von $L_{1+2\text{-fun}}$ geben uns, was wir benötigen.

Grammatik für $L_{1+2\text{-fun}}$

(60) **Grammatik für $L_{1+2\text{-fun}}$**
a. $\text{NAME} \subset \text{WFA}$.
b. $\mathbf{V_1} \subset \text{WFA}$.
c. $\mathbf{V_2} \subset \text{WFA}$.
d. $\mathbf{VP} \subset \text{WFA}$.
e. $\mathbf{V_1} \subset \mathbf{VP}$.
f. Wenn $\alpha \in \mathbf{V_2}$ und $\beta \in \text{NAME}$, dann $\alpha\,\beta \in \mathbf{VP}$.
g. Wenn $\alpha \in \text{NAME}$ und $\beta \in \mathbf{VP}$, dann $\alpha\,\beta \in \text{WFA}$.

Gehen wir diese Definitionen kurz durch. Die Definitionssätze in (60a-c) sind bekannt und regeln, dass die lexikalischen Ausdrücke für sich genommen wohlgeformt sind. In (60d) wird definiert, dass auch die Menge der VPs wohlgeformt ist, auch wenn hier noch nicht geklärt ist, was in dieser Menge ist (welche wohlgemerkt keine lexikalischen Ausdrücke enthält). Dies geschieht durch die nächsten beiden Sätze, die den beiden syntaktischen Generalisierungen in (59) entsprechen. In (60e) wird festgelegt, dass die einstelligen Verben für sich genommen eine Teilmenge der Verbalphrasen sind. In (60f) wird dann definiert, dass die Kombination aus zweistelligem Verb und einem Namen als Objekt (also auf der rechten Seite) ebenfalls zu den Verbalphrasen gehört. Damit ist gleichzeitig auch dafür gesorgt, dass die Verknüpfung aus zweistelligem Verben und Objekt auch ein wohlgeformter Ausdruck ist, denn die Menge der VPs ist ja eine Teilmenge der wohlgeformten Ausdrücke, wie zuvor in (60d) festgelegt. Der letzte Satz in (60 g) sorgt dann schließlich dafür, dass eine VP mit einem

Subjekt zu ihrer Linken kombiniert werden kann. Dies deckt zwei Fälle ab. Entweder ist die VP ein einfaches einstelliges Verb; dann entspricht (60 g) einfach der Kombination aus einem einstelligen Verb mit seinem Subjekt. Oder aber, die VP ist selbst komplex, dann regelt (60 g) ebenfalls die Verknüpfung dieser Kombination mit dem Subjekt.

Modelle und Interpretation: Nach der Definition der Grammatik für $\boldsymbol{L}_{1+2\text{-fun}}$ kommen wir nun zur Definition der Modelle für $\boldsymbol{L}_{1+2\text{-fun}}$. Diese ist schnell angepasst, denn gegenüber den Modellen für $\boldsymbol{L}_{1\text{-fun}}$ brauchen wir lediglich einen Satz, der sicherstellt, dass die Denotation eines zweistelligen Verbs eine Funktion von Individuen in Funktionen von Individuen in Wahrheitswerte ist (also den Typ $e \mapsto (e \mapsto t)$ hat).

Modelle und Interpretation für $L_{1+2\text{-fun}}$

(61) **Modelle für $\boldsymbol{L}_{1+2\text{-fun}}$**
Ein Modell für $\boldsymbol{L}_{1+2\text{-fun}}$ ist eine Struktur $M = \langle \boldsymbol{D}, I \rangle$, so dass gilt:
a. $\boldsymbol{D}$ ist eine Menge von modelltheoretischen Objekten, die aus den folgenden Teildomänen besteht:
(i) D_e, einer Menge von Individuen
(ii) $D_t = \{1, 0\}$, der Menge der Wahrheitswerte
b. I ist eine Zuweisungsfunktion, die jedem atomaren, wohlgeformten Ausdruck von $\boldsymbol{L}_{1+2\text{-fun}}$ ein modelltheoretisches Objekt aus $\boldsymbol{D}$ zuweist, wobei gilt:
(i) Wenn $\alpha \in$ NAME, dann $I(\alpha) \in D_e$.
(ii) Wenn $\alpha \in \mathbf{V_1}$, dann $\alpha \in D_{e \mapsto t}$.
(iii) Wenn $\alpha \in \mathbf{V_2}$, dann $\alpha \in D_{e \mapsto (e \mapsto t)}$.

Es sei darauf hingewiesen, dass die Kategorie der VP in der Definition des Modells nicht auftaucht, da hier die Bedeutung der lexikalischen Ausdrücke festgelegt wird. Die VP-Kategorie ist aber bei der Definition der Interpretation nützlich.

(62) **Interpretation für $\boldsymbol{L}_{1+2\text{-fun}}$**
$[\![\cdot]\!]^M$ ist eine Interpretationsfunktion für $\boldsymbol{L}_{1+2\text{-fun}}$, die jedem wohlgeformten Ausdruck für $\boldsymbol{L}_{1+2\text{-fun}}$ relativ zu einem Modell M eine Bedeutung zuweist, so dass gilt:
a. Wenn α atomar ist, dann $[\![\alpha]\!]^M = I(\alpha)$.
b. Wenn $\alpha \in$ **VP** und $\beta \in$ NAME, dann $[\![\beta\ \alpha]\!]^M = [\![\alpha]\!]^M([\![\beta]\!]^M)$.
c. Wenn $\alpha \in \mathbf{V_2}$ und $\beta \in$ NAME, dann $[\![\alpha\ \beta]\!]^M = [\![\alpha]\!]^M([\![\beta]\!]^M)$.

Die Definition in (62a) regelt wie gehabt die Bedeutung atomarer Ausdrücke durch Verweis auf die Zuweisungsfunktion I. Der Definitionssatz in (62b) ist sehr ähnlich wie bisher und regelt die Kombination einer VP mit dem Subjekt. Dabei entspricht das β dem Subjekt und das α der VP. Die Bedeutung berechnet sich durch die funktionale Applikation der Bedeutung des Verbs ($[\![\alpha]\!]$) auf die Bedeutung des Subjektes ($[\![\beta]\!]$). Ähnliches gilt für den nächsten Satz: (62c) definiert die Bedeutung der Kombination eines zweistelligen Verbs mit einem Objekt ebenfalls als die funktionale Applikation der Bedeutung des zweistelligen Verbs ($[\![\alpha]\!]$) auf die Bedeutung des Arguments $[\![\beta]\!]$. Hier entspricht also das Objekt dem β und das α steht für ein zweistelliges Verb.

Rechnen wir auch hier wieder ein Beispiel durch. Als Ausdrücke und deren Denotation verwenden wir die schon bekannten folgenden Ausdrücke: **Beispiel**

(63) a. $D_e = \{A, B, C\}$
b. NAME = $\{Alex, Bente, Chris\}$
c. *liebt* $\in \mathbf{V_2}$
d. $I(Alex) = A$
$I(Bente) = B$
$I(Chris) = C$
e.

$$I(liebt) = \begin{bmatrix} A & \mapsto & \begin{bmatrix} A & \mapsto & 0 \\ B & \mapsto & 0 \\ C & \mapsto & 0 \end{bmatrix} \\ B & \mapsto & \begin{bmatrix} A & \mapsto & 1 \\ B & \mapsto & 0 \\ C & \mapsto & 1 \end{bmatrix} \\ C & \mapsto & \begin{bmatrix} A & \mapsto & 0 \\ B & \mapsto & 1 \\ C & \mapsto & 0 \end{bmatrix} \end{bmatrix}$$

Mit diesem Beispielmodell und diesen Beispielausdrücken wollen wir Schritt für Schritt die Bedeutung von *Alex liebt Bente* berechnen. Zunächst stellen wir fest, ob dieser Ausdruck in der Sprache $\boldsymbol{L}_{\text{v2-fun}}$ wohlgeformt ist.

(64) a. *liebt Bente* $\in$ **VP**, da liebt $\in \mathbf{V_2}$ und *Bente* $\in$ NAME. nach (60f)
b. *Alex liebt Bente* $\in$ WFA, da *Alex* $\in$ NAME und *liebt Bente* $\in$ **VP**. nach (60g)

Da *Alex liebt Bente* ein wohlgeformter Ausdruck ist, kann er von der Interpretationsfunktion interpretiert werden. Als erstes müssen wir prüfen, welche der beiden Interpretationsregeln für komplexe Ausdrücke aus (62) anwendbar ist. Dazu betrachten wir den syntaktischen Strukturbaum gewissermaßen von oben nach unten. Die erste Verzweigung ist die in Subjekt und VP. Entsprechend wenden wir die Regel in (62b) an.

(65) $[\![Alex\ liebt\ Bente]\!] = [\![liebt\ Bente]\!]([\![Alex]\!])$ nach (62b)

Da *Alex* atomar ist, verweisen wir hier auf die *I*-Funktion und übertragen entsprechend den Wert.

(66) (65) $= [\![liebt\ Bente]\!]))(I(Alex))$ nach (62a)
$= [\![liebt\ Bente]\!](A)$ nach (63d)

Um jetzt den Rest weiter aufzuschlüsseln, kommt die Regel für die Interpretation der Kombination aus zweistelligem Verb und Objekt zum Einsatz (62c), so dass wir Folgendes erhalten.

(67) (66) $= [\![\mathit{liebt}]\!]([\![\mathit{Bente}]\!])(A)$ nach (62c)

Hier wird die Regel für atomare Ausdrücke (62a) zweimal angewendet, so dass wir alle Ausdrücke durch ihre Bedeutung ersetzt haben. Wir müssen dann lediglich zweimal die funktionale Applikation durchführen (erst das Objekt, dann das Subjekt), um den Wahrheitswert zu erhalten.

(68) (67) $= I(\mathit{liebt})(I(\mathit{Bente}))(I(\mathit{Alex}))$

$$= \left[\begin{array}{ccc} A & \mapsto & \left[\begin{array}{ccc} A & \mapsto & 0 \\ B & \mapsto & 0 \\ C & \mapsto & 0 \end{array}\right] \\ B & \mapsto & \left[\begin{array}{ccc} A & \mapsto & 1 \\ B & \mapsto & 0 \\ C & \mapsto & 1 \end{array}\right] \\ C & \mapsto & \left[\begin{array}{ccc} A & \mapsto & 0 \\ B & \mapsto & 1 \\ C & \mapsto & 0 \end{array}\right] \end{array}\right](B)(A)$$

$$= \left[\begin{array}{ccc} A & \mapsto & 1 \\ B & \mapsto & 0 \\ C & \mapsto & 1 \end{array}\right](A)$$

$$= 1$$

Wir haben somit die Bedeutung des Gesamtsatzes kompositionell aus der Bedeutung seiner Bestandteile berechnet.

Dieses Beispiel zeigt, wie sich der Wahrheitswert des Gesamtsatzes kompositionell aus der Bedeutung des zweistelligen Verbs und der beiden Argumente ermitteln lässt. Dabei erfüllt die neue Vorgehensweise das strikte Kompositionalitätsprinzip, da wir immer auf die beiden unmittelbaren Konstituenten Bezug genommen haben und auch jeder Zwischenschritt eine Bedeutung erhalten hat. Die folgenden beiden Strukturbäume illustrieren dies. Der Baum in (69) zeigt die semantische Struktur der Bedeutungen, während der Baum in (70) dann die eigentlichen Bedeutungen der Einzelteile und deren Komposition mittels funktionaler Applikation darstellt.

(69) Satz : $[\![\mathit{liebt}]\!]([\![\mathit{Bente}]\!])([\![\mathit{Alex}]\!])$

Alex : $[\![\mathit{Alex}]\!]$ VP : $[\![\mathit{liebt}]\!]([\![\mathit{Bente}]\!])$

liebt : $[\![\mathit{liebt}]\!]$ Bente : $[\![\mathit{Bente}]\!]$

Komposition der Bedeutungen

(70)

$$\text{Satz}: \left[\begin{array}{lll} A & \mapsto & \left[\begin{array}{lll} A & \mapsto & 0 \\ B & \mapsto & 0 \\ C & \mapsto & 0 \end{array}\right] \\ B & \mapsto & \left[\begin{array}{lll} A & \mapsto & 1 \\ B & \mapsto & 0 \\ C & \mapsto & 1 \end{array}\right] \\ C & \mapsto & \left[\begin{array}{lll} A & \mapsto & 0 \\ B & \mapsto & 1 \\ C & \mapsto & 0 \end{array}\right] \end{array}\right](B)(A) = \left[\begin{array}{lll} A & \mapsto & 1 \\ B & \mapsto & 0 \\ C & \mapsto & 1 \end{array}\right](B) = 0$$

$$\text{Alex} : A$$

$$\text{VP}: \left[\begin{array}{lll} A & \mapsto & \left[\begin{array}{lll} A & \mapsto & 0 \\ B & \mapsto & 0 \\ C & \mapsto & 0 \end{array}\right] \\ B & \mapsto & \left[\begin{array}{lll} A & \mapsto & 1 \\ B & \mapsto & 0 \\ C & \mapsto & 1 \end{array}\right] \\ C & \mapsto & \left[\begin{array}{lll} A & \mapsto & 0 \\ B & \mapsto & 1 \\ C & \mapsto & 0 \end{array}\right] \end{array}\right](B)$$

$$\text{liebt}: \left[\begin{array}{lll} A & \mapsto & \left[\begin{array}{lll} A & \mapsto & 0 \\ B & \mapsto & 0 \\ C & \mapsto & 0 \end{array}\right] \\ B & \mapsto & \left[\begin{array}{lll} A & \mapsto & 1 \\ B & \mapsto & 0 \\ C & \mapsto & 1 \end{array}\right] \\ C & \mapsto & \left[\begin{array}{lll} A & \mapsto & 0 \\ B & \mapsto & 1 \\ C & \mapsto & 0 \end{array}\right] \end{array}\right]$$

$$\text{Bente} : B$$

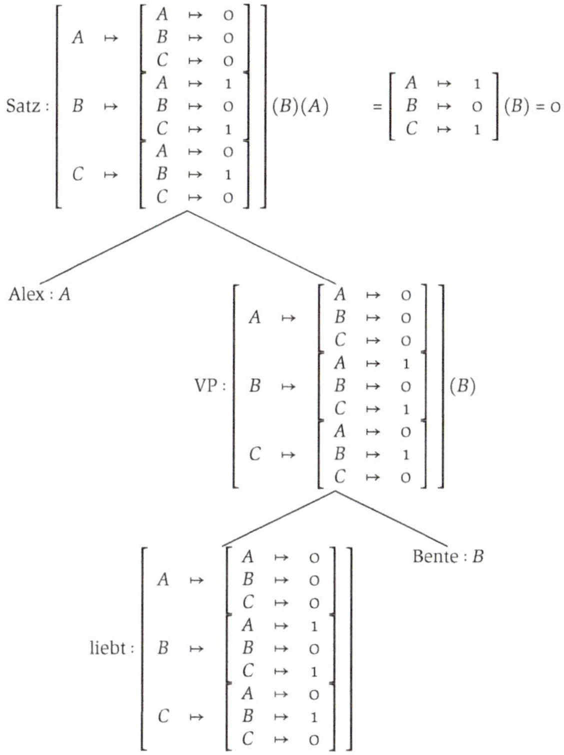

Insofern zeigt sich hier der Vorteil, warum wir den Funktionsbegriff überhaupt eingeführt haben. Wobei der Funktionsbegriff uns bis jetzt allerdings noch nicht geholfen hat, ist, den Regelapparat zu generalisieren. Wir haben trotzdem am Ende eine eigene Interpretationsregel für die Kombination aus Subjekt und VP und eine für die Kombination aus zweistelligem Verb mit Objekt angenommen. Eine entsprechende Doppelung findet sich auch in der Definition der wohlgeformten Ausdrücke. Um die gewünschte Generalisierung zu erhalten, müssen wir uns ein wenig mehr mit dem Begriff der **semantischen Typen** beschäftigen, den wir in diesem Kapitel schon kennengelernt haben. Deshalb schenken wir diesen im nächsten Kapitel mehr Aufmerksamkeit.

Aufgaben

1. Überlegen Sie sich in Anlehnung an die Wochentagsfunktion aus dem Text drei weitere Beispiele für mögliche Funktionen. Geben Sie dabei Beispiele für eindeutige und eineindeutige (totale) Funktionen sowie für eine partielle Funktion.

2. Geben Sie für die Menge $M = \{A, T\}$ und die Domäne $D = \{A, E, I, K, T\}$ die charakteristische Funktion an.

3. Schreiben Sie die folgende Funktion als Menge:

$$\begin{bmatrix} A & \mapsto & 1 \\ I & \mapsto & 0 \\ L & \mapsto & 1 \\ M & \mapsto & 1 \\ V & \mapsto & 0 \\ Y & \mapsto & 0 \end{bmatrix}$$

4. Warum kann *lieben* nicht als Funktion verstanden werden, die jeder Person die Personen zuordnet, die sie liebt? Nehmen Sie dabei auf die Definition des Funktionsbegriffs und auf die semantische Komposition Bezug.

5. Berechnen Sie den Wahrheitswert von *Deniz ärgert Sasha* in Bezug auf folgendes Modell:

$D_e = \{D, S, K\}$
$I(Deniz) = D$ $I(Sasha) = S$ $I(\text{ärgert}) = \{\langle K, S\rangle, \langle K, D\rangle, \langle D, K\rangle\}$

Geben Sie dabei die Bedeutung von *ärgert* zunächst als Funktion an.

6. Erweitern Sie die Sprache $\boldsymbol{L}_{1+2\text{-fun}}$ um dreistellige Prädikate. (Verwenden Sie ruhig wieder *vorstellen* als Beispielverb.)

5 Semantische Typen und indirekte Interpretation

Im vorangegangenen Kapitel haben wir den Begriff der Funktionen eingeführt und dadurch die Denotation der Verben so gestalten können, dass die Bedeutung aller möglichen Satzkonstruktionen nach dem strikten Kompositionalitätsprinzip berechnet werden kann. Allerdings hatten wir es in der Grammatik und bei der Definition der Interpretation immer noch mit eigenen Definitionen für jede Konstruktion zu tun. Dies wollen wir in diesem Kapitel ändern und uns überlegen, wie wir den Regelapparat generalisieren und dadurch verschlanken können.

5.1 | Typen

Das Werkzeug, um das zu erreichen, haben wir unter der Hand schon im letzten Kapitel kennengelernt: **semantische Typen**. Der semantische Typ kodiert die Art von Denotation, die ein Ausdruck hat. Beispielsweise denotieren Eigennamen Individuen. Einstellige Verben haben eine andere Art von Denotation: Sie denotieren Funktionen von Individuen in Wahrheitswerte (oder alternativ Mengen von Individuen). Zweistellige Verben haben eine noch andere Art von Denotation: Sie bezeichnen Funktionen von Individuen in Funktionen von Individuen in Wahrheitswerte (oder alternativ Mengen von Paaren von Individuen). Sätze schließlich haben Wahrheitswerte als ihre Denotation.

Definition

Denotationen von Ausdrücken

Ausdruck	Denotation
Eigennamen	INDIVIDUUM
einstellige Verben	[INDIVIDUUM ↦ WAHRHEITSWERT]
zweistellige Verben	INDIVIDUUM ↦ [INDIVIDUUM ↦ WAHRHEITSWERT]
Sätze	WAHRHEITSWERT

Diese verschiedenen Arten von Denotation werden durch die erwähnten semantischen Typen kodiert. Dabei verwenden wir die schon verwende-

Zu diesem Kapitel ist ein Erratum verfügbar unter https://doi.org/10.1007/978-3-476-04870-7_12

D. Gutzmann, *Semantik*, https://doi.org/10.1007/978-3-476-04870-7_5

ten Abkürzungen: Typ *e* ist der Typ für Individuen (»Entitäten«) und Typ *t* ist der Typ für Wahrheitswerte. Der semantische Typ von Funktionen ist dann ein entsprechender sogenannter **funktionaler Typ**, den wir ähnlich wie die Funktionen selbst schreiben können.

Definition

Semantische Typen von Ausdrücken

Ausdruck	**Typ**
Eigennamen	e
einstellige Prädikate	$(e \mapsto t)$
zweistellige Prädikate	$(e \mapsto (e \mapsto t))$
Sätze	t

Typen als semantische Label: Diese semantischen Typen werden wir nun benutzen, um unsere Ausdrücke damit zu »etikettieren« oder ihnen ein »Label« zu geben. Wir werden also sagen, dass ein Ausdruck wie *Chris* vom Typ *e* ist und dass ein Verb wie *schlafen* den semantischen Typen $(e \mapsto t)$ hat (wobei wir die Klammern oft auch weglassen und einfach $e \mapsto t$ schreiben). Warum sollten wir das tun, statt einfach weiterhin davon zu sprechen, dass *Chris* ein Individuum bezeichnet und dass *schlafen* eine Funktion denotiert, die Individuen auf Wahrheitswerte abbildet?

Der Vorteil ist, dass wir mit den semantischen Typen zwei Fliegen mit einer Klappe schlagen können. Zum einem sagen die semantischen Typen uns, welche Art von Denotation ein Ausdruck hat. Zum anderen haben die Typen auch eine Funktion in der Grammatik unserer logischen Sprache. Denn wenn die Typen für die Art von Denotation stehen, dann können wir diese Information auch dafür nutzen, um zu sehen, mit welchen anderen Ausdrücken der Ausdruck kombiniert werden kann. Wenn wir also wissen, dass der Ausdruck *Alex* den Typ *e* hat, dann wissen wir, dass er ein Individuum denotiert. Wenn wir wissen, dass der Ausdruck *schläft* den Typ $(e \rightarrow t)$ hat, dann wissen wir, dass er eine Funktion denotiert, die ein Individuum als Argument nimmt und einen Wahrheitswert ergibt. Folglich wissen wir auch, dass es sinnvoll ist, den Ausdruck *schläft* mit dem Ausdruck *Alex* zu kombinieren, da *Alex* die passende Denotation für die Argumentstelle der Denotation von *schläft* hat. Wir können auch sagen, dass der semantische Typ von *Alex* (nämlich *e*) dem Argumenttyp von *schläft* entspricht (links vom Pfeil; also auch *e*).

Ausdrücke vom Typ $(e \mapsto t)$ können also mit Ausdrücken vom Typ *e* kombiniert werden, was natürlich daran liegt, dass die Typen die Denotationsarten kodieren und so gewählt sind, dass die Denotationen zueinander passen, wenn die Typen zueinander passen. Darüber hinaus können wir aus den Typen auch noch die Denotation der Verknüpfung zweier Ausdrücke ablesen. Wenn wir beispielsweise *Alex* und *schläft* miteinander kombinieren, kombinieren wir den funktionalen Typ $(e \mapsto t)$ mit dem Typ *e* und erhalten den Typ *t* als Outputtyp für den komplexen Ausdruck *Alex schläft*. Dies wiederum sagt uns dann, dass *Alex schläft* einen Wahrheitswert als Denotation hat, was natürlich das ist, was wir wollen. Dies konnten wir im vorherigen Kapitel sehen, als wir die Typen bereits informell verwendet haben.

(1) Satz : t

Alex : e schläft : $e \rightarrow t$

An den Typen können wir also direkt ablesen, dass ein Ausdruck vom Typ $e \mapsto t$ mit einem Ausdruck vom Typ e kombiniert werden kann, um einen Ausdruck vom Typ t zu ergeben.

Vergleich mit Multiplikation: Die Art und Weise, wie die Kombination von Typen funktioniert, wird oft mit der Multiplikation von Brüchen mit ihrem Nenner verglichen, bei denen dieser »rausgekürzt« wird.

(2) $\frac{2}{3} \times 3 = \frac{2}{\cancel{3}} \times \cancel{3} = 2$

Analog könnte man sagen, dass man bei der Kombination von $e \mapsto t$ mit e das t herauskürzen kann und nur t übrigbleibt. Gewissermaßen als ob $e \mapsto t$ ein Bruch wäre (»t e-tel« quasi).

(3) $\frac{t}{e} \times e = \frac{t}{\cancel{e}} \times \cancel{e} = t$

Wenn Sie zufällig bereits eine Einführung in die Logik besucht haben, dann erinnert Sie die Schreibweise der Typen und die Art, wie sie miteinander kombiniert werden, an eine Form des logischen Schließens. So kann man beispielsweise einen Konditionalsatz (»Wenn ... dann ...«) mit einer weiteren Prämisse kombinieren, die dem sogenannten Antezedens des Konditionals entspricht (dem »wenn-«Teil), um als Konklusion des logischen Schlusses den sogenannten Konsequenten des Konditionals zu ergeben (den »dann«-Teil).

Logischer Schluss: Modus ponens

(4) Wenn Alex Philosophie studiert, dann lernt Alex Logik. (Prämisse 1)
Alex studiert Philosophie. (Prämisse 2)

→ Alex lernt Logik. (Konklusion)

Das logische Schema, das dem Schluss in (4) zugrunde liegt, nennt man *modus ponens* und lässt sich wie folgt schematisch darstellen.

(5) $p \rightarrow q$
p

$\rightarrow q$

Die Kombination von Ausdrücken vom Type $e \rightarrow t$ mit Ausdrücken vom Typ e lässt sich eins zu eins auf dieses Schema abbilden.

(6) $e \rightarrow t$
e
———
$\rightarrow t$

Der Zusammenhang zwischen den Typen und dem logischen Schluss des *modus ponens* ist dabei sogar sehr grundlegend und als »Curry-Howard-Isomorphismus« bekannt, was an dieser Stelle aber nicht weiter vertieft werden soll (vgl. u. a. Carpenter 1997, Kap. 5.3.2). Hier soll lediglich darauf hingewiesen werden, dass die Ähnlichkeit zwischen funktionalen semantischen Typen und Konditionalen die Idee hinter der Schreibweise von funktionalen Typen als beispielsweise $(e \mapsto t)$ ist.

Gängige Notation von Typen: Auch wenn es sehr anschaulich ist, funktionale Typen quasi wie ein Konditional zu schreiben, ist das leider nicht die gängige Konvention in der Literatur zur formalen Semantik. Statt funktionale Typen mit dem Pfeil zu schreiben – also $(e \mapsto t)$ – was sowohl an das Konditional erinnert, als auch an die Zuordnung, die durch die Funktion vorgenommen wird, werden funktionale Typen in der Literatur zum Großteil wie Tupel geschrieben: $\langle e, t\rangle$. Um bei dieser üblichen Schreibweise zu bleiben, schreiben wir die Typen für unsere bisherigen Ausdrücke in dieser Notation. Dies ist zwar nicht so intuitiv wie die Schreibweise mit dem Pfeil, aber die Tupel-Notation ist höchstwahrscheinlich die, auf die Sie bei der Lektüre semantischer Forschungsarbeiten stoßen werden.

Definition

Semantische Typen von Ausdrücken

Ausdruck	Typ
Eigennamen	e
einstellige Verben	$\langle e, t\rangle$
zweistellige Verben	$\langle e, \langle e, t\rangle\rangle$
Sätze	t

Ausgerüstet mit der Idee der semantischen Typen können wir diese nun nutzen, um unsere Sprache neu aufzusetzen und dabei nur wenige, dafür aber sehr generelle Regeln aufstellen. Bevor wir dazu kommen, wollen wir noch eine weitere konzeptuelle Veränderung vornehmen, die uns die Arbeit jetzt und für die folgenden Kapitel erleichtern wird. Dies betrifft die Frage, in welchem Verhältnis unsere logischen Sprachen zur natürlichen Sprache stehen.

5.2 | Indirekte Interpretation

Bisher funktionierte unser formales System so, dass sprachliche Ausdrücke, die der formalen Sprache zugehörig definiert werden, von der Interpretationsfunktion $[\![\cdot]\!]$ auf ihre jeweilige Bedeutung abgebildet werden. Die Interpretationsfunktion interpretiert also direkt Ausdrücke unserer Objektsprache, weshalb man hier auch von einer direkten Interpretation spricht.

Definition

Eine Semantik mit **direkter Interpretation** bildet die Ausdrücke der Objektsprache direkt auf ihre Bedeutung ab.

$$\text{Ausdruck} \xrightarrow{[\![\cdot]\!]} \text{Bedeutung}$$

Einem Ausdruck wie *Alex* wird also durch die Interpretation(sfunktion) direkt eine Bedeutung zugewiesen (über den Umweg der Zuweisungsfunktion *I* versteht sich), nämlich beispielsweise die Person A(lex).

(7) *Alex* (der Ausdruck) $\xrightarrow{[\![\cdot]\!]}$ A (die Person)

Übersetzung in logische Sprache

Wir werden im Folgenden allerdings einen anderen Weg beschreiten, da dieser sich in vielen semantischen Arbeiten findet. Anstatt die Ausdrücke der Objektsprache selbst von der Semantik interpretieren zu lassen, werden diese zunächst in eine logische Sprache übersetzt. Diese logische Sprache wird anschließend interpretiert, so dass wir über die Interpretation der logischen Sprache indirekt die Bedeutung des ursprünglichen Ausdrucks erhalten. Man spricht dann folglich von einer indirekten Interpretation.

Definition

Eine Semantik mit **indirekter Interpretation** übersetzt die Ausdrücke der Objektsprache zunächst in Ausdrücke einer logischen Sprache, welche dann auf die Bedeutung abgebildet werden.

$$\text{Ausdruck} \xrightarrow{\text{ÜBERSETZUNG}} \text{logischer Ausdruck} \xrightarrow{[\![\cdot]\!]} \text{Bedeutung}$$

Angewendet auf unser Beispiel heißt das, dass der Ausdruck *Alex* zunächst in eine logische Repräsentation übersetzt wird. Um dies möglichst transparent zu halten, wird diese üblicherweise genauso geschrieben wie der ursprüngliche Ausdruck (bei Verben meist im Infinitiv), nur, dass ein fetter Schnitt verwendet wird und häufig alles klein geschrieben wird. Also wird der Ausdruck *Alex* übersetzt in den logischen Ausdruck **alex**. Im Prinzip ist dies aber beliebig und man könnte willkürliche Ausdrücke in der Logik verwenden. Der logische Ausdruck wird dann interpretiert und man erhält über den Umweg über die logische Sprache die Bedeutung für den eigentlichen objektsprachlichen Ausdruck.

(8) *Alex* $\xrightarrow{\text{ÜBERSETZUNG}}$ **alex** $\xRightarrow{[\![\cdot]\!]}$ A (die Person)

Vorteile der indirekten Interpretation: Wir wollen den Schritt hin zur indirekten Interpretation an dieser Stelle nicht komplett begründen; die Vorteile werden später noch deutlicher werden. Ein Vorteil aber ist beispielsweise, dass Ausdrücke aus verschiedenen Objektsprachen die gleiche Übersetzung in der logischen Sprache erhalten können und dann auch die gleiche Interpretation zugewiesen bekommen. Demnach können beispielsweise *schläft* und das Englische *is sleeping* die gleiche Übersetzung in die logische Sprache bekommen – also beispielsweise **schlafen** – und deshalb hätten dann auch zwangsläufig beide die gleiche Funktion (von Individuen in Wahrheitswerte) als Bedeutung. Ein anderer, für unsere Zwecke vielleicht noch wichtigerer Vorteil ist, dass wir bei der Definition der logischen Sprache bis zu einem gewissen Grad keine Rücksicht mehr auf die Besonderheiten der Struktur der natürlichen Sprache nehmen müssen. So hatten wir in unseren bisherigen Sprachen die Regel für einen Satz mit einem zweistelligen Prädikat und zwei Eigennamen immer so definiert, dass das Prädikat zwischen den beiden Namen steht, so wie es in deutschen Hauptsätzen üblich ist. In der logischen Sprache sind wir dazu nicht verpflichtet und können beispielsweise das Prädikat immer vor seine jeweiligen Argumente schreiben, was wir auch tun werden. In späteren Kapiteln wird dies noch deutlicher werden, wenn die semantische Funktion-Argument-Struktur nicht der syntaktischen entspricht. Natürlich soll die logische Sprache die Struktur der natürlich sprachlichen Ausdrücke, an denen wir interessiert sind, insofern widerspiegeln, als sich die Bedeutung der komplexen Ausdrücke immer noch aus der Bedeutung ihrer Einzelteile ergibt. Wir sind jedoch freier darin, wie wir dies in der logischen Übersetzung repräsentieren.

$L_{1+2\text{-fun}}$ mit indirekter Interpretaton – $L_{1+2\text{-fun-ind}}$: Wir werden an dieser Stelle zunächst das einfache System mit direkter Interpretation aus dem vorherigen Kapitel in ein System mit indirekter Interpretation überführen, um uns mit der neuen Art der Notation vertraut zu machen. Anschließend kommen wir zu den semantischen Typen zurück und werden diese in unser neues System integrieren.

Wir werden also im Folgenden zunächst das Lexikon, die Grammatik und die Interpretation unserer neuen logischen Sprache definieren und geben ein Modell, um dann den natürlich-sprachlichen Ausdrücken, die uns interessieren, eine Übersetzung in der logischen Sprache zuzuweisen. Wir beginnen wie immer mit dem Lexikon.

Lexikon für $L_{1+2\text{-fun-ind}}$

(9) **Lexikon für $L_{1+2\text{-fun-ind}}$:**
   a. **Name** ⊂ **Lex** (eine Menge von Eigennamen)
   b. **V_1** ⊂ **Lex** (eine Menge von einstelligen Prädikaten)
   c. **V_2** ⊂ **Lex** (eine Menge von zweistelligen Prädikaten)

Bis hierhin sehen die Definitionen in (9) noch nicht sonderlich anders aus als in den vorangegangenen Definitionen. Der entscheidende Unterschied ist jedoch, dass es sich hier um Mengen von Ausdrücken in der logischen Sprache handelt. Also beispielsweise:

(10) a. **Name = {alex, bente, chris}**
b. $\mathbf{V_1}$ = **{schlafen, lernen, klug}**
c. $\mathbf{V_2}$ = **{ärgern, lieben}**

Mithilfe des Lexikons können wir nun die Menge der wohlgeformten Ausdrücke WFA für unsere neue Sprache definieren, die wir $L_{1+2\text{-fun-ind}}$ nennen.

Grammatik für $L_{1+2\text{-fun-ind}}$

(11) **Grammatik für $L_{1+2\text{-fun-ind}}$**
a. **Lex** ⊂ WFA.
b. **VP** ⊂ WFA.
c. $\mathbf{V_1} \subset$ **VP**.
d. Wenn $\alpha \in \mathbf{V_2}$ und $\beta \in$ **Name**, dann $\alpha(\beta) \in$ **VP**.
e. Wenn $\alpha \in$ **VP** und $\beta \in$ **Name**, dann $\alpha(\beta) \in$ WFA.

Dies entspricht der bisher bekannten Definition von wohlgeformten Ausdrücken. Insbesondere verwenden wir hier auch wieder die Technik, eine Kategorie **VP** zu definieren, die sowohl die einstelligen Verben als auch die Kombination aus zweistelligen Verben mit Objekt vereint. Im Unterschied zu den bisherigen Definitionen können wir hier aber nun etwas freier sein in den Definitionen. Während vorher die Reihenfolge zwischen dem Verb und seinen Argumenten wichtig war – wir wollten ja die Wortstellung im deutschen Hauptsatz simulieren – so können wir in dieser indirekten Variante die Reihenfolge anders definieren. Folglich halten wir es einheitlich und schreiben das Verb vor seine Argumente, wobei das Subjekt immer das letzte Argument ist. Zudem schreiben wir das Ganze mit Klammern, um die Funktion-Argument-Struktur, die die Denotationen haben werden, schon in der logischen Sprache abzubilden. Entsprechende Übersetzungen der atomaren Ausdrücke vorausgesetzt können wir also folgende Übersetzungen annehmen.

(12) a. *Alex schläft* ⟶ **schlafen(alex)**
b. *liebt Chris* ⟶ **lieben(chris)**
c. *Bente liebt Chris* ⟶ **lieben(chris)(bente)**

Die Reihenfolge der Argumente hinter dem Verb entspricht so der Reihenfolge, mit der sich das Verb in der Syntax mit den Argumenten verbindet. In der logischen Übersetzung werden die späteren Argumente dann quasi immer hinten angehängt. Der folgende Vergleich verdeutlicht dies.

(13)
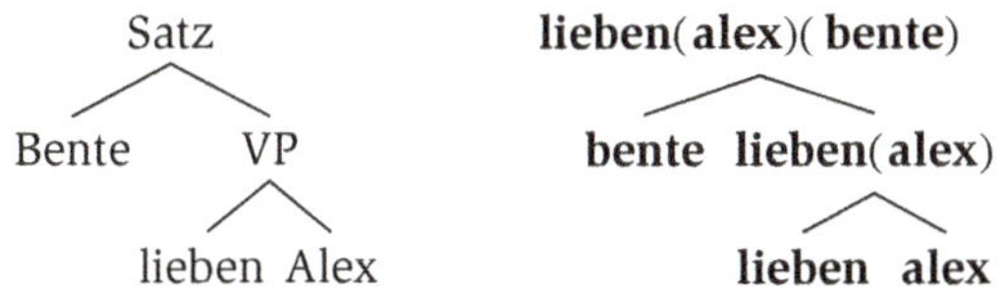

An der Definition der Modelle ändert sich eigentlich kaum etwas, außer dass wir die Bezeichnungen ein wenig anpassen. Insbesondere gleichen wir die Notation der funktionalen Domänen an die Klammerschreibweise der Typen an.

Modelle und Interpretation für $L_{1+2\text{-fun-ind}}$

(14) **Modelle für $\boldsymbol{L}_{\mathbf{1+2\text{-fun-ind}}}$**
Ein Modell für $\boldsymbol{L}_{1+2\text{-fun-ind}}$ ist eine Struktur $M = \langle \boldsymbol{D}, I \rangle$, so dass gilt:
  a. $\boldsymbol{D}$ ist eine Menge von modelltheoretischen Objekten mit folgenden Teilmengen:
    (i) D_e, eine Menge von Individuen
    (ii) $D_t = \{1, 0\}$, die Menge der Wahrheitswerte
    (iii) $D_{\langle e,\, t\rangle}$, eine Menge von Funktionen von D_e nach D_t
    (iv) $D_{\langle e,\, \langle e,\, t\rangle\rangle}$, eine Menge von Funktionen von D_e nach $D_{\langle e,\, t\rangle}$
  b. I ist eine Zuweisungsfunktion, die jedem atomaren, wohlgeformten Ausdruck von $\boldsymbol{L}_{1+2\text{-fun-ind}}$ ein modelltheoretisches Objekt aus $\boldsymbol{D}$ zuweist, wobei gilt:
    (i) Wenn $\alpha \in$ **Name**, dann $I(\alpha) \in D_e$.
    (ii) Wenn $\alpha \in \mathbf{V_1}$, dann $\alpha \in D_{\langle e,\, t\rangle}$
    (iii) Wenn $\alpha \in \mathbf{V_2}$, dann $\alpha \in D_{\langle e,\, \langle e,\, t\rangle\rangle}$.

Auch die Definition der Interpretationsfunktion bleibt in ihrem Kern die gleiche. Der entscheidende Unterschied ist, dass die die Interpretation der Verbindung der VP mit dem Subjekt (15b) strukturgleich ist zu der Interpretation eines zweistelligen Verbs mit seinem Objekt (15c). In beiden Fällen steht das Verb vor dem Argument. Hier sieht man deutlich, dass die logische Sprache so notiert wird, dass sie der Interpretation gleicht, denn in beiden Fällen schreiben wir die Funktion-Argument-Struktur als $F(A)$.

(15) **Interpretation für $\boldsymbol{L}_{\mathbf{1+2\text{-fun-ind}}}$**
$[\![\cdot]\!]$ ist eine Interpretationsfunktion für $\boldsymbol{L}_{1+2\text{-fun-ind}}$, die jedem wohlgeformten Ausdruck für $\boldsymbol{L}_{1+2\text{-fun-ind}}$ eine Bedeutung zuweist, so dass gilt:
  a. Wenn $\alpha \in$ **Lex**, dann $[\![\alpha]\!] = I(\alpha)$.
  b. Wenn $\alpha \in$ **VP** und $\beta \in$ **Name**, dann $[\![\alpha(\beta)]\!] = [\![\alpha]\!]([\![\beta]\!])$.
  c. Wenn $\alpha \in \mathbf{V_2}$ und $\beta \in$ **Name**, dann $[\![\alpha(\beta)]\!] = [\![\alpha]\!]([\![\beta]\!])$.

Damit ist die Reformulierung von unserer direkt interpretierten Sprache in ein indirektes System vorerst abgeschlossen. Der Kasten unten zeigt ein Beispiel dafür.

Es sei darauf hingewiesen, dass uns diese reine Reformulierung noch nicht wirklich viele Vorteile bringt. Denn abgesehen davon, dass die Form, in der wir komplexe Ausdrücke schreiben, ihrer Interpretation gleicht, haben wir immer noch das »Problem«, dass wir sowohl für die Konstruktion der verschiedenen Strukturen in der Grammatik als auch für deren jeweilige Interpretation verschiedene Regeln definieren müssen. Eine generellere Vorgehensweise können wir aber erreichen, wenn wir die Vorgehensweise der indirekten Interpretation nun mit der zuvor eingeführten Idee der semantischen Typen verknüpfen, was wir im Folgenden tun werden.

Beispiel

Für unser Beispiel nehmen wir folgendes sehr kleines Lexikon an, sowie das Modell in (17).

(16) **Lexikon**
  a. **Name** = {**alex, bente, chris**}
  b. $\mathbf{V_1}$ = {**joggen**}
  c. $\mathbf{V_2}$ = {**rufen**}

(17) **Modell**
  a. $D_e = \{A, B, C\}$
  b. $I(\textbf{alex}) = A, I(\textbf{bente}) = B, I(\textbf{chris}) = C$

$$I(\textbf{joggen}) = \begin{bmatrix} A & \mapsto & 0 \\ B & \mapsto & 0 \\ C & \mapsto & 1 \end{bmatrix}$$

$$I(\textbf{rufen}) = \begin{bmatrix} A & \mapsto & \begin{bmatrix} A & \mapsto & 0 \\ B & \mapsto & 1 \\ C & \mapsto & 1 \end{bmatrix} \\ B & \mapsto & \begin{bmatrix} A & \mapsto & 1 \\ B & \mapsto & 0 \\ C & \mapsto & 0 \end{bmatrix} \\ C & \mapsto & \begin{bmatrix} A & \mapsto & 0 \\ B & \mapsto & 0 \\ C & \mapsto & 0 \end{bmatrix} \end{bmatrix}$$

Weiterhin nehmen wir folgende Übersetzungen von natürlich-sprachlichen Ausdrücken in die logische Sprache an.

(18) a. *Alex* ⟶ **alex** *Bente* ⟶ **bente** *Chris* ⟶ **chris**
  b. *joggt* ⟶ **joggen** *ruft* ⟶ **rufen**

Vor diesem Hintergrund wollen wir nun folgenden Satz interpretieren.

(19) Bente ruft Alex.

Als ersten Schritt übertragen wir die syntaktische Struktur des Satzes in die logische Sprache. Das heißt, wir übersetzen jeweils die Endknoten des Syntaxbaums in die logische Sprache.

(20)

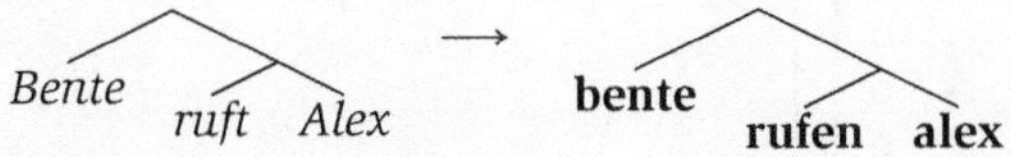

Im nächsten Schritt müssen wir überlegen, wie sich diese Einzelausdrücke entsprechend der grammatischen Regeln der logischen Sprache zusammensetzen lassen. Da es sich bei **rufen** um ein zweistelliges Verb handelt, können wir es mit **alex** kombinieren zu **rufen(alex)**. Dies gilt dann als **VP**, was sich dann wiederum mit **bente** zusammensetzen lässt zu **rufen(alex)(bente)**. Etwas formaler können wir dies wie folgt formulieren.

(21) a. Da **rufen** $\in$ $\mathbf{V_2}$ und **alex** $\in$ NAME: **rufen(alex)** $\in$ **VP**
b. Da **rufen(alex)** $\in$ **VP** und **bente** $\in$ NAME:
rufen(alex)(bente) $\in$ WFA

Zur besseren Illustration stellen wir dies auch noch als semantischen Strukturbaum dar.

(22)
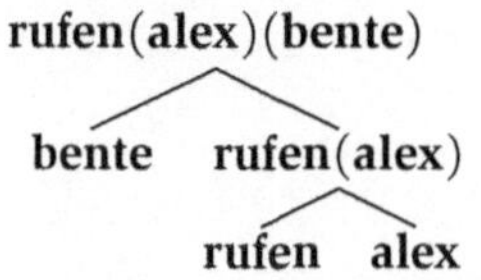

Entsprechend dieses Strukturbaums können wir auch den Wurzelknoten interpretieren. Hier kommt einfach die Regel für die Interpretation der funktionalen Applikation zur Anwendung. Diese wird zweimal angewendet, erst um die Bedeutung des Satzes in die Bedeutung der VP (= die Funktion) und die Bedeutung des Subjektes (= das Argument) aufzutrennen. Anschließend zerlegen wir die VP in die Bedeutung des zweistelligen Verbs (= die Funktion) und die Bedeutung des Objekts (= das Argument).

(23) ⟦**rufen(alex)(bente)**⟧
= ⟦**rufen(alex)**⟧(⟦**bente**⟧)
= ⟦**rufen**⟧(⟦**alex**⟧)(⟦**bente**⟧)

Da es sich nach diesen Schritten nur noch um atomare Ausdrücke handelt, müssen wir auf die *I*-Funktion referieren, um deren Bedeutung einzusetzen. Wenn wir dies tun, erhalten wir den Wahrheitswert 1 als Denotation für unseren Ausgangssatz.

(24)
$$\begin{bmatrix} A & \mapsto & \begin{bmatrix} A & \mapsto & 0 \\ B & \mapsto & 1 \\ C & \mapsto & 1 \end{bmatrix} \\ B & \mapsto & \begin{bmatrix} A & \mapsto & 1 \\ B & \mapsto & 0 \\ C & \mapsto & 0 \end{bmatrix} \\ C & \mapsto & \begin{bmatrix} A & \mapsto & 0 \\ B & \mapsto & 0 \\ C & \mapsto & 0 \end{bmatrix} \end{bmatrix}(A)(B) = \begin{bmatrix} A & \mapsto & 0 \\ B & \mapsto & 1 \\ C & \mapsto & 1 \end{bmatrix}(B) = 1$$

5.3 | Typen und indirekte Interpretation

Neue Sprache mit Typen: L_{Typ}

Allgemeine Definition für semantische Typen: Bisher haben wir die semantischen Typen nur informell diskutiert, wollen diese aber nun in unsere neue logische Sprache aufnehmen und diese dann dazu benutzen, das Regelsystem zu vereinfachen. Zunächst müssen wir uns also fragen, was Typen eigentlich sein sollen. Wir haben in der tabellarischen Auflistung zu Beginn dieses Kapitel bereits gesehen, dass wir mindestens vier Typen für unser System mit zweistelligen Verben brauchen. Zwei davon sind einfache Typen – nämlich Typ *e* für die Individuen und Typ *t* für die Wahrheitswerte. Die anderen zwei sind funktionale Typen, und zwar von *e* nach *t* (einstellige Verben) bzw. von *e* nach $\langle e, t\rangle$. Nun wollen wir, auch wenn wir noch nicht alles brauchen werden, die Definition der Typen so allgemein halten wie möglich. Deshalb definieren wir mit folgender Strategie eine unendliche Anzahl von Typen. Wir gehen davon aus, dass *e* und *t* jeweils Typen sind: sie sind unsere zwei Basistypen (25a + b). Und dann erlauben wir, dass man zwei (beliebige!) Typen nehmen und aus diesen einen neuen funktionalen Typen zu bilden kann, der von dem ersten auf den zweiten Typ abbildet (25c). Wenn wir also sagen, dass **Typ** die Menge der Typen für unsere Sprache ist, die wir ab jetzt nun $\boldsymbol{L}_{\text{Typ}}$ nennen, dann können wir das Ganze formal wie folgt definieren:.

(25) **Typen für $\boldsymbol{L}_{\text{Typ}}$**
Typ ist die kleinste Menge, so dass gilt:
a. $e \in$ **Typ**
b. $t \in$ **Typ**
c. Wenn $\sigma \in$ **Typ** und $\tau \in$ **Typ**, dann $\langle \sigma, \tau\rangle \in$ **Typ**.

Der erste Teil der Definition (»kleinste Menge, so dass gilt«) ist so gewählt, dass sichergestellt ist, dass keine weiteren Typen zulässig sind, außer die durch (25a–c) definierten. Besonders entscheidend ist hier aber der letzte Definitionssatz. Da die beiden griechischen Buchstaben σ (»sigma«) und τ (»tau«) Variablen für *beliebige* Typen sind, bedeutet das, dass sie nicht nur für *e* oder *t* stehen können, sondern auch wieder für komplexe Typen. Das bedeutet, dass auch das Ergebnis der Regel – da es ja ein Typ ist – wieder in die Regel selbst eingesetzt werden kann. Dies nennt man eine **rekursive Definition**. Dadurch sind beliebig viele komplexe Typen generierbar. Zur Illustration zeigen wir, dass $\langle\langle e, t\rangle, \langle\langle e, t\rangle, t\rangle\rangle$ ein Typ ist.

(26) a.	$e \in$ **Typ**.	nach (25a)
b.	$t \in$ **Typ**.	nach (25b)
c.	$\langle e, t\rangle \in$ **Typ**,	nach (25c)
	da $e \in$ **Typ** und	nach (25a)
	$t \in$ **Typ**.	nach (25b)
d.	$\langle\langle e, t\rangle, t\rangle \in$ **Typ**,	nach (25c)
	da $\langle e, t\rangle \in$ **Typ** und	nach (25c)
	$t \in$ **Typ**.	nach (25b)

e. $\langle\langle e, t\rangle, \langle\langle e, t\rangle, t\rangle\rangle \in$ **Typ**, nach (25c)
da $\langle e, t\rangle \in$ **Typ** und nach (25c)
$\langle\langle e, t\rangle, t\rangle \in$ **Typ**. nach (25d)

Hier haben wir schrittweise notiert, welche Regeln zum Einsatz kommen, um zu zeigen, dass etwas ein Typ ist. Da sich das Ganze etwas umständlich liest, können wir dies auch mithilfe einer Baumstruktur illustrieren.

(27)
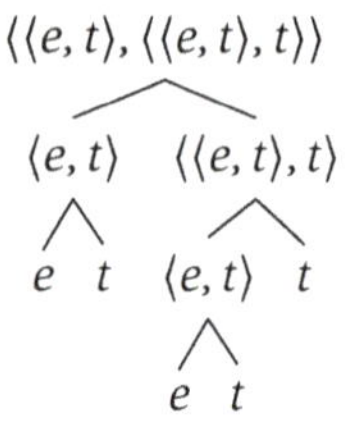

Der Typ $\langle\langle e, t\rangle, \langle\langle e, t\rangle, t\rangle$ mag zwar etwas komplex wirken, wir werden ihm später in diesem Buch aber tatsächlich noch begegnen.

Es sei an dieser Stelle darauf hingewiesen, dass uns die rekursive Typendefinition in (25) sehr viele Typen zur Verfügung stellt, die wir für die Analyse natürlicher Sprachen nicht benötigen werden. Genau genommen werden wir den Großteil aller Typen nicht brauchen, da die Definition unendlich viele Typen bereitstellt. Aber selbst relativ transparente Typen wie $\langle e, \langle e, \langle e, \langle e, \langle e, \langle e, t\rangle\rangle\rangle\rangle\rangle\rangle$, werden wir wohl kaum benötigen, da es unseres Wissens nach keine sechsstelligen Verben gibt, von 2312-stelligen Verben ganz zu schweigen.

Konstanten für jeden Typ

Definition des Lexikons für L_{Typ}: Nachdem wir nun die Typen definiert haben, können wir das Lexikon für unsere Sprache $\boldsymbol{L}_{\text{Typ}}$ definieren. Auch hier wollen wir möglichst generell sein und auf alle Fälle vorbereitet sein, so dass wir nicht mit jeder Einführung von neuen Ausdrücken die Regelmenge anpassen müssen. Deshalb werden wir im Lexikon für jeden Typen, den wir haben, eine Menge von lexikalischen Ausdrücken definieren, die wir **Konstanten** nennen. Dabei lassen wir es zu, dass diese Mengen auch leer sein können, was sie für die meisten Typen auch sein werden, da wir wie eben erwähnt höchstwahrscheinlich keinen lexikalischen Ausdruck des Typs $\langle e, \langle e, \langle e, \langle e, \langle e, \langle e, t\rangle\rangle\rangle\rangle\rangle\rangle$ haben. Wichtig ist nur, dass es für jeden Typ eine solche Menge an Konstanten gibt, egal ob sie nun Elemente enthält oder leer bleibt.

(28) **Lexikon für $\boldsymbol{L}_{\text{Typ}}$**
$\mathbf{K}_\sigma \subset$ **Lex** (eine Menge von Konstanten für jeden Typen σ).

Mehr benötigen wir an dieser Stelle nicht. Was hier hervorgehoben werden soll, ist, dass diese Definition des Lexikons keinen Gebrauch von Kategorien wie **Name** oder $\mathbf{V_2}$ mehr macht. Wie wir gleich sehen werden, ist dies auch nicht mehr nötig, da die Kombinatorik allein durch die neu vorhandenen Typen geregelt wird.

Um (31) ein wenig konkreter zu machen, könnten wir die lexikalischen Ausdrücke aus unserem vorherigen Beispiel durch folgende Konstantenmengen zur Illustration definieren.

(29) a. $\mathbf{K}_e$ = **{alex, bente, chris}**
b. $\mathbf{K}_{\langle e,\, t\rangle}$ = **{joggen}**
c. $\mathbf{K}_{\langle e,\, \langle e,\, t\rangle\rangle}$ = **{rufen}**

Definition der Grammatik für L_{Typ}: Die Definition des Lexikons ist also relativ uninteressant. Was hingegen jetzt spannender wird, ist die Definition der Grammatik. Da wir innerhalb des Lexikons keine »syntaktischen« Kategorien mehr definiert haben, müssen jetzt die Typen die ganze Arbeit leisten. Was wir hier also tun, ist, nicht nur die wohlgeformten Ausdrücke zu definieren, sondern auch immer zu spezifizieren, welchen Typ diese Ausdrücke haben, was wir dadurch tun, dass wir für jeden Typen σ die Menge A_σ der wohlgeformten Ausdrücke vom Typ σ haben.

(30) **Grammatik für L_{Typ}**
a. Wenn $\alpha \in \mathbf{K}_\sigma$, dann $\alpha \in \text{WFA}_\sigma$.
b. Wenn $\alpha \in \mathbf{K}_{\langle\sigma,\, \tau\rangle}$ und $\beta \in \mathbf{K}_\sigma$, dann ist $\alpha(\beta) \in \text{WFA}_\tau$.

Die Grammatik hier ist sehr knapp und besteht nur aus zwei Regeln. Die erste besagt, dass jeder lexikalische Ausdruck vom Typ σ ein wohlgeformter Ausdruck vom Typ σ ist. Der zweite Satz ist der wirklich entscheidende. Hier wird festgelegt, dass ein Ausdruck mit einem funktionalen Typ $\langle\sigma, \tau\rangle$ mit einem anderen Ausdruck kombiniert werden kann, wenn der Typ dieses Ausdrucks zum Input-Typ des funktionalen Ausdrucks passt, also den passenden Typ σ hat. Das Ergebnis dieser Verknüpfung ist dann ein Ausdruck mit einem Typ, der dem Output-Typ des funktionalen Ausdrucks entspricht, also τ. Während also ein komplexerer Ausdruck entsteht, verringert sich die Komplexität des Typs.

Typen und funktionale Applikation

Zur besseren Illustration können wir die Regel in (30b) auch als Baumstruktur aufschreiben. Dabei verwenden wir die gängige Methode, den Typen des Ausdrucks einfach mit Doppelpunkt hinter dem Ausdruck selbst zu schreiben. Das heißt, wir schreiben $\alpha : \sigma$ anstelle von $\alpha \in \text{WFA}_\sigma$.

(31) $\alpha(\beta) : \tau$
$\alpha : \langle\sigma, \tau\rangle$ $\quad \beta : \sigma$

Hier zeigt sich jetzt der Vorteil, den wir aus der Einführung der Typen ziehen können. Für die gesamten möglichen Verknüpfungen benötigen wir jetzt nur noch eine Regel, denn was womit verbunden werden kann, wird komplett durch die Typen geregelt. Hatten wir vorher die Kombination aus Objekt und zweistelligem Verb und die Kombination aus VP und Subjekt durch zwei eigene Regeln gesteuert, so fällt beides nun unter die allgemeine Regel in (30b). Betrachten wir das Ganze als Baumstruktur, dann sehen wir, dass beide Kombinationsschritte dem Schema in (31) entsprechen.

(32) **rufen(alex)(bente)** : t

bente : e **rufen(alex)** : $\langle e, t\rangle$

rufen : $\langle e, \langle e, t\rangle\rangle$ **alex** : e

Dies verdeutlicht die erste Funktion der semantischen Typen: Sie regeln zusammen mit der Regel in (30b) die gesamte Komposition.

Modelle für L_{Typ}: Als nächstes müssen wir die Modelle für $\boldsymbol{L}_{\text{Typ}}$ definieren. Auch hier wollen wir möglichst allgemein bleiben und die Modelle so definieren, dass sie weiterhin unverändert bleiben können, auch wenn wir mit anderen Ausdrücken als Namen sowie ein- und zweistelligen Prädikaten arbeiten werden. Das erreichen wir, indem wir auch bei der Definition der Domänen und der Zuweisungsfunktion allgemein auf die Typen Bezug nehmen, anstatt auf konkrete Ausdruckstypen.

(33) **Modelle für $\boldsymbol{L}_{\textbf{Typ}}$**
Ein Modell für $\boldsymbol{L}_{\textbf{Typ}}$ ist eine Struktur $M = \langle \boldsymbol{D}, I\rangle$, so dass gilt:
  a. $\boldsymbol{D}$ ist eine Menge von modelltheoretischen Objekten, mit folgenden Teilmengen:
    (i) D_e, eine Menge von Individuen, ist die Domäne für Typ e.
    (ii) $D_t = \{1, 0\}$, die Menge der Wahrheitswerte, ist die Domäne für Typ t.
    (iii) $D_{\langle\sigma,\ \tau\rangle} = \{f : D_\sigma \mapsto D_\tau\}$, die Menge der Funktionen von D_σ nach D_τ, ist die Domäne für funktionale Typen $\langle\sigma, \tau\rangle$.
  b. I ist eine Zuweisungsfunktion, die jedem atomaren, wohlgeformten Ausdruck von $\boldsymbol{L}_{\text{Typ}}$ ein modelltheoretisches Objekt aus $\boldsymbol{D}$ zuweist, wobei gilt: Wenn $\alpha \in A_\sigma$, dann $I(\alpha) \in D_\sigma$.

Zuweisungsfunktion respektiert Typen

Wie schon zuvor ist D_e eine Menge von Individuen und D_t ist die Menge der Wahrheitswerte. Sind auch die Domänen für Ausdrücke vom Typ e bzw. t. Spätestens jetzt sollte auch klar sein, warum wir sie schon von Anfang an mit e und t gekennzeichnet haben. Was allerdings wirklich neu ist an der Definition in (33a), ist der Satz (33a-iii). Denn statt hier Domänen für einzelne funktionale Typen wie $\langle e, t\rangle$ (für einstellige Prädikate) und $\langle e, \langle e, t\rangle\rangle$ (für zweistellige Prädikate) zu definieren, definieren wir die Domänen allgemein für alle möglichen funktionalen Typen. Da Ausdrücke, die einen funktionalen Typen haben, ja auch Funktionen denotieren werden, muss die Domäne für einen funktionalen Typen auch entsprechende Funktionen enthalten. Und auch hier ist der Typ ausschlaggebend. Für einen funktionalen Typen $\langle\sigma, \tau\rangle$ ist die Domäne nach (36a-iii) die Menge der Funktionen, die Elemente aus der Domäne vom Typ σ, also D_τ, auf Elemente aus der Domäne des Typ τ, also D_τ, abbildet. Dies umfasst natürlich auch die beiden speziellen Sätze für $D_{\langle e,\ t\rangle}$ und $D_{\langle e,\ \langle e,\ t\rangle\rangle}$ aus (14), wenn wir in (33a-iii) für σ den Typen e einsetzen und für τ den Typen t bzw. $\langle e, t\rangle$, dann erhalten wir die entsprechenden Mengen von Funktionen als Domäne für die Typen $\langle e, t\rangle$ und $\langle e, \langle e, t\rangle\rangle$.

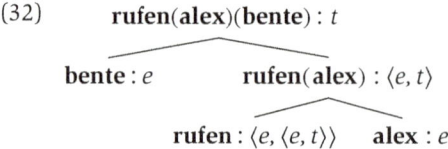

(34) a. $D_{\langle e,\, t\rangle} = \{f : D_e \mapsto D_t\}$, die Menge der Funktionen von D_e nach D_t.
b. $D_{\langle e,\, \langle e,\, t\rangle\rangle} = \{f : D_e \mapsto D_{\langle e,\, t\rangle}$ die Menge der Funktionen von D_e nach $D_{\langle e,\, t\rangle}$.

Natürlich gilt für die Domänen, ähnlich wie schon für die Typen und die Mengen der Konstanten, dass wir die allermeisten der unendlich vielen Domänen, die durch (33a-iii) definiert werden, gar nicht benötigen werden, so dass die Domänen auch potenziell leer sein können.

Interpretation für L_{Typ}: Als Letztes kommen wir zur Interpretationsfunktion. Wie schon in allen vorherigen Definitionen wird diese parallel zur Definition der wohlgeformten Ausdrücke sein, da sie ja für alle wohlgeformten Ausdrücke eine Interpretation liefern soll. Während wir zuvor viele verschiedene grammatische Konstruktionsregeln für unsere logische Sprache und entsprechend viele Interpretationsregeln aufstellen mussten, so können wir jetzt mit nur zwei Interpretationsregeln auskommen – eine für atomare Ausdrücke und eine für komplexe – so wie wir jetzt ja auch nur zwei Konstruktionsregeln in der Grammatik haben.

(35) **Interpretation für L_{Typ}**
$[\![\cdot]\!]^M$ ist die Interpretationsfunktion für L_{Typ}, die jedem wohlgeformten Ausdruck für L_{Typ} eine Bedeutung in Bezug auf ein Modell M zuweist, so dass gilt:
a. $[\![\alpha]\!]^M = I(\alpha)$, wenn $\alpha \in$ LEX ist.
b. $[\![\alpha(\beta)]\!]^M = [\![\alpha]\!]^M([\![\beta]\!]^M)$

Der erste Satz definiert die Bedeutung eines lexikalischen Ausdrucks einfach wieder mit Referenz auf die $I-$Funktion. Für die komplexen Ausdrücke benötigen wir jetzt nur noch die eine Regel in (35b). Da die Interpretationsfunktion nur wohlgeformten Ausdrücken eine Bedeutung zuweist und nach (30) komplexe Ausdrücke immer die Form $\alpha(\beta)$ haben, muss die Definition in (35b) keine weiteren Anforderungen an den komplexen Ausdruck stellen.

Doppelfunktion der Typen

Hier zeigt sich auch die zweite Funktion der Typen. Während die Typen schon in der Grammatik regeln, dass nur Ausdrücke, die von ihren Typen her passen, miteinander kombiniert werden können (= die erste Funktion), regeln die Typen auch, was für eine Bedeutung die Ausdrücke bekommen. Dadurch ist auch immer sichergestellt, dass die Bedeutungen der beiden Teile eines komplexen Ausdrucks zusammenpassen. Sprich, wenn α mit β zu $\alpha(\beta)$ kombiniert werden darf, dann sind auch die Bedeutungen $[\![\alpha]\!]$ und $[\![\beta]\!]$ so, dass man $[\![\alpha]\!]$ auf $[\![\beta]\!]$ anwenden kann und mittels $[\![\alpha]\!]([\![\beta]\!])$ die Gesamtbedeutung des Ausdrucks erhält.

Damit ist die Erweiterung unserer Sprache um die semantischen Typen abgeschlossen. Das folgende Beispiel illustriert das Ganze.

Beispiel Um die Unterschiede des neuen Systems zu dem der indirekten Interpretation ohne Typen zu verdeutlichen, werden wir hier das Beispiel möglichst analog zum vorherigen halten. Wir beginnen also mit demselben kleinen Lexikon. Der einzige Unterschied liegt darin, dass wir Konstanten eines bestimmten semantischen Typen definieren, anstatt syntaktische Kategorien nachzuahmen.

(36) **Lexikon**
 a. $\mathbf{K}_e = \{\mathbf{alex}, \mathbf{bente}, \mathbf{chris}\}$
 b. $\mathbf{K}_{\langle e,\, t\rangle} = \{\mathbf{joggen}\}$
 c. $\mathbf{K}_{\langle e,\, \langle e,\, t\rangle\rangle} = \{\mathbf{rufen}\}$

Das Modell belassen wir unverändert so wie es vorher war.

(37) **Modell**
 a. $D_e = \{A, B, C\}$
 b. $I(\mathbf{alex}) = A, I(\mathbf{bente}) = B, I(\mathbf{chris}) = C$

$$I(\mathbf{joggen}) = \begin{bmatrix} A & \mapsto & 0 \\ B & \mapsto & 0 \\ C & \mapsto & 1 \end{bmatrix}$$

$$I(\mathbf{rufen}) = \begin{bmatrix} A & \mapsto & \begin{bmatrix} A & \mapsto & 0 \\ B & \mapsto & 1 \\ C & \mapsto & 1 \end{bmatrix} \\ B & \mapsto & \begin{bmatrix} A & \mapsto & 1 \\ B & \mapsto & 0 \\ C & \mapsto & 0 \end{bmatrix} \\ C & \mapsto & \begin{bmatrix} A & \mapsto & 0 \\ B & \mapsto & 0 \\ C & \mapsto & 0 \end{bmatrix} \end{bmatrix}$$

Die Übersetzung der natürlichsprachlichen Ausdrücke in die logische Sprache bleibt ebenfalls wie vorher. Auch wenn es nicht notwendig ist an dieser Stelle, notieren wir hier nochmals die Typen der Ausdrücke. Mit diesen Übersetzungen können wir die syntaktische Struktur wie in (42) unseres Beispielsatzes *Bente ruft Alex* in die semantische Struktur übersetzen.

(38) a. *Alex* ⟶ **alex** : e *Bente* : e ⟶ **bente**: e *Chris* ⟶ **chris** : e
 b. *joggt* ⟶ **joggen** : $\langle e, t\rangle$ *ruft* ⟶ **rufen** : $\langle e, \langle e, t\rangle\rangle$

(39)
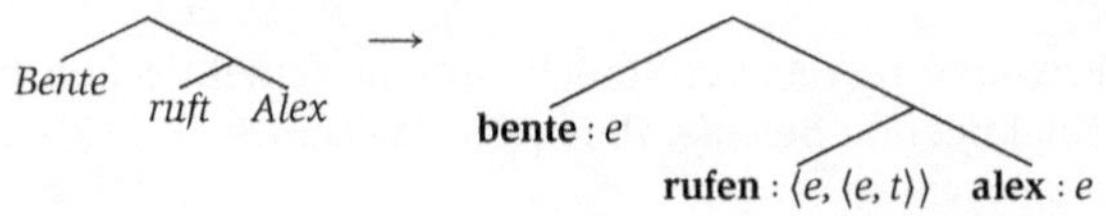

Wir überlegen uns wieder, wie sich diese Ausdrücke zusammensetzen lassen. Das geschieht im Prinzip so wie vorher auch, nur dass wir diesmal für beide Kombinationen die gleiche Regel anwenden. Da **rufen** vom

Typ ⟨*e*, ⟨*e*, *t*⟩⟩ ist und **alex** vom Typ *e*, können die beiden Ausdrücke kombiniert werden zu dem Ausdruck **rufen(alex)**. Da dieser Ausdruck vom Typ ⟨*e*, *t*⟩ ist, kann er mit **bente**: *e* kombiniert werden zu der semantischen Form des Satzes **rufen(alex)(bente)** : *t*. Wir können dies wieder in die Baumstruktur eintragen, um die Komposition zu illustrieren.

(40)

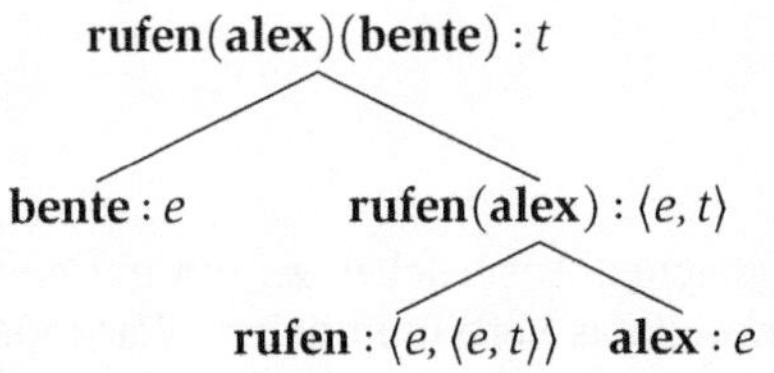

Um den resultierenden Ausdruck zu interpretieren, müssen wir zweimal die Regel zur Interpretation der funktionalen Applikation aus (35b) anwenden.

(41) ⟦**rufen(alex)(bente)**⟧
= ⟦**rufen(alex)**⟧(⟦**bente**⟧)
= ⟦**rufen**⟧(⟦**alex**⟧)(⟦**bente**⟧)

Im letzten Schritt müssen wir auf die *I*-Funktion referieren, um die Bedeutung der atomaren Ausdrücke zu erhalten, so dass sich genauso wie zuvor die folgenden Denotationen ergeben.

(42)

$$\begin{bmatrix} A & \mapsto & \begin{bmatrix} A & \mapsto & 0 \\ B & \mapsto & 1 \\ C & \mapsto & 1 \end{bmatrix} \\ B & \mapsto & \begin{bmatrix} A & \mapsto & 1 \\ B & \mapsto & 0 \\ C & \mapsto & 0 \end{bmatrix} \\ C & \mapsto & \begin{bmatrix} A & \mapsto & 0 \\ B & \mapsto & 0 \\ C & \mapsto & 0 \end{bmatrix} \end{bmatrix}(A)(B) = \begin{bmatrix} A & \mapsto & 0 \\ B & \mapsto & 1 \\ C & \mapsto & 1 \end{bmatrix}(B) = 1$$

Mit der Sprache L_{Typ} haben wir nun ein ziemliches generelles System an der Hand, das sich bereits auf sehr viele Phänomene anwenden lässt. Ein Beispiel dafür ist die Modifikation von Verben.

5.4 | Anwendung auf Verbmodifikation

Um zu illustrieren, dass wir mit den in diesem Kapitel entwickelten Mittel dazu in der Lage sind, weitere Ausdrücke zu analysieren, skizzieren wir hier eine einfache Analyse der Modifikation von Verben durch adverbial gebrauchte Adjektive wie in (43b).

(43) a. Bente rennt.
b. Bente rennt schnell.

Die Analyse des Satzes ohne Modifikation kennen wir bereits. Dabei verbindet sich das Verb vom Typ $\langle e, t\rangle$ mit dem Subjekt vom Typ e um einen Satz vom Typ t zu ergeben.

(44) **rennen**(**bente**) : t

bente : e **rennen** : $\langle e, t\rangle$

In (43b) haben wir es mit den gleichen Ausdrücken zu tun mit dem Unterschied, dass das Adverbial *schnell* das Verb modifiziert. Was muss der Typ der semantischen Übersetzung **schnell** sein, damit dieser sich mit dem Verb verbinden kann? Die Ausgangslage ist die Folgende:

(45) **schnell**(**rennen**) : $\langle e, t\rangle$

rennen : $\langle e, t\rangle$ **schnell** : ___?

Modifikation verändert Typen nicht

Da sich die Kombination aus **schnell** und **rennen** auch in diesem Fall mit dem Subjekt zu einem Ausdruck vom Typ t verbinden muss, muss das Ergebnis aus der Kombination von **schnell** und **rennen** den gleichen Typ haben wie in (44) **rennen** alleine. Die naheliegende Annahme ist folglich, dass schnell eine Funktion sein muss, die ein Argument vom Typ $\langle e, t\rangle$ nimmt und als Ergebnis wieder einen Ausdruck vom Typ $\langle e, t\rangle$ ausgibt. Der Typ von **schnell** muss also $\langle\langle e, t\rangle, \langle e, t\rangle\rangle$ sein.

(46) **schnell**(**rennen**)(**bente**) : t

bente : e **schnell**(**rennen**) : $\langle e, t\rangle$

rennen : $\langle e, t\rangle$ **schnell** : $\langle\langle e, t\rangle, \langle e, t\rangle\rangle$

Wir wollen an dieser Stelle nicht weiter in das durchaus komplexe Thema der Verbmodifikation eintauchen. Das Beispiel und die kurze Analyse sollten nur demonstrieren, dass unsere Sprache $\boldsymbol{L}_{\text{Typ}}$ problemlos auf Ausdrücke angewendet werden kann, die wir bisher noch nicht diskutiert haben.

Aufgaben

1. Überprüfen Sie, ob es sich bei den folgenden Objekten um Typen handelt.
   - $\langle t, e\rangle$
   - $\langle e, e\rangle$
   - $\langle e, e, t\rangle$
   - $\langle e\rangle$
   - $\langle\langle e, t\rangle, \langle e, t\rangle\rangle$
   - $\langle\langle d, t\rangle, \langle e, t\rangle\rangle$

2. Welchen Typ würden Sie einem dreistelligen Verb zuweisen?

3. Analysieren Sie in Bezug auf das Lexikon in (39) und das Modell in (40) folgende Sätze:
   - Bente joggt.
   - Chris ruft Alex.

Zitierte Literatur

Carpenter, Bob. 1997. *Type-Logical Semantics*. Cambridge MA: MIT Press.

6 Satzverknüpfung

Junktoren in der klassischen Logik

Nachdem wir im letzten Kapitel das System der indirekten Interpretation mit semantischen Typen eingeführt haben, werden wir nun betrachten, wie wir mit Hilfe dieses Systems Ausdrücke analysieren können, die nicht einfach nur Verben und Argumente sind. Dabei wenden wir uns einem Thema zu, das in vielen Einführungen innerhalb der Logik, aber auch der Semantik behandelt wird. Vielleicht haben Sie dieses auch schon in Ihrer Einführung in die Sprachwissenschaft thematisiert. Die Rede ist von der Satzverknüpfung durch sogenannte **logische Junktoren**. Darunter sind nicht nur die Konjunktion (»und«) und Disjunktion (»oder«) zu verstehen, sondern auch die Negation (»nicht«) und die sogenannte konditionale Verknüpfung (»wenn ... dann«), die vor allem in der Logik im Zusammenhang mit den anderen Junktoren behandelt wird, auch wenn diese aus linguistischer Sicht nicht unbedingt mit den anderen Ausdrücken vermengt werden sollte.

Die Satzjunktoren werden klassischerweise in Form von sogenannten Wahrheitswerttafeln analysiert. Wir werden dies zunächst auch tun, um uns mit dem Effekt dieser Ausdrücke vertraut zu machen, bevor wir dann das Ganze in unser typenbasiertes System transferieren. Wie sich zeigen wird, gibt es für letzteres im Wesentlichen zwei Möglichkeiten: Entweder werden die Junktoren als rein logische Ausdrücke modellunabhängig in die Sprache aufgenommen oder sie werden als ganz gewöhnliche Konstanten analysiert. Da beides relativ gängig ist, werden wir beide Optionen vorstellen.

6.1 | Wahrheitswerttafeln

Um uns mit der klassischen Sicht auf die Junktoren vertraut zu machen, betrachten wir zunächst die folgende Koordination zweier kompletter Sätze.

(1) Alex ackert und Bente büffelt.

Da die beiden Teile jeweils Sätze sind, wissen wir aus den vorangegangenen Kapiteln, dass sie als Denotation einen Wahrheitswert haben. Und da die Koordination aus den beiden Sätzen selbst wieder einen Satz darstellt, sollte auch der komplette Satz in (1) wieder einen Wahrheitswert als Bedeutung erhalten. Wie ergibt sich der Wahrheitswert des Gesamtsatz in (1)

Zu diesem Kapitel ist ein Erratum verfügbar unter
https://doi.org/10.1007/978-3-476-04870-7_12

D. Gutzmann, *Semantik*, https://doi.org/10.1007/978-3-476-04870-7_6

nun aus der Bedeutung der Einzelteile? Die Intuition ist relativ klar in diesem Fall: Der Satz ist dann wahr, wenn beide Teilsätze für sich genommen wahr sind. Sobald einer der beiden Teile falsch ist, wird der Gesamtsatz falsch. Wir haben es mit folgenden vier Möglichkeiten zu tun.

(2) a. Alex ackert. Bente büffelt. → (1) ist wahr.
b. Alex ackert nicht. Bente büffelt. → (1) ist falsch.
c. Alex ackert. Bente büffelt nicht. → (1) ist falsch.
d. Alex ackert nicht. Bente büffelt nicht. → (1) ist falsch.

Wahrheitswerttafel für die Konjunktion: Der Effekt, den die Konjunktion in (1) hat, lässt sich von dem konkreten Beispiel abstrahieren und wird dann oftmals in Form einer Wahrheitswerttafel angegeben. Das heißt, wir abstrahieren von dem jeweiligen Inhalt der Teilsätze und reden über beliebige Satzbedeutungen, die wir der Tradition folgend p und q nennen wollen. Die folgende Tabelle repräsentiert dann die Bedeutung der Konjunktion dadurch, dass sie wie in (2) für alle möglichen Wahrheitswertkombinationen der beiden Teilsätze den Wahrheitswert der Koordination aus p und q angibt. Diese Koordination wird üblicherweise als $p \wedge q$ geschrieben, wobei $\wedge$ das Symbol für die logische Konjunktion ist.

(3) **Wahrheitswerttafel für die Konjunktion ($\wedge$)**

p	q	$p \wedge q$
1	1	1
1	0	0
0	1	0
0	0	0

Diese Tabelle kodiert, was wir für (1) intuitiv beschrieben hatten. Eine Koordination zweier Sätze ist dann und nur dann wahr, wenn die beiden Teilsätze wahr sind. Sobald mindestens einer der beiden Teilsätze falsch ist, wird die Koordination der beiden Sätze als Ganzes falsch.

Logische und natürliche Koordination: Es sei hier darauf hingewiesen, dass das natürlichsprachliche *und* oft reichhaltiger und komplexer zu sein scheint als der logische Junktor $\wedge$. Beispielsweise haben wir oft das Gefühl, das eine Satzkoordination weitere, über die reine Wahrheitswertverknüpfung hinausgehende Aspekte ausdrückt, wie in den folgenden Beispielen:

(4) a. Sasha steigt in den Zug und (Sasha) fährt nach Köln.
b. Kai drückte auf den Knopf und die Rakete startete.

In (4a) scheint die Konjunktion *und* neben der Wahrheitswertverknüpfung noch einen temporalen Aspekt auszudrücken: Sasha steigt erst in den Zug und fährt dann nach Köln. Außerdem scheinen die beiden Sätze auch derart verknüpft zu sein, dass Sasha mit dem Zug, der im ersten Teilsatz erwähnt wird, nach Köln fährt und nicht mit einem anderen Zug oder mit dem Auto. In (4b) suggeriert die Koordination der beiden Teilsätze nicht nur ein temporales Verhältnis (das Knopfdrücken geht dem

Raketenstart voraus), sondern auch ein kausales Verhältnis: Weil Kai den Knopf drückt, startet die Rakete.

Weitere Bedeutungsaspekte der Koordination werden pragmatisch abgeleitet

Beobachtungen dieser Art haben im Rahmen der größeren Debatte um das Verhältnis zwischen natürlicher, alltagssprachlicher Sprache und formal-logischen Sprachen zu der Frage geführt, ob sich die Bedeutung der natürlich-sprachlichen Koordination durch die des logischen Junktors ∧ repräsentieren lässt (für einen Überblick vgl. Posner 1979). Ohne an dieser Stelle auf diese Debatte, die für die Entwicklung der linguistischen Pragmatik von enormer Wichtigkeit war, genauer einzugehen, wird eigentlich seit Grice (1975) davon ausgegangen, dass die semantische Bedeutung von *und* die des logischen Junktors ist und sie sich somit durch den Wahrheitswertverlauf in (1) erfassen lässt. Die zusätzlichen Bedeutungsaspekte, die in (4) aktiv sind, werden dann auf pragmatische Anreicherungsprozesse zurückgeführt, wie die sogenannten konversationellen Implikaturen (vgl. Gutzmann/Schumacher 2019; Hinterwimmer/Gutzmann 2020) im Zusammenspiel mit weiteren Aspekten (wie der Ereignis- oder Tempusstruktur des Satzes). Für die Zwecke dieses Kapitels reicht es aber aus, uns mit der Annahme zu begnügen, dass wir die Bedeutung von *und* einfach durch die Bedeutung des Junktors ∧ repräsentieren können.

Wahrheitswerttafel für die Disjunktion: Wie bei der Konjunktion stellt sich eine ähnliche Frage bezüglich des Verhältnisses zwischen dem natürlichsprachlichen *oder* und der logischen Disjunktion ∨. Betrachten wir dazu direkt die Wahrheitswerttafel für die Disjunktion.

(5) **Wahrheitswerttafel für die Disjunktion (∨)**

p	q	$p \vee q$
1	1	1
1	0	1
0	1	1
0	0	0

Befragen wir unsere Intuition über das natürlich-sprachliche *oder*, indem wir folgendes Beispiel betrachten.

(6) Alex ackert oder Bente büffelt.

Die meisten der Wahrheitswerte decken sich zweifelslos mit unseren Intuitionen. Wenn beide Teile einer Satzverknüpfung mit *oder* falsch sind, dann ist der Gesamtsatz klar auch falsch. Auch in den beiden Fällen, in denen jeweils ein Teil wahr ist und der andere falsch, empfinden wir eine *oder*-Verknüpfung insgesamt als wahr. Etwas problematisch ist wahrscheinlich der oberste Fall in der Wahrheitswerttafel in (10), wonach die Disjunktion zweier Sätze auch dann wahr ist, wenn beide Teile wahr sind. Hier sind die Intuitionen nicht so klar.

(7) a. Alex ackert. Bente büffelt. → (6) ist wahr.
b. Alex ackert nicht. Bente büffelt. → (6) ist wahr.
c. Alex ackert. Bente büffelt nicht. → (6) ist wahr.
d. Alex ackert nicht. Bente büffelt nicht. → (6) ist falsch.

Dass einige von Ihnen hier vielleicht unklare Intuitionen haben oder (6) unter den Umständen in (7a) sogar klar als falsch empfinden, liegt daran, dass wir dazu tendieren, *oder* als ein »entweder … oder« zu interpretieren, also ein sogenanntes »ausschließendes« oder »exklusives« *oder*, welches den Fall ausschließt, dass beide Teilsätze wahr sind. Im Gegensatz dazu ist die logische Disjunktion ∨ ein sogenanntes »einschließendes« *oder*, welches damit vereinbar ist, dass beide Teilsätze wahr sind. Auch hier hat sich der Konsens entwickelt, dass das natürlichsprachliche *oder* semantisch gesehen dem logischen Junktor entspricht und dass die exklusiven Lesarten pragmatisch aus dem inklusiven *oder* abgeleitet werden.

Wahrheitswerttafel für die Negation: Betrachten wir als nächsten Junktor die logische Negation, die meistens mit dem Symbol ¬ gekennzeichnet wird. Im Gegensatz zur Konjunktion und Disjunktion handelt es sich bei der Negation linguistisch gesehen gar nicht um einen Junktor, da die Negation keine Sätze miteinander verknüpft. Dies gilt auch für die logische Negation, denn anstatt die Wahrheitswerte zweier Sätze miteinander zu verrechnen, um einen neuen Wahrheitswert zu erhalten, bezieht sich die Negation lediglich auf einen Wahrheitswert. Betrachten wir folgendes Beispiel.

(8) Bente büffelt nicht.

Wenn wir einen Satz negieren, der wahr ist, dann ist das Resultat falsch. Wenn wir allerdings einen Satz negieren, der falsch ist, dann ist das Resultat wahr.

(9) a. Bente büffelt. → (8) ist falsch.
b. Bente büffelt nicht. → (8) ist wahr.

Demnach erhalten wir folgende Wahrheitswerttafel für die Negation. Im Gegensatz zu den Tafeln für die Koordination und die Disjunktion hat diese Tafel natürlich nur eine Spalte für den Satz und eine Spalte für seine Negation sowie nur zwei Reihen, da es ja nur zwei mögliche Wahrheitswerte für den zu negierenden Satz gibt.

(10) **Wahrheitswerttafel für Negation (¬)**

p	$\neg p$
1	0
0	1

Wahrheitswerttafel für die Implikation: Als letzter Junktor fehlt uns noch das sogenannte Konditional oder, etwas genauer, die **materielle Implikation**, die wir durch den Pfeil → symbolisieren wollen. Wie wir sehen werden, ist dieser Junktor von den bisher diskutierten am wenigsten dazu geeignet, sein natürlich-sprachliches Pendant in Form der Konditionalsatzverknüpfung mit »wenn … dann« zu repräsentieren. Beginnen wir wieder mit der Wahrheitswerttafel.

(11) **Wahrheitswerttafel für die Implikation (→)**

p	q	$p \rightarrow q$
1	1	1
1	0	0
0	1	1
0	0	1

Hier kann festgestellt werden, dass ein mit der Implikation gebildeter Satz immer wahr ist, bis auf den Fall, wenn der Vordersatz (das **Antezedens**) wahr ist, der Nachsatz (der Konsequens) jedoch falsch. Um zu sehen, wie gut sich dies mit unseren Intuitionen über natürlichsprachliche konditionale Satzgefüge deckt, betrachten wir zunächst wieder ein Beispiel.

(12) Wenn Alex ackert, dann büffelt Bente.

Motivation der Wahrheitswerttafel der Implikation

Beginnen wir mit dem Fall, in dem die Intuitionen mit der Wahrheitswerttafel übereinstimmen. Wenn wir überprüfen, was Alex und Bente tun, und feststellen, dass Alex zwar ackert, Bente aber nicht büffelt, dann empfinden wir (12) sicherlich als falsch, so wie es auch in der Wahrheitswerttafel notiert ist. Und wenn wir feststellen, dass Alex ackert und Bente büffelt, dann sind wir wohl auch geneigt, zu sagen, dass das Konditional in (12) auf die Situation zutrifft. Hier mag die Intuition vielleicht bei einigen von Ihnen schon nicht mehr ganz so klar sein, denn man mag das Gefühl haben, dass (12) einen tieferen Zusammenhang zwischen Alex' Ackern und Bentes Büffeln, eine Art »Regel«, ausdrückt. Also eher etwas folgender Art:

(13) Immer wenn Alex ackert, dann büffelt Bente.

Wenn wir feststellen, dass Alex ackert und Bente büffelt, dann haben wir aber noch nicht festgestellt, ob (13) wahr ist. Eine solche generelle »Regel« wird aber durch die logische Implikation nicht erfasst, da wir ja nur über die Wahrheitswerte der Satzteile reden. Es gibt aber verschiedene Möglichkeiten, sich klar zu machen, dass eine Satzverknüpfung mittels Implikation dann wahr ist, wenn beide Teilsätze nicht wahr sind. Nehmen wir dazu etwas generellere Aussagen wie in (14).

(14) Wenn etwas fliegen kann, dann ist es ein Vogel.

Jetzt fragen wir uns, was für Fälle eine solche Generalisierung erfüllen und welche nicht. Als ersten Testfall nehmen wir eine Ente. Diese kann fliegen ($p = 1$) und ist ein Vogel ($q = 1$). Dies entspricht der ersten Zeile in (11) und erfüllt den Satz in (14). Wenn wir aber ein Tier finden, das fliegen kann ($p = 1$), aber kein Vogel ist ($q = 0$), dann wäre (14) widerlegt und falsch. Fledermäuse und Bienen stellen solche Fälle dar. Doch was ist mit den anderen beiden Fällen? Nehmen wir Pinguine. Diese können nicht fliegen ($p = 0$), sind aber Vögel ($q = 1$). Diese widerlegen die Regel in (14) aber nicht. Genauso wenig wie Katzen, die weder fliegen können ($p = 0$) noch Vögel sind ($q = 0$). Dies zeigt, dass der einzige Fall, der (14) falsch macht, der ist, in dem das Antezedens wahr ist, das Konsequens aber falsch.

Das folgende etwas abstraktere Beispiel soll den Punkt nochmals verdeutlichen. Stellen wir uns eine Sammlung von Karten vor, die auf der einen Seite eine Zahl haben und auf der anderen Seite entweder einen weißen Stern oder schwarze Sonne. Vor diesem Hintergrund betrachten wir folgenden Satz.

(15) Wenn auf der einen Seite eine ungerade Zahl ist, dann ist auf der anderen Seite eine schwarze Sonne.

Nun nehmen wir zum Beispiel die folgende Auswahl von vier Karten und fragen uns, ob der Satz in (15) befolgt ist.

(16) 1 ☀
2 ☀
3 ☀
4 ☆

Intuitiv würden wir durchaus sagen, dass diese vier Karten der Regel entsprechen. Interessanterweise sind dabei aber auch die beiden Fälle, die unseren problematischen Fällen bei der Implikation entsprechen. Die Kombination 2☀ entspricht dem Fall, dass der Antezedent falsch ist und der Konsequent wahr (also dem Wahrheitswertepaar ⟨1, 0⟩). Und die Kombination 4☆ entspricht dem Fall, dass sowohl der Antezedent als auch der Konsequent falsch sind (also dem Wahrheitswertepaar ⟨0, 0⟩). Da aber der Satz in (15) auf die Kartensammlung in (15) zutrifft, müssen diese beiden Fälle das Konditional also auch wahr machen. Würde ein falscher Antezedent zu einem falschen Konsequenten führen, dürfte die Regel in (15) nicht auf (16) zutreffen.

Kein inhärenter Zusammenhang für Implikation notwendig

Es sei hier noch angemerkt, dass, auch wenn wir hier über Regeln gesprochen haben, die Implikation die zugrundeliegenden Zusammenhänge nicht erfasst, da es nur um die Verteilung der Wahrheitswerte geht. Ein Satz wie (17) kann also je nach Verteilung der Wahrheitswerte wahr oder falsch sein, auch wenn die beiden Teilsätze in keinerlei Zusammenhang stehen.

(17) Wenn unsere Katze vor 7 Uhr aufwacht, dann ist Berlin die Hauptstadt Deutschlands.

Mit Hilfe der Wahrheitswerttafeln lassen sich dann auch die Wahrheitswerte komplexerer Verknüpfungen berechnen, indem immer die Teilverknüpfungen berechnet werden.

Zur Illustration der Arbeit mit den Wahrheitswerttafeln wollen wir folgendes Beispiel betrachten. Dabei verwenden wir Klammern, um die Lesart deutlich zu machen.

Beispiel

(18) Es regnet oder (die Sonne scheint nicht und es ist kalt).

Um dies zu berechnen, schreiben wir zunächst wieder alle Wahrheitswertkombinationen auf. In diesem Fall sind das nicht vier (= 2^2), sondern acht (= 2^3) mögliche Fälle. Dazu benutzen wir folgende Abkürzungen für die Satzbedeutungen.

(19) a. ⟦es regnet⟧ = p
b. ⟦die Sonne scheint⟧ = q
c. ⟦es ist kalt⟧ = r

Wenn wir alle Kombinationen in Zeilen aufgelistet haben, beginnen wir mit den »innersten« Verknüpfungen, also $\neg q$ (»die Sonne scheint nicht«) und ermitteln für jede Zeile den Wahrheitswert. Anschließend nutzen wir das Ergebnis, um die Verknüpfung $\neg q \wedge r$ in einer weiteren Spalte zu berechnen. Als Letztes fehlt dann noch die Disjunktion des Resultats mit p. Damit erhalten wir die folgende Wahrheitswerttafel für den Gesamtsatz.

(20) **Wahrheitswerttafel für (18)**

p	q	r	$\neg q$	$\neg q \wedge r$	$p \vee (\neg q \wedge r)$
1	1	1	0	0	1
1	1	0	0	0	1
1	0	1	1	1	1
1	0	0	1	0	1
0	1	1	0	0	0
0	1	0	0	0	0
0	0	1	1	1	1
0	0	0	1	0	0

Es zeigt sich also, dass der Gesamtsatz in 5 der möglichen 8 Kombinationen wahr ist, und in 3 Kombinationen falsch.

6.2 | $L_{\text{Typ+J}}$ – eine Sprache mit Junktoren

Nachdem wir uns mit den Wahrheitswerttafeln für die Junktoren vertraut gemacht haben, wollen wir die Junktoren nun in unser System aufnehmen. Dazu werden wir hier zunächst die klassischere Variante vorstellen, wonach die Junktoren sogenannte **synkategorematische Ausdrücke** der logischen Sprache sind.

Definition

> **Synkategorematische Ausdrücke** einer formalen Sprache sind Ausdrücke, die für sich genommen keine Bedeutung erhalten. Sie werden nur über ihre Interaktion mit anderen, nicht-synkategorematischen Ausdrücken der Sprache definiert

Für die Junktoren bedeutet dies, dass sie nicht als selbstständige Ausdrücke der Sprache betrachtet werden, sondern dass sie nur in Kombination mit anderen Ausdrücken auftreten können und eine Bedeutung erhalten. Das bedeutet also, dass beispielsweise die Negation »$\neg$« alleine kein Ausdruck der Sprache ist, sondern nur dann, wenn sie zusammen mit einem anderen Ausdruck auftritt, beispielsweise also $\neg$ **ackern(alex)**. Dies gilt dann auch analog für die Bedeutung der Negation: $[\![\neg]\!]$ kann nicht interpretiert werden, da »$\neg$« allein kein wohlgeformter Ausdruck ist.

Typen, Lexikon und Grammatik für L_{Typ+J}: Um die Junktoren auf diese Art und Weise in unsere Sprache, die wir $\boldsymbol{L}_{Typ+J}$ nennen, aufzunehmen, müssen wir an unserer Typendefinition und unserem Lexikon nichts ändern und können diese direkt aus dem vorherigen Kapitel übernehmen.

(21) **Typen für $\boldsymbol{L}_{Typ+J}$**
Typ ist die kleinste Menge, so dass gilt:
a. $e \in$ **Typ**
b. $t \in$ **Typ**
c. Wenn $\sigma \in$ **Typ** und $\tau \in$ **Typ**, dann $\langle \sigma, \tau \rangle \in$ **Typ**.

(22) **Lexikon für $\boldsymbol{L}_{Typ+J}$**
$\mathbf{K}_\sigma \subset$ **Lex** (eine Menge von Konstanten für jeden Typen σ).

Wir führen die logischen Ausdrücke also nicht im Lexikon ein, weshalb sie dann auch keine wohlgeformten, atomaren Ausdrücke darstellen. Stattdessen erweitern wir unsere grammatischen Regeln, so dass die Junktoren jeweils durch eine eigene Regel eingeführt werden.

Synkategorematische Verankerung der Junktoren in der Grammatik für L_{Typ+J}

(23) **Grammatik für $\boldsymbol{L}_{Typ+J}$**
a. Wenn $\alpha \in \mathbf{K}_\sigma$, dann $\alpha \in \text{WFA}_\sigma$.
b. Wenn $\alpha \in \mathbf{K}_{\langle \sigma, \tau \rangle}$ und $\beta \in \mathbf{K}_\sigma$, dann ist $\alpha(\beta) \in \text{WFA}_\tau$.
c. Wenn $\alpha \in \text{WFA}_t$ und $\beta \in \text{WFA}_t$, dann gilt:
(i) $\neg\alpha \in \text{WFA}_t$.
(ii) $\alpha \wedge \beta \in \text{WFA}_t$.
(iii) $\alpha \vee \beta \in \text{WFA}_t$.
(iv) $\alpha \rightarrow \beta \in \text{WFA}_t$.

Da sich die Junktoren immer nur mit Sätzen verknüpfen, beschränken sich die Regeln in (23c) auf Ausdrücke vom Typ t und besagen, dass die Negation eines Ausdrucks vom Typ t sowie die Verknüpfung von zwei Ausdrücken vom Typ t mittels einem der drei anderen Junktoren ein wohlgeformter Ausdruck der Sprache sind. Gleichzeitig legen die Regeln auch fest, dass es sich bei dem jeweils resultierenden Ausdruck wieder um einen Ausdruck vom Typ t handelt (da es sich wieder um einen Satz handelt).

Modelle und Interpretation für L_{Typ+J}: An den Modellen ändert sich durch die Hinzunahme der Junktoren nichts. Das sollte es auch nicht, denn schließlich haben wir gesagt, dass die Junktoren alleine nicht interpretiert werden können und folglich müssen wir ihnen keine lexikalische Bedeutung zuweisen. Stattdessen erhalten sie ihre Bedeutung im Zusammenspiel mit anderen Ausdrücken der Sprache. Die Interpretation von Ausdrücken mit Junktoren, die entsprechend der Regeln in (23c) gebildet wurden, wird durch neue Definitionssätze für die Interpretationsfunktion geregelt, die ganz analog zu den vier Bildungsregeln in (23c) gehalten sind.

Interpretation der Junktion

(24) **Interpretation für $\boldsymbol{L_{Typ+J}}$**

$[\![\cdot]\!]^M$ ist die Interpretationsfunktion für $\boldsymbol{L_{Typ+J}}$, die jedem wohlgeformten Ausdruck für $\boldsymbol{L_{Typ+J}}$ eine Bedeutung in Bezug auf ein Modell M zuweist, so dass gilt:

a. $[\![\alpha]\!]^M = I(\alpha)$, wenn $\alpha \in$ Lex ist.

b. $[\![\alpha(\beta)]\!]^M = [\![\alpha]\!]^M([\![\beta]\!]^M)$

c. (i) $[\![\neg\alpha]\!]^M = 1$, wenn $[\![\alpha]\!]^M = 0$.

(ii) $[\![\alpha \land \beta]\!]^M = 1$, wenn $[\![\alpha]\!]^M = [\![\beta]\!]^M = 1$.

(iii) $[\![\alpha \lor \beta]\!]^M = 1$, wenn $[\![\alpha]\!]^M = 1$ oder $[\![\beta]\!]^M = 1$.

(iv) $[\![\alpha \to \beta]\!]^M = 1$, wenn $[\![\alpha]\!]^M = 0$ oder $[\![\beta]\!]^M = 1$.

Die vier Sätze in (24c) führen die Bedeutung eines Ausdrucks mit Junktor auf die Bedeutung der beteiligten Ausdrücke sowie einer speziellen Regel für den jeweiligen Junktor zurück. Dabei sind die Regeln natürlich so formuliert, dass sie sich mit den Wahrheitswerttafeln decken.

Mit dieser Sprache können wir Ausdrücke interpretieren, die Junktoren enthalten. Ein einfaches Beispiel wird im folgenden Kasten interpretiert.

Beispiel

Betrachten wir zur Illustration folgenden Ausdruck, den wir als Repräsentation von »Alex ackert nicht und Bente büffelt« annehmen.

(25) $\neg$ **ackern(alex)** $\land$ **büffeln(bente)**

Zunächst können wir wieder mit Hilfe einer Baumstruktur zeigen, dass es sich hier tatsächlich um einen wohlgeformten Ausdruck der Sprache handelt. Dabei ist diesmal wichtig, dass die Junktoren nicht Ausdrücke selbst sind, sondern erst mittels Verknüpfung eingeführt werden. Das bedeutet, dass sie nicht an den Endknoten auftreten.

(26)

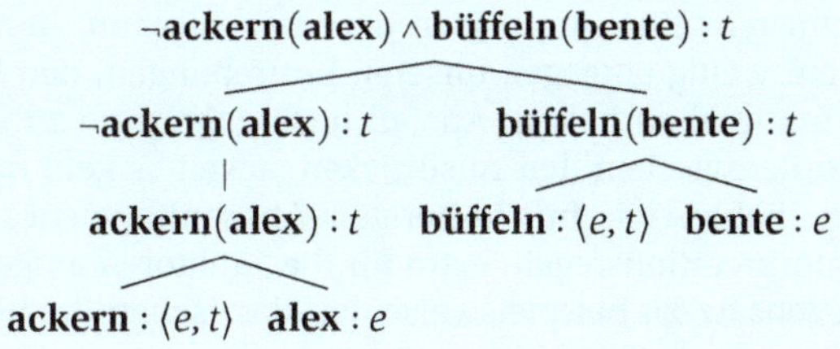

Entsprechend dieser Struktur gehen wir auch bei der Interpretation des Satzes vor. Hier sind die beiden ersten Schritte entscheidend, da die neuen Regeln zum Einsatz kommen. Beginnen wir mit der Auflösung der Koordination.

(27) ⟦¬ **ackern(alex)** ∧ **büffeln(bente)**: *t*⟧ = 1, wenn
a. ⟦¬ **ackern(alex)**⟧ = 1 und
b. ⟦**büffeln(bente)**⟧ = 1.

Im ersten Teilsatz in (27) müssen wir als nächstes die Negation auflösen. Da nach (24c-i) gilt, dass ⟦¬ **ackern(alex)**⟧ = 1, wenn ⟦**ackern(alex)**⟧ = 0 ist, können wir diese Bedingung in (27a) einsetzen.

(28) ⟦¬ **ackern(alex)** ∧ **büffeln(bente)**: *t*⟧ = 1, wenn
a. ⟦**ackern(alex)**⟧ = 0 und
b. ⟦**büffeln(bente)**⟧ = 1.

Nun sind die Junktoren aufgelöst und wir haben es nur noch mit Ausdrücken zu tun, die wie bekannt mittels funktionaler Applikation kombiniert werden. Gehen wir davon aus, dass die Bedeutungen der Ausdrücke so sind, dass sowohl ⟦**ackern(alex)**⟧ = 0 als auch ⟦**büffeln(bente)**⟧ = 0, dann kommt der Gesamtsatz als falsch heraus.

(29) ⟦¬ **ackern(alex)** ∧ **büffeln(bente)** : *t*⟧ = 0, da
a. ⟦**ackern(alex)**⟧ = 0 und
b. ⟦**büffeln(bente)**⟧ = 0.

Somit haben wir den Wahrheitswert des Gesamtsatzes mit Hilfe der Interpretationsregeln für die Junktoren (und für die funktionale Applikation) berechnet.

6.3 | Junktoren als Ausdrücke: $L_{Typ/J}$

Die Art und Weise, wie wir die Junktoren in der Sprache L_{Typ+J} behandelt haben, entspricht wie geschildert der Herangehensweise, Junktoren als synkategorematische Ausdrücke zu verstehen. Das macht in vielen Systemen, wie beispielsweise der einfachen **Prädikatenlogik**, auch durchaus Sinn (vgl. dazu Lohnstein 2011, Kap. 5). In unserem Fall läuft diese Vorgehensweise aber ein wenig entgegen unseren Bestrebungen, den Regelapparat möglichst minimal zu halten. Anstatt unsere Strategie zu verfolgen, die Kombinatorik zwischen den Ausdrücken soweit es geht den Typen zu überlassen, haben wir im vorherigen Abschnitt wieder neue Grammatik- und Interpretationsregeln extra für die Junktoren aufgestellt. Da wir aber, im Gegensatz zu beispielsweise der klassischen Prädikatenlogik, über das Werkzeug der Typen verfügen, sollten wir diese hier auch zum Einsatz bringen. Dies wollen wir an dieser Stelle tun und unsere Sprache entsprechend umformulieren.

Behandlung der Junktoren als Ausdrücke der formalen Sprache

Die Grundidee dabei ist, dass wir die Junktoren als ganz normale lexikalische Ausdrücke behandeln. Das heißt, die Junktoren haben einen Typen und verbinden sich mit anderen Ausdrücken genauso mittels der generellen Regel für funktionale Applikation, wie es beispielsweise **büffeln** und **bente** tun. Wir müssen uns also überlegen, welche Typen wir den Junktoren zuweisen wollen.

Negation als Ausdruck: Beginnen wir dazu mit der Negation. Aus der Definition der wohlgeformten Ausdrücke aus dem vorherigen Abschnitt wissen wir, dass die Negation mit einem Ausdruck vom Typ t kombiniert werden kann und dass der resultierende Ausdruck wieder vom Typ t ist. Und da die einzige Kombinationsregel, die wir verwenden wollen, die für die funktionale Applikation ist, muss die Negation den funktionalen Typ $\langle t, t\rangle$ haben. Das folgende Beispiel illustriert dies.

(30) $\neg(\textbf{büffeln}(\textbf{bente})) : t$

$\neg : \langle t, t\rangle$ $\quad$ $\textbf{büffeln}(\textbf{bente}) : t$

Dass wir der Negation aus kombinatorischen Gründen den Typ $\langle t, t\rangle$ zuweisen, deckt sich natürlich auch mit der Denotation, die wir ihr zuweisen wollen. Denn im Gegensatz zum vorherigen System, in dem die Negation alleine keine Bedeutung erhalten hat, soll sie in der neuen Variante eine Denotation erhalten, genauso wie jeder andere lexikalische Ausdruck auch. Wenn die Negation also den Typ $\langle t, t\rangle$ hat, dann bekommt sie als Denotation eine Funktion, die etwas aus D_t auf etwas aus D_t abbildet. Sie ist also eine Funktion von Wahrheitswerten in Wahrheitswerte. Wie sieht diese Funktion aus? Da die Negation den Wahrheitswert eines Satz umkehrt – also einen wahren Satz falsch und einen falschen Satz wahr macht – sollte die durch die Negation denotierte Funktion dem Wahrheitswert 1 als Input den Wahrheitswert 0 als Output zuordnen und den Wahrheitswert 0 als Input auf den Wahrheitswert 1 abbilden.

(31) $$[\![\neg]\!] = \begin{bmatrix} 1 & \mapsto & 0 \\ 0 & \mapsto & 1 \end{bmatrix}$$

Zweistellige Junktoren als Ausdrücke: Ähnliche Überlegungen müssen wir für die anderen Junktoren anstellen. Der entscheidende Unterschied hierbei ist, dass diese zweistellig sind. Anstatt also einen Wahrheitswert auf einen anderen abzubilden, nehmen diese Funktionen zwei Wahrheitswerte als Argument. Wie bei den zweistelligen Verben wollen wir diese aber nicht in einem Schritt als Paar in die Funktion geben, sondern in zwei Schritten. Wir gehen folglich davon aus, dass die anderen Junktoren den Typ $\langle t, \langle t, t\rangle\rangle$ haben. Sie verbinden sich erst mit einem anderen Ausdruck von Typ t, um als Zwischenstufe einen Ausdruck vom Typ $\langle t, t\rangle$

zu ergeben, der dann mit einem anderen satzwertigen Ausdruck kombiniert werden kann, um als Endresultat wieder einen Typ-*t*-Ausdruck zu ergeben. Wir illustrieren dies am Beispiel der Koordination.

(32) $\wedge(\mathbf{büffeln}(\mathbf{bente}))(\mathbf{ackern}(\mathbf{alex})) : t$

$\mathbf{ackern}(\mathbf{alex}) \quad \wedge(\mathbf{büffeln}(\mathbf{bente})) : \langle t, t\rangle$

$\wedge : \langle t, \langle t, t\rangle\rangle \quad \mathbf{büffeln}(\mathbf{bente}) : t$

Ein paar Anmerkungen hierzu: Erstens, wenn wir die Konjunktion als funktionalen Ausdruck verstehen, der mittels der Regel für funktionale Applikation (24b) mit seinen Argumenten kombiniert wird, dann steht dieser Ausdruck gemäß der Definition unserer Sprache vor den beiden Argumenten, anstatt wie in der klassischen Vorgehensweise dazwischen. Wir werden später eine Umschreibungsregel formulieren, die es uns erlaubt, weiterhin die klassische Schreibweise zu verwenden, auch wenn wir weiterhin eine Struktur wie in (32) zugrunde legen. Zweitens, wir müssen uns entscheiden, ob die Koordination sich zuerst mit dem ersten oder dem zweiten Satz verbindet. Dies macht im Fall der Koordination semantisch gesehen natürlich keinen Unterschied, aber es gibt ein paar syntaktische Argumente, die dafür sprechen, dass sich die Koordination zuerst mit dem Zweitsatz verbindet. Beispielsweise können Sätze im Deutschen mit der Koordination beginnen, aber nicht aufhören.

(33) a. Alex hat geackert. Und dann kam Bente zu Besuch.
b. *Alex hat geackert und. Dann kam Bente zu Besuch.

Wir gehen also davon aus, dass bei der Konjunktion und analog dazu bei der Disjunktion zuerst der zweite Satz mit dem Junktor verbunden wird.

Ähnlich wie bei der Negation können wir aus der Zuweisung von Typ $\langle t, \langle t, t\rangle\rangle$ ablesen, was die entsprechende Denotation der Koordination sein muss, nämlich eine Funktion von Wahrheitswerten in Funktionen von Wahrheitswerten in Wahrheitswerte. Für die Koordination können diese wie folgt angeben werden.

(34)
$$[\![\wedge]\!] = \begin{bmatrix} 1 \mapsto \begin{bmatrix} 1 \mapsto 1 \\ 0 \mapsto 0 \end{bmatrix} \\ 0 \mapsto \begin{bmatrix} 1 \mapsto 0 \\ 0 \mapsto 0 \end{bmatrix} \end{bmatrix}$$

Diese Funktion liest sich natürlich ganz analog zu den Wahrheitswerttafeln. Ähnliche Funktionen für die Disjunktion und die Implikation aufzustellen, überlassen wir an dieser Stelle als Übung den Leser/innen.

Typen und Lexikon für $L_{Typ/J}$: Stellen wir nach diesen Überlegungen die entsprechenden Definitionen auf. Bei der Typendefinition bleibt alles beim Alten, weshalb wir sie an dieser Stelle nicht noch einmal wiederholen. Was sich aber ändert, ist, dass wir die Junktoren als lexikalische Ausdrücke in das Lexikon aufnehmen wollen. Dazu legen wir einfach fest, dass sie Teil der Menge der Konstanten vom jeweils passenden Typ sind. Im Gegensatz zur vorherigen Sprache nennen wir die neue Sprache nicht $\boldsymbol{L}_{\text{Typ+J}}$, sondern $\boldsymbol{L}_{\text{Typ/J}}$.

Definition der Junktoren als Konstanten

(35) **Lexikon für $\boldsymbol{L}_{\text{Typ/J}}$**
- a. $\mathbf{K}_\sigma \subset \mathbf{Lex}$ (eine Menge von Konstanten für jeden Typen σ).
- b. (i) $\neg \in \mathbf{K}_{\langle t,\, t\rangle}$.
  (ii) $\{\wedge, \vee, \rightarrow\} \subset \mathbf{K}_{\langle t,\, \langle t,\, t\rangle\rangle}$.

Der erste Satz legt dabei wie gehabt eine Menge von Konstanten für jeden Typen fest. Neu sind die beiden Sätze in (35b). Der erste bestimmt, dass die Negation eine Konstante vom Typ $\langle t, t\rangle$ ist, während der zweite besagt, dass die Konjunktion, die Disjunktion und die Implikation Teile der Konstanten vom Typ $\langle t, \langle t, t\rangle\rangle$ sind. Wichtig ist an dieser Stelle bereits zu betonen, dass Ausdrücke wie die Junktoren nicht wirklich neu für unser System sind. Auch in der Sprache $\boldsymbol{L}_{\text{Typ}}$ aus Kapitel 5 waren Konstanten vom Typ $\langle t, t\rangle$ bzw. $\langle t, \langle t, t\rangle\rangle$ ja bereits definiert. Die die Regeln in (35b) sorgen also lediglich dafür, dass die Symbole für die Junktoren fest im Lexikon integriert sind, unabhängig von der restlichen Füllung des Lexikons durch weitere Konstanten. Strenggenommen enthält das Lexikon durch (35b) also nicht unbedingt mehr Ausdrücke, es wird nur sichergestellt, dass die Junktoren vorhanden sind, egal wie die Konstanten vom Typ $\langle t, t\rangle$ und $\langle t, \langle t, t\rangle\rangle$ sonst gefüllt sein mögen.

Grammatik für $L_{\text{Typ/J}}$: In der Grammatik für $\boldsymbol{L}_{\text{Typ/J}}$ gibt es nur insofern etwas Neues, als die zusätzlichen Sätze, die wir in $\boldsymbol{L}_{\text{Typ+J}}$ extra für die Junktoren eingeführt haben, wieder wegfallen. Es bleibt somit wieder nur ein Satz für die lexikalischen Ausdrücke und ein Satz für die Kombination eines funktionalen Ausdrucks mit einem passenden Argument.

(36) **Grammatik für $\boldsymbol{L}_{\text{Typ/J}}$**
- a. Wenn $\alpha \in \mathbf{K}_\sigma$, dann $\alpha \in \text{WFA}_\sigma$.
- b. Wenn $\alpha \in \mathbf{K}_{\langle \sigma,\, \tau\rangle}$ und $\beta \in \mathbf{K}_\sigma$, dann ist $\alpha(\beta) \in \text{WFA}_\tau$.

Die Junktoren werden von diesen Regeln miterfasst. Da laut (35) alle Junktoren Konstanten sind, sind sie auch wohlgeformte Ausdrücke des entsprechenden Typs. Und da sie Ausdrücke eines bestimmten Typs sind, können sie mit ihren Argumenten einfach nach Regel (36b) kombiniert werden, so dass keine spezielle Kombinationsregel benötigt wird. Wie oben schon angesprochen, sorgt die Art und Weise, wie diese Regel funktioniert, dafür, dass die Junktoren – genau wie alle anderen funktionalen Ausdrücke – vor ihren Argumenten stehen statt dazwischen, wie es für die zweistelligen Junktoren klassischerweise der Fall ist. Für (37a) ist die nach (36b) lizensierte Schreibweise also (37b), wobei p, q und r hier wieder stellvertretend für Ausdrücke vom Typ t stehen.

(37) a. $p \vee (q \wedge \neg r)$
b. $\vee(\wedge(\neg(r))(q))(p)$

Da (37a) nun aber wesentlich leserfreundlicher ist als (37b) und auch in der Literatur die üblichere Schreibweise ist, wollen wir die folgende Umschreibungskonvention definieren, die uns erlaubt, die Junktoren weiterhin klassisch zu schreiben, auch wenn sie eigentlich funktionale Ausdrücke sind.

Konvention, um Junktoren weiterhin klassisch zu schreiben

(38) Für alle $K \in \{\wedge, \vee, \rightarrow\}: K(p)(q) \stackrel{\text{def}}{=} p \wedge q$

Außerdem lassen wir für die Negation die Applikationsklammern weg, entsprechend (39).

(39) $\neg(p) \stackrel{\text{def}}{=} \neg p$

Modelle für $L_{Typ/J}$: Kommen wir zur Definition des Modells. Hier ist wichtig, dass die Interpretation der Junktoren explizit festgelegt wird, denn sonst könnte die Negation beispielsweise eine Funktion denotieren, die jeden Wahrheitswert jeweils auf sich selbst abbildet oder beide Wahrheitswerte auf 0 abbildet. Dies ist natürlich nicht das, was wir wollen, denn bei den Junktoren handelt es sich schließlich um **logische Konstanten**, deren Bedeutung unabhängig vom Modell sein sollte. Deshalb schränken wir die Definition der Zuweisungsfunktion entsprechend ein.

(40) **Modelle für $\boldsymbol{L}_{Typ/J}$**

Ein Modell für $\boldsymbol{L}_{Typ/J}$ ist eine Struktur $M = \langle \boldsymbol{D}, I \rangle$, so dass gilt:

a. $\boldsymbol{D}$ ist eine Menge von modelltheoretischen Objekten, mit folgenden Teilmengen:
   - (i) D_e, eine Menge von Individuen, ist die Domäne für Typ *e*.
   - (ii) $D_t = \{1, 0\}$, die Menge der Wahrheitswerte, ist die Domäne für Typ *t*.
   - (iii) $D_{\langle \sigma, \tau \rangle} = \{f: D_\sigma \mapsto D_\tau\}$, die Menge der Funktionen von D_σ nach D_τ, ist die Domäne für funktionale Typen $\langle \sigma, \tau \rangle$.

b. I ist eine Zuweisungsfunktion, die jeder Konstanten von $\boldsymbol{L}_{Typ/J}$ ein modelltheoretisches Objekt aus $\boldsymbol{D}$ zuweist, wobei gilt:
   - (i) Wenn $\alpha \in \mathbf{K}_\sigma$, dann $I(\alpha) \in D_\sigma$.
   - (ii) $$I(\neg) = \begin{bmatrix} 1 & \mapsto & 0 \\ 0 & \mapsto & 1 \end{bmatrix}$$

$$I(\wedge) = \begin{bmatrix} 1 & \mapsto & \begin{bmatrix} 1 & \mapsto & 1 \\ 0 & \mapsto & 0 \end{bmatrix} \\ 0 & \mapsto & \begin{bmatrix} 1 & \mapsto & 0 \\ 0 & \mapsto & 0 \end{bmatrix} \end{bmatrix}$$

$$I(\vee) = \begin{bmatrix} 1 & \mapsto & \begin{bmatrix} 1 & \mapsto & 1 \\ 0 & \mapsto & 1 \end{bmatrix} \\ 0 & \mapsto & \begin{bmatrix} 1 & \mapsto & 1 \\ 0 & \mapsto & 0 \end{bmatrix} \end{bmatrix}$$

$$I(\rightarrow) = \begin{bmatrix} 1 & \mapsto & \begin{bmatrix} 1 \mapsto 1 \\ 0 \mapsto 0 \end{bmatrix} \\ 0 & \mapsto & \begin{bmatrix} 1 \mapsto 1 \\ 0 \mapsto 1 \end{bmatrix} \end{bmatrix}$$

Es ist leicht zu sehen, dass die Funktionen, die die *I*-Funktion den logischen Junktoren zuordnet, den jeweiligen Wahrheitswerttafeln entsprechen.

Interpretation für $L_{Typ/J}$: Die Definition der Interpretationsfunktion für $\boldsymbol{L}_{\text{Typ/J}}$ weicht insofern von $\boldsymbol{L}_{\text{Typ+J}}$ ab, als wir wieder auf spezielle Regeln für die Junktoren verzichten können, da die Junktoren von den allgemeinen Regeln mit abgedeckt werden.

(41) **Interpretation für $\boldsymbol{L}_{\text{Typ/J}}$**
$[\![\cdot]\!]^M$ ist die Interpretationsfunktion für $\boldsymbol{L}_{\text{Typ/J}}$, die jedem wohlgeformten Ausdruck für $\boldsymbol{L}_{\text{Typ/J}}$ eine Bedeutung in Bezug auf ein Modell *M* zuweist, so dass gilt:
a. $[\![\alpha]\!]^M = I(\alpha)$, wenn $\boldsymbol{\alpha} \in$ **Lex** ist.
b. $[\![\alpha(\beta)]\!]^M = [\![\alpha]\!]^M([\![\beta]\!]^M)$

Damit ist die Integration der Junktoren in unser typenbasiertes System abgeschlossen.

Es sei noch einmal darauf hingewiesen, dass – strenggenommen – dieses System uns nicht viel mehr bietet als das System aus dem vorangegangenen Kapitel. Denn auch dort war es problemlos möglich, lexikalische Ausdrücke wie die folgenden zu definieren, so dass wir die Junktoren auch vorher quasi schon »mit dabei« hatten.

(42)
$$I(\textbf{nicht}) = \begin{bmatrix} 1 & \mapsto & \begin{bmatrix} 1 \mapsto 1 \\ 0 \mapsto 0 \end{bmatrix} \\ 0 & \mapsto & \begin{bmatrix} 1 \mapsto 0 \\ 0 \mapsto 0 \end{bmatrix} \end{bmatrix} \qquad I(\textbf{und}) = \begin{bmatrix} 1 \mapsto 0 \\ 0 \mapsto 1 \end{bmatrix}$$

Der Vorteil des in diesem Kapitel eingeschlagenen Wegs ist, dass wir die üblichen Symbole für die Junktoren verwenden können, denen man in der Literatur unweigerlich begegnet, und dass wir mit Hilfe der Umschreibungsregel diese sogar auf die klassische Weise schreiben können. Der konzeptuelle Vorteil des Systems mit explizit definierten Junktoren ist, dass diese als logische Konstanten fest in die Sprache eingebaut sind und folglich modellunabhängig die gleiche Bedeutung haben, während dies für normale Konstanten wie in (42) nicht der Fall ist.

Die vorangegangenen Überlegungen zeigen, wie ausdrucksstark das Grundsystem unserer Sprache mit Typen bereits ist. Im nächsten Kapitel werden wir es durch eine grundlegende Neuerung noch erweitern, um auch Pronomen in unser System aufzunehmen.

Aufgaben

1. Erstellen Sie Wahrheitswerttafeln für folgende komplexen Sätze.
- (Es regnet) oder (es regnet nicht).
- Wenn die Sonne scheint, (dann regnet es nicht oder es gibt einen Regenbogen).
- (Es regnet und die Sonne scheint) oder (Es regnet nicht und die Sonne scheint).

2. Gegeben ist folgendes Lexikon und Modell.

$\mathbf{K}_e = \{\mathbf{deniz, sasha}\}$, $\mathbf{K}_{\langle e,\, t\rangle} = \{\mathbf{schnarchen}\}$, $\mathbf{K}_{\langle e,\, \langle e,\, t\rangle\rangle} = \{\mathbf{nerven}\}$

$D_e = \{D, S\}$, $I(\mathbf{deniz}) = D$, $I(\mathbf{sasha}) = S$, $I(\mathbf{schnarchen}) = \{D\}$, $I(\mathbf{nerven}) = \{\langle D, S\rangle\}$

Berechnen Sie – die offensichtlichen Übersetzungen vorausgesetzt – die Bedeutung des folgenden Satzes sowohl in $\boldsymbol{L}_{\mathrm{Typ+J}}$ als auch in $\boldsymbol{L}_{\mathrm{Typ/J}}$.
- Wenn Deniz schnarcht, dann nervt Deniz Sasha.

Zitierte Literatur

Grice, H. Paul. 1975. Logic and conversation. In: Peter Cole/Jerry L. Morgan (Hg.). *Syntax and Semantics 3. Speech Acts*. New York: Academic Press. 41–58.

Gutzmann, Daniel/Petra B. Schumacher. 2018. Schnittstelle Semantik-Pragmatik. In: Angelika Wöllstein/Peter Gallmann/Mechthild Habermann/Manfred Krifka (Hg.). *Grammatiktheorie und Empirie in der germanistischen Linguistik*. Berlin: de Gruyter. 471–510.

Hinterwimmer, Stefan/Daniel Gutzmann. 2020. *Pragmatik. Eine Einführung*. Berlin: J. B. Metzler.

Lohnstein, Horst. 2011. *Formale Semantik und natürliche Sprache*. 2., überarbeitete Ausgabe. Berlin: de Gruyter.

Posner, Roland. 1979. Bedeutungsmaximalismus und Bedeutungsminimalismus in der Beschreibung von Satzverknüpfern. In: Harald Weydt (Hg.). *Die Partikeln der deutschen Sprache*. Berlin: de Gruyter. 378–394.

7 Pronomen und Variablen

Das typengesteuerte System, das wir im vorletzten Kapitel entwickelt und im letzten Kapitel explizit um die Junktoren ergänzt haben, ist bereits sehr ausdruckstark und verfügt über ein breites Inventar an analysierbaren Ausdrücken: Wir haben ein-, zwei- und dreistellige Verben behandelt (und könnten bei Bedarf auch beliebige n-stellige Verben erfassen), Eigennamen und Satzverknüpfungen. Am Ende von Kapitel 5 wurde auch die Modifikation von Verben durch adverbial gebrauchte Adjektive wie *schnell* angesprochen. Wir können also mittlerweile Sätze analysieren, die so komplex sind wie der folgende.

(1) Wenn Alex schnarcht, dann rennt Bente schnell und Chris ruft Deniz.

Wie auch in (1) waren in den Beispielen, die wir behandelt haben, alle Argumentpositionen immer durch Eigennamen belegt. Doch natürlich sind Eigennamen nicht die einzige und vermutlich auch nicht die häufigste Art, die Argumentstellen von Verben zu füllen. Stattdessen können auch Pronomen oder verschiedene Formen von anderen Nominal- bzw. **Determiniererphrasen** (DPs; vgl. Repp/Struckmeier 2020) als Argumente für Verben genutzt werden.

(2) a. Sie schläft.
    b. Ein Hund bellt.
    c. Die Katze miaut.
    d. Er hat alle Kekse gegessen.

In (2a) wird das Subjekt durch ein Pronomen realisiert, während es in (2b) durch eine indefinite und in (2c) durch eine definite DP ausgedrückt wird. In (2d) ist das Subjekt ein Pronomen und das Objekt eine quantifizierte DP – also eine DP, die ein Element enthält, das eine Quantitätsangabe macht wie *einige*, *drei*, *höchstens fünf* oder, wie hier, *alle*.

Diese Lücken wollen wir in diesem und einigen der folgenden Kapitel schließen. Wir beginnen dabei zunächst mit den Pronomen, da diese uns zu einer Neuerung führen werden, die für die anderen Phänomene ebenfalls relevant sein wird: **Variablen**.

Zu diesem Kapitel ist ein Erratum verfügbar unter
https://doi.org/10.1007/978-3-476-04870-7_12

D. Gutzmann, *Semantik*, https://doi.org/10.1007/978-3-476-04870-7_7

7.1 | Verwendungsweisen von Pronomen

Bezugsausdrücke von Pronomen: Pronomen stehen entgegen ihres Namens nicht für Nomen, sondern für ganze DPs. Doch sie können auch für andere Phrasen oder gar ganze Sätze stehen. In den folgenden Beispielen gibt der erste Satz einen Kontext, im zweiten Satz steht das Pronomen dann für einen Ausdruck aus dem vorherigen Satz. Sowohl das Pronomen als auch das Bezugselement sind fett hervorgehoben.

(3) a. **Bente** ist ganz konzentriert.
    b. **Sie** büffelt.
(4) a. Wie findest Du es, **dass Bente büffelt**?
    b. **Es** gefällt mir.

Während das Pronomen *sie* in (3b) auf *Bente* verweist, hat das Pronomen *es* in (4b) einen ganzen Satz als Bezugsphrase. Wir werden uns im Folgenden auf die Pronomen beschränken, die sich auf DPs beziehen und nicht auf Sätze, VPs oder andere Einheiten.

Verwendungsweisen von Pronomen: Neben den verschiedenen Arten von Ausdrücken, auf die sich Pronomen beziehen, können wir auch zwischen verschiedenen Verwendungsweisen von Pronomen unterscheiden. In Beispiel (3b) bezieht sich das Pronomen auf den Referenten des zuvor erwähnten Ausdrucks *Bente*. Das heißt, das Pronomen *sie* bezeichnet in diesem Kontext auch die Person *Bente*, es erhält diese Bedeutung aber nur deshalb, weil es sich zurück auf den Eigennamen bezieht, der wiederum auf Bente referiert. Wir können sagen, dass das Pronomen gewissermaßen parasitär ist und die referentielle Kraft des zuvor erwähnten Ausdrucks – in diesem Fall also *Bente* – benutzt, um zu seiner Bedeutung zu gelangen. Diesen zurückverweisenden Gebrauch von Pronomen nennt man **anaphorisch**.

Ganz ähnlich wie der anaphorische Gebrauch, aber wesentlich seltener, ist der **kataphorische** Gebrauch, bei dem das Pronomen im Diskurs vor dem Ausdruck steht, auf den es sich bezieht.

(5) Weil **sie** ist eine brillante Linguistin ist, wird **Alex** oft auf Tagungen als Sprecherin eingeladen.

Doch nicht jeder Gebrauch ist dadurch gekennzeichnet, dass sich das Pronomen auf einen Ausdruck bezieht, durch den es seine Bedeutung erhält. Manchmal erhält das Pronomen seine Bedeutung allein durch den außersprachlichen Kontext.

(6) [Als **Bente** den Raum betritt, sagt Alex zu Chris:] Auf **sie** habe ich gewartet.

Im Gegensatz zur anaphorischen Verwendung ist es bei dieser Verwendung nicht notwendig, dass ein anderer Ausdruck, der auf das gleiche Individuum referiert, zuvor erwähnt wird, da das Pronomen seine Referenz direkt aus dem Äußerungskontext bezieht. Diese Verwendung nennt man **deiktisch**.

Alle drei bisher besprochenen Verwendungsweisen lassen sich als **referentiell** bezeichnen, da das Pronomen, genau wie es ein Eigenname auch tut, auf ein Individuum referiert. Allerdings gibt es noch eine weitere Verwendung von Pronomen, bei denen das nicht so direkt der Fall ist.

Gebundene Pronomen referieren nicht

(7) Jede **Katze** mag **ihren** Kratzbaum.

Das Possessivpronomen in (7) scheint sich zwar auf *Katze* zurückzubeziehen, jedoch bezieht es sich nicht auf ein bestimmtes Individuum, sondern steht in Verbindung mit der quantifizierten DP *jede Katze*. Wenn wir annehmen, dass es drei Katzen gibt – Maiki, Rippi und Elsa – dann bedeutet (7) so viel wie die Konjunktion der drei folgenden Sätze.

(8) a. Maiki mag Maikis Kratzbaum.
b. Rippi mag Rippis Kratzbaum.
c. Elsa mag Elsas Kratzbaum.

Pronomen wie die in (7) nennt man **gebunden**. Die Bedeutung des Pronomens **kovariiert** mit der Bedeutung der quantifizierten DP, durch die es gebunden ist. Darauf kommen wir in einem späteren Kapitel zurück.

Im Folgenden werden wir uns jedoch auf den deiktischen Gebrauch konzentrieren, da dieser am einfachsten zu modellieren ist mit den Werkzeugen, um die es in diesem Kapitel eigentlich geht. Den gebundenen Gebrauch werden wir erst später in diesem Buch behandeln und die technischen Mittel, die nötig sind, um den anaphorischen oder kataphorischen Gebrauch semantisch zu analysieren, gehen über die Mittel hinaus, die wir in diesem Buch behandeln werden.

7.2 | Pronomen und Typen

Beginnen wir damit, uns zu überlegen, wie wir Pronomen in unserem bisherigen System analysieren können. Betrachten wir dazu folgendes Beispiel, das eine Variante von (6) darstellt.

(9) [Als **Bente** den Raum betritt, sagt Alex zu Chris:] Deniz mag **sie**.

Syntaktisch sieht der Satz in (9) nicht anders aus als unsere Sätze mit zweistelligem Verb und zwei Argumenten, nur dass hier ein Pronomen statt eines Eigennamens für das direkte Objekt verwendet wird.

(10)
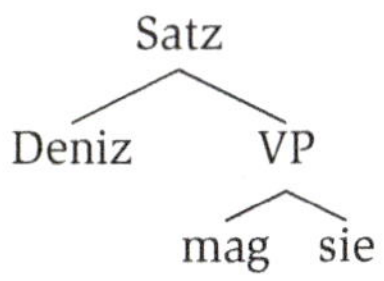

Pronomen als Ausdrücke vom Typ *e*

Analog dazu sollten wir auch den semantischen Strukturbaum konstruieren. Und da wir bereits wissen, was die semantischen Typen von **deniz** und **mögen** sind, sollte die semantische Repräsentation von *sie* vom Typ *e* sein, genau so, wie die Repräsentation eines Eigennamens an dieser Stelle auch wäre.

(11) **mögen**(**sie**)(**deniz**) : t
- **deniz** : e
- **mögen**(**sie**) : $\langle e, t\rangle$
  - **mögen** : $\langle e, \langle e, t\rangle\rangle$
  - **sie** : e

Wenn wir **sie** also als eine Konstante unserer Sprache betrachten und diese den Typ *e* hat, dann wird ihre Interpretation entsprechend ein Individuum sein. Dies entspricht natürlich unseren Intuitionen bezüglich der Interpretation von *sie* in (9), denn das Pronomen bezieht sich dort ja auf Bente.

Um eine Konstante **sie** : *e* in unserer Sprache zu verankern, bedarf es zunächst keiner weiteren Änderung an unserem System, denn sobald wir sagen, dass **sie** eine Konstante unserer Sprache vom Typ *e* ist – also **sie** $\in$ $\mathbf{K}_e$ – dann ist **sie** wohlgeformt. Und da **sie** den Typ *e* hat, kann sie wie oben dargestellt auch mit anderen Ausdrücken verknüpft werden, genauso wie es Eigennamen können, welche auch den Typ *e* bekommen. Was die Interpretation anbelangt, muss *sie* seine Bedeutung von der Zuweisungsfunktion *I* bekommen, weil es sich um einen lexikalischen Ausdruck handelt. Da sich in unserem Beispiel das Pronomen auf Bente bezieht, sollte die *I*-Funktion dem Ausdruck also das passende Individuum zuordnen: die Person B(ente).

(12) I(**sie**) = $B(ente)$

Dies liefert uns für unser Beispiel die richtige Bedeutung. Der gesamte Satz wird dann wahr, wenn die Funktion, die durch **mögen** denotiert wird, die Individuen B und D(eniz) auf 1 abbildet. Hier liegt aber auch direkt der Haken an unserer Analyse. Es liefert uns die korrekte Bedeutung nur für unser Beispiel, indem es das Pronomen wie einen lexikalischen Ausdruck mit der Bedeutung B(ente) behandelt. Demnach wäre das Pronomen einfach ein Synonym zum Eigennamen *Bente*. Dies ist sicherlich nicht die korrekte Analyse.

Fassen wir zusammen: Die einfache, aber naive Analyse, in der wir das Pronomen einfach als Konstante vom Typ *e* behandelt haben, der die Person Bente als Referenz durch die *I*-Funktion zugewiesen wird, erfasst zwar korrekt, dass sich das Pronomen im Hinblick auf die semantische Kombinatorik wie ein Eigenname verhält, lässt aber die **Variabilität** der Pronomenbedeutung völlig außer Acht. Die These, dass es sich dabei um eine **Konstante** handelt, ist also problematisch. Pronomen haben eben keine konstante Bedeutung. Da jedoch Konstanten bisher die einzigen lexikalischen Ausdrücke sind, über die wir verfügen (neben den Junktoren, die hier natürlich ebenfalls nicht in Frage kommen als Repräsentation von Pronomen), stellt uns unser bisheriges System nicht die nötigen Mittel zu Verfügung, um Pronomen angemessen zu analysieren. Wir müssen unseren Werkzeugkasten folglich um sogenannte **Variablen** erweitern, was wir nun auch tun werden.

7.3 | $L_{Typ+Var}$ – eine Sprache mit Variablen

Variablen sind unabhängig vom Modell

Im Gegensatz zu Konstanten, die eine feste Bedeutung in Bezug auf ein Modell erhalten, wollen wir, dass Variablen nicht auf eine bestimmte Denotation im Modell festgelegt sind. Wie wir sehen werden, erreichen wir dies dadurch, dass wir die Interpretation von Variablen nicht durch die Zuweisungsfunktion *I* definieren, da diese ja Teil des Modells ist. Stattdessen werden wir eine neue Funktion einführen, die eigens für die Bedeutung von Variablen zuständig ist und die **unabhängig vom Modell** ist.

Lexikon mit Variablen: Bevor wir eine solche modellunabhängige Interpretation für Variablen entwickeln können, müssen wir Variablen zunächst als Teil einer neuen Sprache definieren, die wir $L_{Typ+Var}$ nennen werden. Dies erreichen wir, indem wir neben den Mengen der Konstanten (für jeden Typ) nun auch Mengen von Variablen (für jeden Typ) annehmen. Wir lassen hier die Definitionen für die Junktoren aus dem letzten Kapitel aus, auch wenn wir weiterhin Junktoren annehmen.

(13) **Lexikon für $L_{Typ+Var}$**
  a. $\mathbf{K}_\sigma \subset \mathbf{Lex}$ (eine Menge von Konstanten für jeden Typen σ).
  b. $\mathbf{V}_\sigma \subset \mathbf{Lex}$ (eine abzählbar unendliche Menge von Variablen für jeden Typ σ).

Variablen und Konstanten werden also als unterschiedliche lexikalische Kategorien behandelt, auch wenn sie die gleichen semantischen Typen haben können. Ein wichtiger Unterschied dabei ist, dass die Menge der Konstanten für die jeweiligen Typen endlich ist und auch potentiell leer sein kann (und für die meisten Typen leer sein wird), während wir für die Variablen für jeden Typ eine abzählbar unendliche Menge an Variablen benötigen. Abzählbar bedeutet dabei, dass die Elemente der Menge quasi mit den natürlichen Zahlen durchnummeriert werden können. Beide Aspekte sind unsere Zwecke nicht wirklich von Belang, sind aber für die zugrundeliegende Logik der formalen Sprachen sehr wichtig. So muss man für den Beweis bestimmter Generalisierungen voraussetzen können, dass es immer noch weitere Variablen gibt, auf die zurückgegriffen werden kann; die Menge der Variablen darf also nicht »verbraucht« werden. Wir werden solche Beweise im Rahmen dieser Einführung allerdings nicht durchführen.

Konventionen für Variablen: Während wir für die Konstanten der Konvention folgen, fett gedruckte, kleingeschriebene Ausdrücke zu verwenden, die ihre Gegenstücke in der Objektsprache imitieren, werden wir für Variablen, kursive Buchstaben verwenden. Prinzipiell reicht es aus, die

Variablen als x zusammen mit den Typen zu schreiben und diese mit einem Index zu versehen, um unendlich viele Variablen für jeden Typen zu haben.

(14) a. $x_{e,1}, x_{e,2}, x_{e,3} \dots, x_{e,23} \dots, , x_{e,1980,}, x_{e,2017} \dots$
b. $x_{t,1}, x_{t,2}, x_{t,3} \dots, x_{t,55} \dots, , x_{2017,}, x_{e,2081} \dots$
c. $x_{\langle e,\ t\rangle,1}, x_{\langle e,\ t\rangle,2}, x_{\langle e,\ t\rangle,3} \dots, x_{\langle e,\ t\rangle,25} \dots, , x_{\langle e,\ t\rangle,2011} \dots$

Wir wollen auch hier den gängigen Konventionen folgen und bestimmte Zuordnungen für Variablen vornehmen, die in der Literatur gängig sind, so dass es in den meisten Fällen gar nicht nötig sein wird, die Typen und Indices explizit zu verwenden.

Variablen-konventionen

(15) **Variablenkonventionen**
a. Variablen vom Typ e: x, y, z
b. Variablen vom Typ t: p, q, r
c. Variablen vom Typ $\langle e, t\rangle$: P, Q, R

Nur wenn wir tatsächlich mehr als drei Variablen des gleichen Typs benötigen oder Variablen für andere Typen, werden wir explizite Typen und Indices an den Variablen angeben.

Grammatik mit Variablen: Die Grammatik für $\boldsymbol{L}_{\text{Typ+Var}}$ bleibt gegenüber den vorherigen Sprachen unverändert, denn Variablen verhalten sich im Hinblick auf die Kombinatorik erstmal genauso wie Konstanten, wie wir oben in Abschnitt 7.2 gesehen haben. Um sowohl Konstanten als auch Variablen als wohlgeformte Ausdrücke zu definieren, sagen wir einfach, dass das ganze Lexikon eine Teilmenge der wohlgeformten Ausdrücke ist, so dass alle Konstanten als auch alle Variablen erfasst werden.

(16) **Grammatik für $\boldsymbol{L}_{\text{Typ+Var}}$**
a. **Lex** $\subset$ WFA$_\sigma$.
b. Wenn $\alpha \in \mathbf{K}_{\langle\sigma,\ \tau\rangle}$ und $\beta \in \mathbf{K}_\sigma$, dann ist $\alpha(\beta) \in$ WFA$_\tau$.

Rein grammatisch gesehen, gibt es also keinen Unterschied zwischen Variablen und Konstanten. Ein Satz mit einer Konstante in Objektposition und ein Satz mit einer Variablen an derselben Stelle haben also semantisch gesehen die gleiche Struktur.

(17)

mögen(x)(**deniz**) : t
- **deniz** : e
- **mögen**(x) : $\langle e, t\rangle$
  - **mögen** : $\langle e, \langle e, t\rangle\rangle$
  - x : e

mögen(**bente**)(**deniz**) : t
- **deniz** : e
- **mögen**(**bente**) : $\langle e, t\rangle$
  - **mögen** : $\langle e, \langle e, t\rangle\rangle$
  - **bente** : e

Dies entspricht wiederum der Struktur, die wir dem Satz mit Pronomen in (11) zugewiesen haben, was natürlich die Intuition widerspiegelt, dass sich das Personalpronomen genauso verhält wie ein Eigenname.

Modelle mit Variablen: An der Definition der Modelle für $\boldsymbol{L}_{\text{Typ+Var}}$ ändert sich nichts. Und das ist sogar entscheidend an dieser Stelle. Die Zuweisungsfunktion *I* bleibt nämlich wie zuvor auf Konstanten beschränkt und wird gerade nicht auf Variablen erweitert.

(18) *I* ist eine Zuweisungsfunktion, die jeder Konstanten von $\boldsymbol{L}_{\text{Typ+Var}}$ ein modelltheoretisches Objekt aus $\boldsymbol{D}$ zuweist, wobei gilt:
Wenn $\alpha \in \mathbf{K}_\sigma$, dann $I(\alpha) \in D_\sigma$.

Wie oben erwähnt, ist die Motivation dafür, dass die Bedeutung von Variablen eben nicht durch das Modell festgelegt werden soll (zur Erinnerung: die *I*-Funktion ist Teil des Modells). Die Bedeutung einer Variablen soll sich ändern können, ohne dass sich an den »Fakten« im Modell etwas ändert. Auch wenn dies technisch nicht korrekt ist, können wir uns die Zuweisungsfunktion *I* als das Sprachwissen über die arbiträre, lexikalische Bedeutung von Ausdrücken vorstellen, deren Extension durch die Fakten in der Welt bestimmt wird. Die Bedeutung einer Variablen hingegen ist nicht durch die Fakten in der Welt bestimmt, sondern mehr durch den Kontext. Wie gesagt, diese Überlegungen dienen nur zur Veranschaulichung, denn rein technisch gesehen werden wir an dieser Stelle keinen Kontext modellieren. Diese Überlegungen motivieren konzeptuell, warum Variablen ihre Bedeutung nicht durch das Modell erhalten sollten. Stattdessen bekommen sie ihre Bedeutung durch die Interpretation zugewiesen.

Interpretation mit Variablen: Die entscheidende Neuerung, die Variablen für unsere Sprache mit sich bringen, finden wir nun bei der Definition der Interpretationsfunktion. Zunächst müssen wir feststellen, dass wir die Interpretationsfunktion für lexikalische Ausdrücke nicht mehr wie gehabt auf die Zuweisungsfunktion zurückführen können. Eine Definition folgender Art kann nicht funktionieren (was hier durch den Asterisk »*« gekennzeichnet wird, der üblicherweise für ungrammatische bzw. inakzeptable sprachliche Beispiele verwendet wird):

(19) *Wenn $\alpha \in$ LEX, dann $[\![\alpha]\!] = I(\alpha)$.

Die Definition kann nicht funktionieren, da die *I*-Funktion nur für Konstanten definiert ist, wir mit den Variablen aber nun Ausdrücke im Lexikon haben, die keine Konstanten sind. Woher bekommen die Variablen also ihre Bedeutung?

Variablen erhalten Bedeutung durch Variablenbelegungsfunktion

Der strategische Trick, der hier verwendet wird, ist, dass wir einfach eine weitere Zuweisungsfunktion einführen und zwar eine speziell nur für Variablen. Diese Funktion, die **Variablenbelegungsfunktion** genannt und üblicherweise als **g** notiert wird, ist eigentlich genau das Gleiche wie die *I*-Funktion, nur eben für Variablen statt für Konstanten. Sie ordnet jeder Variablen eine Denotation im Modell zu. Dies ist wirklich ganz parallel zur *I*-Funktion, nur dass der Input aus Variablen besteht anstatt aus Konstanten. Eine beispielhafte Variablenbelegungsfunktion sieht wie in (20) aus. Wir geben zum Vergleich auch eine ähnliche *I*-Funktion an, um die Parallelität zu verdeutlichen.

(20)
$$g = \begin{bmatrix} x & \mapsto & A \\ y & \mapsto & B \\ & \vdots & \\ P & \mapsto & \{A, C, D\} \\ Q & \mapsto & \{B, D\} \\ & \vdots & \end{bmatrix} \qquad I = \begin{bmatrix} \textbf{alex} & \mapsto & A \\ \textbf{bente} & \mapsto & B \\ & \vdots & \\ \textbf{büffeln} & \mapsto & \{A, D\} \\ \textbf{schnarchen} & \mapsto & \{B\} \\ & \vdots & \end{bmatrix}$$

Wie auch die *I*-Funktion ist die Variablenbelegungsfunktion *g* insofern beschränkt, als sie die Typen der Ausdrücke respektiert und den Variablen nur Denotationen zuordnet, die dem Typ der Variablen entsprechen. Variablen vom Typ *e* bekommen also Individuen aus D_e zugeordnet, Variablen vom Typ $\langle e, t\rangle$ bekommen Funktionen von Individuen in Wahrheitswerte aus $D_{\langle e, t\rangle}$ zugeordnet und so weiter.

Definition

Eine **Variablenbelegung *g*** weist jeder Variable eine Bedeutung im Modell zu, wobei gilt: Wenn $v \in \mathbf{V}_\sigma$, dann $g(v) \in D_\sigma$.

Interpretation atomarer Ausdrücke durch Fallunterscheidung

Variablen und Konstanten unterscheiden sich also an dieser Stelle einfach dadurch, welche Funktion ihnen eine Bedeutung zuweist. Bei Konstanten ist dies die Zuweisungsfunktion *I*, bei Variablen ist es die Variablenbelegungsfunktion *g*. Wenn wir nun die Interpretation eines lexikalischen Ausdrucks definieren wollen, nehmen wir genauso eine **Fallunterscheidung** vor und definieren die Bedeutung eines Ausdrucks entweder mit Bezug auf die *I*-Funktion, wenn es eine Konstante ist, oder in Bezug auf die *g*-Funktion, wenn es eine Variable ist. Wichtig ist bei der Definition der Interpretation also, dass diese sowohl relativ zu einem Modell als auch relativ zu einer Variablenbelegung ist, denn im Gegensatz zur *I*-Funktion ist die Variablenbelegungsfunktion nicht Teil des Modells.

(21) **Interpretation für $L_{\text{Typ+Var}}$**
$[\![\cdot]\!]^{M,g}$ ist die Interpretationsfunktion für $L_{\text{Typ+Var}}$, die jedem wohlgeformten Ausdruck für $L_{\text{Typ+Var}}$ eine Bedeutung relativ zu einem Modell *M* und einer Variablenbelegung *g* zuweist, so dass gilt:

a. $$[\![\alpha]\!]^{M,g} = \begin{cases} I(\alpha) & \text{wenn } \alpha \in K_\sigma \\ g(\alpha) & \text{wenn } \alpha \in V_\sigma \end{cases}$$

b. $[\![\alpha(\beta)]\!]^{M,g} = [\![\alpha]\!]^{M,g}([\![\beta]\!])^{M,g}$

Wie in (21b) zu sehen, ändert sich die Interpretation der komplexen Ausdrücke nur insofern, als hier auch auf die Belegungsfunktion verwiesen wird, was sich letztlich aber erst dann bemerkbar macht, wenn wir auf lexikalischer Ebene angelangt sind und eine Variable im Spiel ist. Dies illustriert die Beispielrechnung im folgenden Kasten.

Nehmen wir die Konstanten in (22) und die üblichen Variablen. Als Beispielmodell geben wir folgendes an: Beispiel

(22) $\mathbf{K}_e = \{\textbf{deniz}, \textbf{eike}\}, \mathbf{K}_{\langle e,t\rangle} = \{\textbf{rennen}\}, \mathbf{K}_{\langle e,\langle e,t\rangle\rangle} = \{\textbf{überholen}\}$
$D_e = \{D, E\}, I(\textbf{deniz}) = \boldsymbol{D}, I(\textbf{eike}) = E, I(\textbf{rennen}) = \{D, E\}, I(\textbf{überholen}) = \{\langle E, D\rangle\}$

Neben diesen Angaben, die allesamt Teil des Modells sind, müssen wir auch eine Variablenbelegung definieren.

(23)
$$g = \begin{bmatrix} x & \mapsto & D \\ y & \mapsto & E \\ & \vdots & \end{bmatrix}$$

In Bezug auf das Modell in (22) und die Belegungsfunktion in (23) können wir nun folgendes Beispiel analysieren.

(24) $\textbf{überholen}(\textbf{eike})(x){:}\ t$ (»Sie überholt Eike«)

Da es sich bei diesem Ausdruck um einen komplexen Ausdruck handelt, kommt zunächst zweimal der Satz aus (20b) zur Anwendung.

(25) $[\![\textbf{überholen}(\textbf{eike})(x)]\!]^{M,g}$
$= [\![\textbf{überholen}(\textbf{eike})]\!]^{M,g}([\![x]\!])^{M,g}$
$= [\![\textbf{überholen})]\!]^{M,g}[\![(\textbf{eike})]\!]^{M,g})\ ([\![x]\!])^{M,g}$

Weil nach diesem Schritt nur noch lexikalische Ausdrücke vorliegen, kommt Satz (21a) zum Einsatz. Das bedeutet, dass **eike** und **überholen** mittels der *I*-Funktion aus dem Modell interpretiert werden, während die Variable x durch die Variablenbelegung g ihre Denotation erhält.

(26) $= I(\textbf{überholen})(I(\textbf{eike}))(g(x))$

Setzen wir nun die entsprechende Werte aus (22) und (23) ein (wobei wir die Denotation von **überholen** zunächst in eine Funktion übertragen), erhalten wir den Wahrheitswert des Satzes.

(27)
$$= \begin{bmatrix} D & \mapsto & \begin{bmatrix} D & \mapsto & 0 \\ E & \mapsto & 0 \end{bmatrix} \\ E & \mapsto & \begin{bmatrix} D & \mapsto & 1 \\ E & \mapsto & 0 \end{bmatrix} \end{bmatrix}(E)(\begin{bmatrix} x & \mapsto & D \\ y & \mapsto & E \\ & \vdots & \end{bmatrix}(x))$$
$$= \begin{bmatrix} D & \mapsto & \begin{bmatrix} D & \mapsto & 0 \\ E & \mapsto & 0 \end{bmatrix} \\ E & \mapsto & \begin{bmatrix} D & \mapsto & 1 \\ E & \mapsto & 0 \end{bmatrix} \end{bmatrix}(E)(D) = \begin{bmatrix} D & \mapsto & 1 \\ E & \mapsto & 0 \end{bmatrix}(D) = 1$$

Somit haben wir die Bedeutung des Ausdrucks in (24) kompositionell analysiert.

7.4 | Pronomen als Variablen

Nachdem wir uns mit einer Logik vertraut gemacht haben, die Variablen enthält, kommen wir jetzt zurück zu den Pronomen, für deren Analyse wir die Variablen überhaupt eingeführt haben. Wie eingangs erwähnt, betrachten wir die deiktischen Pronomen, die ihre Bedeutung alleine durch den Kontext erhalten, wie in Beispiel (9), das wir hier wiederholen.

Pronomen erhalten eine modellunabhängige Bedeutung

(28) [Als **Bente** den Raum betritt, sagt Alex zu Chris:] Deniz mag **sie**.

Deiktische Pronomen als Variablen: Die Analysestrategie für eine Äußerung von (28) sollte klar sein. Wir behandeln deiktische Pronomen einfach als Variablen. Dadurch bleibt ihre Bedeutung unabhängig vom Modell und wird allein durch die *g*-Funktion bestimmt. Um (28) in der intendierten Lesart zu interpretieren, müssen wir also das Pronomen *sie* als eine Variable, sagen wir *x*, übersetzen und die Variablenbelegungsfunktion *g* muss dafür sorgen, dass diese Variable dann in dem Kontext von (28) auf Bente referiert. Der folgende Kasten illustriert dies.

Beispiel

Um (28) zu analysieren, gehen wir von folgenden Übersetzungen aus.

(29) *Deniz* ⟶ **deniz** *mag* ⟶ **mögen** *sie* ⟶ *x*

Wir nehmen an, dass diese Ausdrücke im Lexikon definiert sind (wir überspringen diesen Schritt an dieser Stelle) und gehen von folgenden *I*-Funktionswerten für die Konstanten aus.

(30) $D_e = \{D, B\}$ $I(\mathbf{deniz}) = D$ $I(\mathbf{m\ddot{o}gen}) = \{\langle D, B\rangle, \langle B, D\rangle\}$

Um den Bezug des Pronomens *sie* auf Bente sicherzustellen, muss die g-Funktion die Variable *x* auf B(ente) abbilden. Da uns die Funktionswerte für weitere Variablen an dieser Stelle nicht interessiert, legen wir dies einfach wie folgt fest:

(31) $g(x) = B$

Damit können wir die semantische Repräsentation von (29) wie in (32) angeben und interpretieren. Dabei gehen wir ganz parallel zur Analyse im vorherigen Beispielkasten vor.

(32) $[\![\textbf{mögen}(x)(\textbf{deniz})]\!]^{M,g}$
$= [\![\textbf{mögen}\ (x)]\!]^{M,g}([\![\textbf{deniz}]\!]^{M,g})$
$= [\![\textbf{mögen})]\!]^{M,g}([\![(x)]\!]^{M,g})\ ([\![\textbf{deniz}]\!]^{M,g})$
$= I(\textbf{mögen})^{g}(g(x))\ (I(\textbf{deniz}))$
$= I(\textbf{mögen})^{g}(g(x))\ (I(\textbf{deniz}))$

$$= \begin{bmatrix} B & \mapsto & \begin{bmatrix} B & \mapsto & 0 \\ D & \mapsto & 1 \end{bmatrix} \\ D & \mapsto & \begin{bmatrix} B & \mapsto & 1 \\ D & \mapsto & 0 \end{bmatrix} \end{bmatrix}(B)(D) = \begin{bmatrix} B & \mapsto & 0 \\ D & \mapsto & 1 \end{bmatrix}(D) = 1$$

Wenn wir so vorgehen, dann können wir feststellen, dass die Bedeutung eines deiktischen Pronomens also nicht vom jeweiligen Modell abhängig ist, sondern alleine auf der Variablenbelegungsfunktion basiert. Dies hat den Vorteil, dass wir die Referenz von Pronomen durch die g-Funktion steuern oder beeinflussen können, ohne dass wir an dem Modell etwas ändern müssen. Dadurch modellieren wir die Variabilität der Pronomenbedeutung.

Es sei an dieser Stelle darauf hingewiesen, dass der Gebrauch von Pronomen natürlich viel komplexer ist, als es unsere vorgeschlagene Analyse erfassen kann. So haben wir bisher lediglich die rein deiktischen Pronomen behandelt und den anaphorischen und den kataphorischen sowie den gebundenen Gebrauch außer Acht gelassen. Auf den gebundenen Gebrauch werden wir an späterer Stelle zurückkommen (siehe Kapitel 9), wenn wir die notwendigen Werkzeuge dafür entwickelt haben. Der eigentliche Grund, warum wir hier schon die deiktischen Pronomen behandelt haben, liegt natürlich in der Einführung der Variablen, die wir in den folgenden Kapiteln für viele weitere Aspekte nutzen werden.

Aufgaben

1. Geben Sie ein Beispielmodell und eine entsprechende Übersetzung, um folgende Äußerung zu interpretieren.
[Bente und Chris betreten den Raum. Alex sagt zu Deniz:] Sie ist klug.
Wie würden Sie die Ambiguität dieser Äußerung erfassen?

2. Gegeben ist folgende Äußerung und das Teilmodell darunter.
[Bente und Chris betreten den Raum. Alex sagt zu Deniz:] Sie mag sie.
$D_e = \{B, C, D\}$
Geben Sie alle möglichen Lesarten für die Äußerung an und modellieren Sie diese mit den jeweils passenden Übersetzungen und Werten für die g-Funktion.

3. Diskutieren Sie, was dem bisherigen System fehlen könnte, um anaphorische Pronomen wie in der folgenden Äußerung angemessen zu analysieren.
Bente ist schnell. Sie überholt Deniz.

8 Der Lambda-Operator

Die Variablen, die wir im letzten Kapitel eingeführt haben, haben uns einen guten ersten Ansatzpunkt für die Analyse von (deiktischen) Pronomen geboten. Eine weitere Verwendung hatten wir für sie aber noch nicht. Dies soll sich in diesem Kapitel ändern, in dem wir eines der wichtigsten Werkzeuge der formalen Semantik einführen wollen: den λ-Operator (griechischer Kleinbuchstabe »Lambda«). Dieser Operator wird uns helfen, eine Vielzahl weiterer Phänomene zu analysieren und die Ausdruckskraft unserer formalen Sprache zu erhöhen. Die Notwendigkeit für eine erhöhte Ausdruckskraft wollen wir anhand eines einfachen Phänomens illustrieren: der VP-Koordination.

8.1 | Typenkonflikte bei der VP-Koordination

Mithilfe der Junktoren, die wir in Kapitel 6 kennengelernt haben, ist unsere Semantik in der Lage, die Koordination zweier Sätze mit *und* zu analysieren. Für einen Satz wie in (1a) haben wir die semantische Repräsentation in (1b) oder, mithilfe der Umschreibungsregel, (1c) gegeben.

(1) a. Alex ackert und Deniz döst.
b. **und**(**dösen**(**deniz**))(**ackern**(**alex**))
c. **dösen**(**deniz**) $\wedge$ **ackern**(**alex**)

Koordination von Verbalphrasen

Nun ist es in der natürlichen Sprache nicht so, dass wir immer ganze Sätze miteinander koordinieren, sondern auch kleinere Konstituenten. Ein üblicher Fall ist die Koordination von zwei Verbalphrasen, seien es einfache Verben oder zweistellige Verben mit Objekten.

(2) a. Deniz döst und schnarcht.
b. Bente rennt und überholt Deniz.
c. Chris liebt und vermisst Alex.

Wenn wir diese Sätze nicht einfach als syntaktische Ellipse, also Auslassungen von weiteren sprachlichen Material, analysieren wollen – (2a) wäre dann eine elliptische Form für *Deniz döst und <u>Deniz</u> schnarcht* – dann können Sätze wie in (2) nicht mit den bisherigen Mitteln analysiert

Zu diesem Kapitel ist ein Erratum verfügbar unter
https://doi.org/10.1007/978-3-476-04870-7_12

D. Gutzmann, *Semantik*, https://doi.org/10.1007/978-3-476-04870-7_8

werden (zur Syntax von Ellipsen vgl. Repp/Struckmeier 2020). Um zu verstehen, warum nicht, betrachten wir (2a) genauer und geben zuerst die angemessenen Übersetzungen mit den bekannten Typen für die Ausdrücke in (2a) an.

(3) *Deniz* → **deniz**: e
döst → **döst**: $\langle e, t\rangle$
und → **und**: $\langle t, \langle t, t\rangle\rangle$
schnarcht → **schnarcht**: $\langle e, t\rangle$

Komposition mit bisherigen Mitteln führt zu Typenkonflikt

Hier stehen wir nun vor einem Problem, da diese Ausdrücke sich, so wie sie sind, nicht alle zusammensetzen lassen. Zwar können wir das Subjekt *Deniz* mit der ersten VP kombinieren und den dadurch entstandenen Satz (vom Typ t) mit der Koordination *und* verbinden. Jedoch besteht dann keine Möglichkeit mehr aus dem Resultat und dem verbleibenden zweiten Prädikat *schnarcht* einen wohlgeformten Ausdruck zu bilden, da die Typen nicht zusammenpassen. Der Blitz in (4) kennzeichnet einen solchen **Typenkonflikt**.

(4)

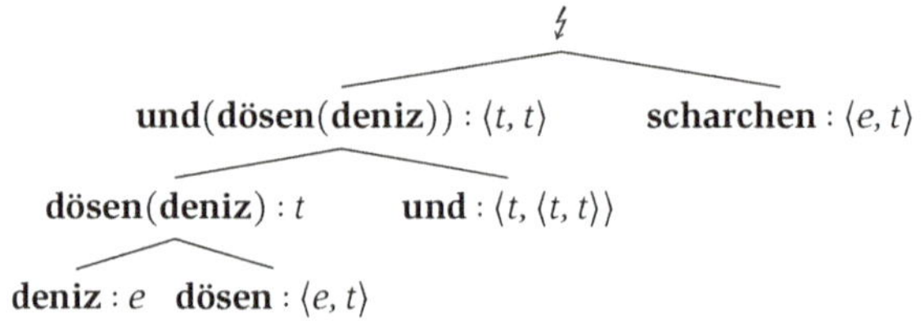

Das Problem ist, dass der zweiten VP das Subjekt fehlt, um einen Ausdruck vom Typ t zu bilden, welcher dann mit dem Junktor verbunden werden könnte. Was wir eigentlich brauchen, ist eine Möglichkeit, die beiden VPs miteinander zu koordinieren, so dass wir dann *döst und schnarcht* als ein neues, komplexes Prädikat erhalten, welches sich mit dem Subjekt verbindet. Wir wollen also eher eine Struktur wie in (5a) statt wie (5b), welches der Struktur in (4) entspricht.

(5) a. Deniz (döst und schnarcht).
b. (Deniz döst) und schnarcht.

Um dieses Problem zu lösen und eine Struktur wie in (5a) zu ermöglichen, werden wir den λ-Operator nutzen. Um zu illustrieren, was dieser Operator macht, stellen wir zunächst einige Überlegungen darüber an, wie sich die bisherigen Möglichkeiten der Komposition in unserer formalen Sprache zu der Komplexität der Typen verhält.

Komposition und Komplexität von Typen: In unserer formalen Sprache $\boldsymbol{L}_{\text{Typ+Var}}$ gibt mit der funktionalen Applikation nur eine Regel, nach der zwei Ausdrücke miteinander kombiniert werden können.

(6) Wenn $\alpha \in \text{WFA}_{\langle\sigma,\ \tau\rangle}$ und $\beta \in \text{WFA}_{\tau}$, dann ist $\alpha(\beta) \in \text{WFA}_{\tau}$.

Um das Ganze anschaulicher zu gestalten, können wir diese Regel auch durch einen semantischen Strukturbaum wiedergeben.

(7)

$$\alpha(\beta) : \tau$$

$$\alpha : \langle \sigma, \tau \rangle \quad \beta : \sigma$$

Beim näheren Betrachten dieser Regel im Hinblick auf die Typen fällt auf, dass die Typen immer »einfacher« werden, da sich die Argumentanzahl der funktionalen Ausdrücke durch die Verbindung mit einem Argument um eben diese Argumentstelle verringert. Aus einem Ausdruck mit n Argumenten wird also ein Ausdruck mit n–1 Argumenten, nachdem der Ausdruck nach (6) mit dem Argument verknüpft wurde. Das bedeutet, wir können Typen immer nur reduzieren, aber mit den bisherigen Mitteln nicht wieder komplexer werden lassen, indem Argumentstellen wieder freigemacht werden. Dabei ist dies genau der Schlüssel, um das Problem der VP-Koordination zu lösen.

Wenn wir uns noch einmal die Ausdrücke und ihre Typen in (3) bzw. (4) ansehen, dann können wir das Problem darauf zurückführen, dass der Junktor **und** zwei satzwertige Argumente vom Typ *t* benötigt, die zweite VP aber kein Subjekt zur Verfügung hat, mit dem es sich verbinden könnte, um einen solchen Ausdruck zu ergeben. Der Satz verfügt nämlich nur über ein einziges Subjekt. Was wir also erreichen müssen, ist, wie in (5a) schon dargestellt, dass wir das einzelne Subjekt als Argument für beide VPs verwenden können. Denn wenn wir es wie in (4) mit der ersten VP verknüpfen, endet dies in einer kompositionellen Sackgasse.

Variable als »Argumentkredit«: Um eine Analyse wie in (5a) zu erreichen, hilft folgende Überlegung: Die zweite VP braucht ein Subjekt, um einen Ausdruck vom Typ *t* zu ergeben, der sich dann mit der Konjunktion verbinden kann. Diesen Ausdruck kann es aber nicht zu dem Zeitpunkt finden, zu dem es auf **und** trifft. Was wir also tun müssen, ist, uns für die zweite VP ein Subjekt zu »leihen« – wie eine Art Kredit, den wir dann später zurückzahlen, wenn wir zu dem eigentlichen Subjekt im Satz kommt. Wir tun also zunächst so, also ob **schnarchen** ein Subjekt hat. Für dieses geliehene Subjekt verwenden wir eine Variable vom entsprechenden Typ *e*. Der resultierende Ausdruck ist dann vom Typ *t* und kann mit der Konjunktion verbunden werden. Soweit sieht die Komposition also wie folgt aus.

(8)

$$\mathbf{und}(\mathbf{schnarchen}(x)) : \langle t, t \rangle$$

$$\mathbf{und} : \langle t, \langle t, t \rangle \rangle \quad \mathbf{schnarchen}(x) : t$$

$$\mathbf{schnarchen} : \langle e, t \rangle \quad x : e$$

Jetzt könnten wir das Subjekt mit der ersten VP verbinden und dann das Resultat mit (8) verknüpfen.

(9)

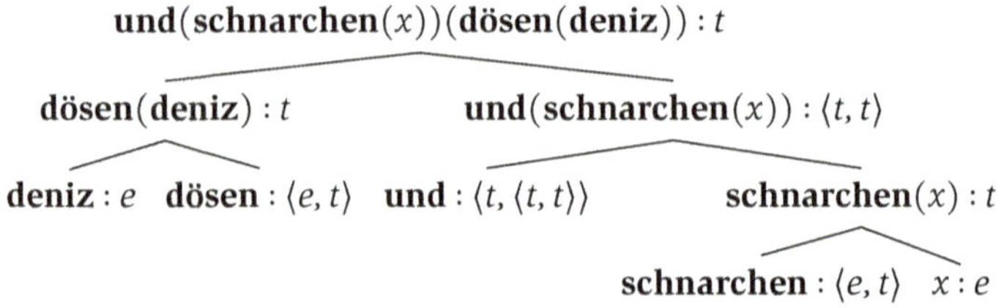
und(**schnarchen**(*x*))(**dösen**(**deniz**)) : *t*
dösen(**deniz**) : *t*
und(**schnarchen**(*x*)) : ⟨*t*, *t*⟩
deniz : *e*
dösen : ⟨*e*, *t*⟩
und : ⟨*t*, ⟨*t*, *t*⟩⟩
schnarchen(*x*) : *t*
schnarchen : ⟨*e*, *t*⟩
x : *e*

Dies funktioniert zwar im Hinblick auf die Komposition, aber es liefert uns nicht das Ergebnis, das wir wollen. Denn die Repräsentation, die wir durch (9) erhalten, ergibt nicht die gewünschte Interpretation, dass Deniz döst und schnarcht, sondern dass Deniz döst und dass $g(x)$ schläft, also das Individuum, das der Variablen x durch die Belegungsfunktion zugewiesen wird. Dies kann zufällig Deniz sein, aber eben auch ein anderes Individuum. Je nach Modell und g-Funktion könnte (9) also eine Lesart haben, in der Deniz döst und Eike schnarcht, oder eine, in der Deniz döst und Alex schnarcht, je nachdem ob $g(x)$ = E(ike) oder $g(x)$ = A(lex). Dies ist natürlich nicht, was (2a) bedeuten kann.

Variablen füllen beide Subjektpositionen

Die Lösung des Problems muss also noch anders aussehen. Anstatt nach dem Kompositionsschritt in (8) die erste VP direkt mit dem Subjekt zu verbinden, gehen wir bei der ersten VP erst einmal genauso vor wie bei der zweiten und verbinden diese zunächst mit einer Variablen, um die Subjektstelle zu füllen. Hier ist wichtig, dass wir dieselbe Variable verwenden, wie bei der zweiten VP, also $x : e$ in unserem Beispiel. Da das Resultat der Verbindung aus der ersten VP mit der Variablen ein Ausdruck vom Typ t ist, können wir diesen dann mit dem Ergebnis aus (8) verknüpfen.

(10)

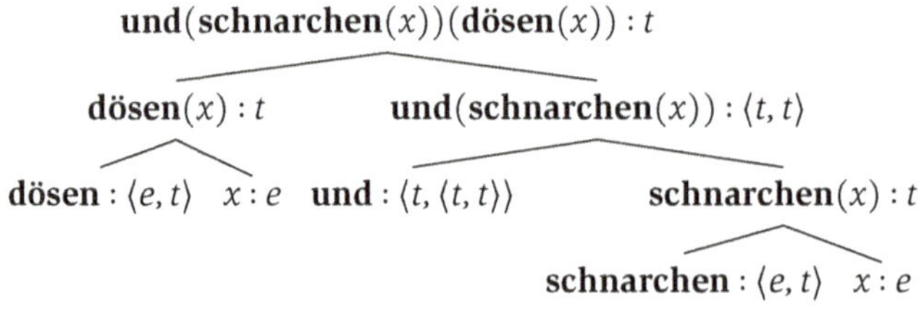
und(**schnarchen**(*x*))(**dösen**(*x*)) : *t*
dösen(*x*) : *t*
und(**schnarchen**(*x*)) : ⟨*t*, *t*⟩
dösen : ⟨*e*, *t*⟩
x : *e*
und : ⟨*t*, ⟨*t*, *t*⟩⟩
schnarchen(*x*) : *t*
schnarchen : ⟨*e*, *t*⟩
x : *e*

Nun haben wir wieder einen satzwertigen Ausdruck abgeleitet. Und wieder gilt, dass auch diese Repräsentation nicht die Bedeutung des ursprünglichen Satzes erfassen kann, da die Interpretation von (10) den Wahrheitswert 1 ergeben wird, wenn das Individuum $g(x)$ döst und $g(x)$ schnarcht.

Typen müssen komplexer werden: Dass (10) uns noch nicht das gewünschte Ergebnis liefert, sollte aber nicht wirklich verwundern, da das Subjekt **deniz** noch gar nicht Teil der Komposition ist. Wie können wir dieses aber nun mit dem Ausdruck in (10) verknüpfen? Denn so wie (10) bisher aussieht, passt es vom Typ her nicht zum Subjekt, da es keine Möglichkeit gibt, die Typen e und t miteinander zu verknüpfen.

(11) $\lightning$

$\textbf{deniz} : e \quad \textbf{und}(\textbf{schnarchen}(x))(\textbf{dösen}(x)) : t$

...

Dies bringt uns zurück zu der eingangs gemachten Beobachtung: Unsere bisherigen Mittel erlauben es nur, dass die Typen weniger komplex werden. Hier brauchen wir aber das Gegenteil. Wir müssen aus dem satzwertigen Ausdruck in (10), der die beiden Variablen enthält, wieder einen funktionalen Typen machen, so als ob die Variable vom Typ *e* nie verwendet worden wären, um die Subjektstellen zu füllen. Wir müssen den aufgenommenen Kredit zurückzahlen, um bei der verwendeten Metapher zu bleiben. Sprich, aus dem Ausdruck vom Typ *t* wollen wir wieder ein Prädikat vom Typ $\langle e, t\rangle$ machen. Wie in (5a) soll dies das Prädikat »döst und schnarcht« sein, welches wir dann anschließend mit dem Subjekt verbinden wollen. Genau an dieser Stelle kommt der λ-Operator ins Spiel.

8.2 | Argumentabstraktion

λ-Abstraktion lässt Typen komplexer werden

Komplexere Typen durch λ-Abstraktion: Wir können sagen, dass es die Aufgabe des λ-Operators ist, die funktionale Applikation einer Funktion auf eine Variable wieder umzukehren. Anstatt eine Funktion auf ein Argument anzuwenden und dadurch eine Argumentstelle zu füllen und den Typen zu vereinfachen, wird der λ-Operator dazu benutzt, um von dem Argument einer Funktion zu **abstrahieren** und dadurch wieder eine Argumentstelle zu schaffen. In Bezug auf unser Beispiel bedeutet dies, dass wir nach der Komposition in (10) von der Variablen *x* abstrahieren wollen, so dass die Argumentstellen, die *x* belegt, gewissermaßen wieder frei werden. Ohne das hier genau zu definieren, können wir eine solche λ-Abstraktion wie folgt darstellen.

(12) $\lambda x.\textbf{und}(\textbf{schnarchen}(x))(\textbf{dösen}(x)) : \langle e, t\rangle$

$\lambda x \quad \textbf{und}(\textbf{schnarchen}(x))(\textbf{dösen}(x)) : t$

...

Der λ-Operator nimmt hier also eine Variable vom Typ *e* sowie einen Ausdruck vom Typ *t* und zieht von diesem Ausdruck das Typ-*e*-Argument wieder ab, um daraus einen Ausdruck vom Typ $\langle e, t\rangle$ zu machen. Diese können wir folgt definieren.

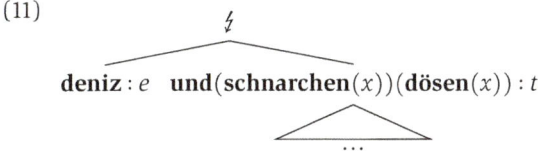

Definition

λ-Abstraktion: Wenn ein Ausdruck α vom Typ τ ist und wenn v eine Variable vom Typ σ ist, dann ist $\lambda v.\alpha$ ein Ausdruck vom Typ $\langle \sigma, \tau \rangle$.

Ähnlich wie wir die funktionale Applikation in (7) schematisch dargestellt haben, können wir die λ-Abstraktion schematisch wie folgt darstellen, was nochmals deutlich zeigt, dass der Typ des Ausdrucks durch die λ-Abstraktion komplexer wird.

(13) $\lambda x.\alpha : \langle \sigma, \tau \rangle$

$\lambda x_{\sigma} \qquad \alpha : \tau$

Auch wenn es in den meisten Anwendungen der Fall sein wird, ist es nicht notwendig für die λ-Abstraktion, dass die Variable, die zusammen mit dem λ das sogenannte **λ-Präfix** bildet, auch tatsächlich in dem Ausdruck $\boldsymbol{\alpha}$ vorkommt, über den abstrahiert wird.

Bevor wir genauer definieren, wie der λ-Operator genau funktioniert und wie er in die Grammatik und Semantik unserer Sprache aufgenommen werden kann, halten wir zunächst fest, dass der in (12) abgeleitete Ausdruck jetzt den richtigen Typen hat, um mit dem Subjekt verbunden zu werden. Das ergibt dann die folgende semantische Struktur:

(14) $\lambda x.\mathbf{und}(\mathbf{schnarchen}(x))(\mathbf{d\ddot{o}sen}(x))(\mathbf{deniz}) : t$

$\mathbf{deniz} : e \qquad \lambda x.\mathbf{und}(\mathbf{schnarchen}(x))(\mathbf{d\ddot{o}sen}(x)) : \langle e, t \rangle$

$\lambda x \qquad \mathbf{und}(\mathbf{schnarchen}(x))(\mathbf{d\ddot{o}sen}(x))$

λ-Konversion: Natürlich wissen wir noch nicht, wie dieser Ausdruck zu interpretieren ist, da wir λ-Ausdrücke noch nicht definiert haben. Intuitiv können wir uns aber verdeutlichen, was das Ergebnis in (14) bedeuten muss, um die Bedeutung unseres Beispielsatzes korrekt zu erfassen. Stellen wir zunächst fest, dass sich die VP-Koordination paraphrasieren lässt durch eine Koordination zweier vollständiger Sätze.

(15) Deniz döst und schnarcht ≈ Deniz döst und Deniz schnarcht.

Für die Koordination dieser beiden Sätze, die jeweils als Subjekt **deniz** enthalten, ergibt unser System folgende Repräsentation (wir überlassen die Herleitung den Leser/innen als Übung).

(16) $\mathbf{und}(\mathbf{schnarchen}(\mathbf{deniz}))(\mathbf{d\ddot{o}sen}(\mathbf{deniz})) : t$

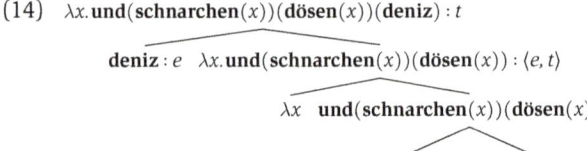

Die Anwendung der λ-Funktion auf das Subjekt **deniz** im letzten Schritt von (14) muss also äquivalent zu einer solchen Struktur sein. Es muss also die Gleichung in (17) gelten, wo die die beiden Formeln aus (14)

und (16) so formatiert sind, dass der Unterschied zwischen ihnen deutlicher wird.

(17) $\lambda x.$ **und**(**schnarchen**(x))(**dösen**(x)) angewendet auf **deniz**
= **und**(**schnarchen** (**deniz**))(**dösen**(**deniz**))

Die folgenden Unterschiede lassen sich ausmachen: Die erste Formel beginnt mit λx und hat zwei Vorkommen der Variablen x an den beiden Subjektstellen der beiden Verben. Nach der Anwendung dieser Funktion auf das Argument **deniz** erhalten wir einen Ausdruck, der kein λx-Präfix mehr hat und an den Stellen, an denen vorher das x stand, steht jeweils das Argument **deniz**. Rein prozessbezogen, gehen wir also wie folgt vor, wenn wir einen λ-Ausdruck auf ein passendes Argument anwenden:

»Rezept« für die λ-Konversion

1. Wir streichen den λ-Operator zusammen mit der Variablen.
2. Wir ersetzen jedes Vorkommen der gestrichenen Variablen durch das Argument des λ-Ausdruck.

Grafisch können wir diesen Vorgang wie folgt illustrieren:

(18) a. $\lambda x.$ **und**(**schnarchen**(x))(**dösen**(x)) (**deniz**)
b. ~~$\lambda x.$~~ **und**(**schnarchen**($\underline{x}$))(**dösen**($\underline{x}$)) (<u>**deniz**</u>)
c. **und**(**schnarchen**(**deniz**))(**dösen**(**deniz**))

Diesen Schritt von (18a) zu (18c) nennt man **λ-Konversion** (in Logik- und Informatikkreisen wird dies auch oft β-Reduktion genannt, sie Carpenter 1997: Kap. 2.4). Ein wenig formaler können wir dies wie folgt formulieren (eine exakte Definition folgt weiter unten).

Definition

λ-Konversion (vorläufig): Wenn α und β wohlgeformte Ausdrücke sind und wenn v eine Variable mit dem gleichen Typ wie β ist, dann gilt

$$\lambda v.\alpha(\beta) = \alpha[v/\beta]$$

wobei $\alpha[v/\beta]$ der gleiche Ausdruck wie α ist, nur dass alle Vorkommen von v durch β ersetzt wurden.

Es gibt einige Beschränkungen für die Anwendung dieser Regel, die wir am Ende von Abschnitt 8.3 kennenlernen werden.

Interpretation für λ-Ausdrücke: Bisher haben wir die Äquivalenz zwischen den beiden Ausdrücken in (17) nur auf der Formebene stipuliert, ohne uns Gedanken darüber zu machen, was der λ-Operator inhaltlich bewirken muss, um diese Äquivalenz auch tatsächlich auf der Bedeutungsebene herzustellen. Den Schlüssel dazu liefert die Definition der Interpretation von λ-Ausdrücken. Wir wissen, dass jeder λ-Ausdruck eine Funktion denotieren muss, da wir festgelegt haben, dass der Typ eines Ausdrucks durch die λ-Abstraktion komplexer wird. Wenn darüber hinaus die Gleichung in (18) gelten soll, dann muss die Interpretation der Anwendung dieser Funktion auf ein passendes Argument das Gleiche ergeben wie die Interpretation des alternativen Ausdrucks, bei dem λ-Operator zusammen mit der Variablen gestrichen wurde und das Argument für alle Vorkommen der Variablen eingesetzt wurde. Auch dies können wir an dieser Stelle semi-formal definieren.

Definition

Interpretation für λ-Ausdrücke: Ein Ausdruck der Form $\lambda v.\alpha[...v...]$ denotiert eine Funktion f, die jedes Argument d auf den Funktionswert abbildet, den wir erhalten, wenn wir $\alpha[...\mathbf{d}...]$ interpretieren, wobei gilt $[\![\mathbf{d}]\!] = d$. Deshalb gilt:

$$[\![\lambda v.\alpha[...v...]]\!]^{M,g}(d) = [\![\alpha[...\mathbf{d}...]]\!]^{M,g}$$

Diese Definition mag etwas kompliziert klingen, ist aber so formuliert, dass sie die Äquivalenz erfasst, die durch die λ-Konversion zum Ausdruck gebracht wird. Wir werden in Abschnitt 8.2 eine genauere, formale Definition geben. An dieser Stelle schauen wir uns zunächst einige schematische Anwendungen im folgenden Kasten an, bevor wir dazu übergehen, den λ-Operator in unserer Sprache zu verankern.

Beispiel

Schematische Anwendungen der λ-Konversion

Wir beginnen mit einer einfachen λ-Konversion, wie oben, halten die Beispiele aber zunächst sehr abstrakt, um uns auf die Struktur der Reduktionen zu konzentrieren.

(19) $\lambda y.$FUNKTION(y)(ARGUMENT)

Und diesen Ausdruck zu reduzieren, führen wir die zwei oben genannten Schritte durch: Wir streichen das λy-Präfix und setzen an allen y-Stellen das Argument ein. Dies ist in diesem Fall nur eine einzige Stelle, so dass wir folgendes Ergebnis erhalten.

(20) FUNKTION(ARGUMENT)

Ein etwas komplexerer Fall ist der folgende. Auch auf einen λ-Ausdruck lässt sich der λ-Operator anwenden, so dass wir eine Funktion mit mehreren Argumentstellen erhalten.

(21) $\lambda x \lambda y.$FUNKTION$(y)(x)$(ARG-1) (ARG-2)

Um einen solchen Ausdruck zu reduzieren, führen wir die λ-Konversion zweimal in den gewohnten Schritten durch. Dabei gehen wir von außen nach innen vor, sodass wir in (22) erst das x reduzieren und dann das y.

(22) $\lambda x \lambda y.$FUNKTION$(x)(y)$(ARG-1)(ARG-2) (Reduktion von x mit ARG-1)
= $\lambda y.$FUNKTION(ARG-1)(y)(ARG-2) (Reduktion von y mit ARG-2)
= FUNKTION(ARG-1)(ARG-2)

8.3 | L_λ – eine Sprache mit λ-Ausdrücken

Nachdem wir die Funktion des λ-Operators bisher mehr oder weniger informell diskutiert haben, wollen wir ihn auch für eine neue formale Sprache definieren, die wir $\boldsymbol{L_\lambda}$ nennen wollen. Das bedeutet, wir müssen definieren, wie sich dieser mit anderen Ausdrücken verbinden kann und wie er korrekt interpretiert wird.

Typen und Lexikon für L_λ: Sowohl die Typen als auch das Lexikon von $\boldsymbol{L_\lambda}$ unterscheiden sich nicht von dem Lexikon unserer bisherigen Sprache. Das heißt, wir haben die bekannte rekursive Typendefinition sowie eine (potentiell leere) Menge von Konstanten für jeden Typ und eine (abzählbar unendliche) Menge von Variablen für jeden Typ.

(23) **Typen für $\boldsymbol{L_\lambda}$**
Typ ist die kleinste Menge, so dass gilt:
a. $e \in$ **Typ**
b. $t \in$ **Typ**
c. Wenn $\sigma \in$ **Typ** und $\tau \in$ **Typ**, dann $\langle\sigma, \tau\rangle \in$ **Typ**.
Lexikon für $\boldsymbol{L_\lambda}$
a. $\mathbf{K}_\sigma \subset$ **Lex** (eine Menge von Konstanten für jeden Typen σ).
b. $\mathbf{V}_\sigma \subset$ **Lex** (eine abzählbar unendliche Menge von Variablen für jeden Typ σ).

Grammatik für L_λ: Die erste Neuerung findet bei der Definition der Grammatik für $\boldsymbol{L_\lambda}$ statt, denn hier definieren wir nun, wie sich der λ-Operator mit anderen Ausdrücken verknüpft. Wie wir bereits gesehen haben, verbindet sich der Operator mit einer Variablen vom Typ σ und einem weiteren Ausdruck vom Typ τ und verwandelt das Ganze in eine Funktion, die von σ nach τ abbildet. Dies ist in Regel (24c) festgelegt. Der Rest bleibt wie gehabt.

Definition der λ-Abstraktion in der Grammatik für L_λ

(24) **Grammatik für $\boldsymbol{L_\lambda}$**
a. **Lex** $\subset \text{WFA}_\sigma$.
b. Wenn $\alpha \in \text{WFA}_{\langle\sigma,\ \tau\rangle}$ und $\beta \in \text{WFA}_\sigma$, dann ist $\alpha(\beta) \in \text{WFA}_\tau$.
c. Wenn $\alpha \in \text{WFA}_\tau$ und $v \in \mathbf{V}_\sigma$, dann $(\lambda v.\alpha) \in \text{WFA}_{\langle\sigma,\ \tau\rangle}$

Offiziell schreiben wir die λ-Ausdrücke wie in (24c) in Klammern, lassen diese aber meistens weg, solange dies nicht zu Verwirrungen führt.

Wie der Vergleich der Definitionen in (24b) und (24c) zeigt, ist die funktionale Abstraktion im Hinblick auf die Komposition die Umkehr der funktionalen Applikation. Anstatt einen funktionalen Typen zu reduzieren, wird hier eine Funktion geschaffen und der Typ wird komplexer.

Das Modell für $\boldsymbol{L_\lambda}$ ist das gleiche wie für unsere bisherigen Sprachen, denn durch die Einführung der λ-Abstraktion ändert sich weder etwas an den Domänen, die wir benötigen, noch an der Zuweisungsfunktion.

Variante einer Variablenbelegungsfunktion: Einer weiteren wichtigen Neuerung begegnen wir bei der Definition der Interpretation, da wir hier die Interpretation von λ-Ausdrücken regeln müssen. Wir haben uns bereits Gedanken darüber gemacht, wie ein λ-Ausdruck interpretiert werden soll, nämlich als eine Funktion, die die Argumente gewissermaßen an den durch das λ-Präfix bestimmten Leerstellen interpretiert. Wie können wir dies formal mit unseren bisherigen Mitteln modellieren? Der Schlüssel dazu liegt darin, dass die Bedeutung der Variablen von der Variablenbelegungsfunktion g abhängt. Wenn wir also wollen, dass ein λ-Ausdruck sein Argument quasi in die Variablenstellen einsetzt (wie wir es in der λ-Konversion ja tatsächlich auch tun), dann müssen wir dafür die g-Funktion so modifizieren, dass sie die fragliche Variable eben auf jenes Argument des λ-Ausdrucks abbildet. An allen anderen Stellen bleibt sie unverändert. Um dies umzusetzen, führen wir den Begriff der **Variante** einer Variablenbelegung ein.

Definition

Eine **Variante $g[x\mapsto d]$** einer Variablenbelegungsfunktion g ist eine Variablenbelegungsfunktion, die genau wie g ist, nur dass sie x auf d abbildet:

$$g[x\mapsto d](x) = \text{d und } g[x\mapsto d](y) = g(y) \text{ für alle } y \neq x$$

Durch Belegungsvarianten lässt sich die Bedeutung von Variablen manipulieren

Eine solche Variante einer Variablenbelegung ermöglicht es uns, eine Variable innerhalb eines zu interpretierenden Ausdrucks gezielt zu manipulieren und ihre Referenz festzulegen, ohne dass wir uns Gedanken darüber machen müssen, was die Variablenbelegung vorher für die Variable festgelegt hatte. Die Schreibweise, die wir hier nutzen, macht es deutlich: $g[x\mapsto d]$ bildet die Variable x auf d ab, verhält sich aber in Bezug auf alle anderen Variablen wie die Variablenbelegungsfunktion g. Neben dieser Schreibweise findet man in der Literatur auch Schreibweisen wie $g[x/d]$, wir präferieren aber die Schreibweise mit dem Pfeil, weil sie die relevante Änderung als Abbildungsfunktion präsentiert. Der folgende Kasten illustriert, wie eine Variante einer Variablenbelegung aussehen kann.

Beispiel

Belegungsvarianten

Nehmen wir folgende Variablenbelegung an:

(25)
$$g = \begin{bmatrix} x & \mapsto & B \\ y & \mapsto & A \\ z & \mapsto & D \\ & \vdots & \end{bmatrix}$$

Von dieser Variablenbelegung bilden wir nun die Variante $g[y\mapsto E]$ in dem wir nur die Zeile für y so ändern, dass y auf E abgebildet wird (statt wie zuvor auf A), während die restlichen Zeilen gleich bleiben.

(26)

$$g[y\mapsto E] = \begin{bmatrix} x & \mapsto & B \\ y & \mapsto & E \\ z & \mapsto & D \\ & \vdots & \end{bmatrix}$$

Da $g[y\mapsto E]$ auch wieder eine Variablenbelegung ist, kann die Regel für Variantenbildung rekursiv angewendet und eine Variante von $g[y\mapsto E]$ erzeugt werden, zum Beispiel $g[y\mapsto E][x\mapsto A]$, die sich von (26) nur in dem Wert für x unterscheidet und von (25) nur in den Werten für x und y.

(27)

$$g[y\mapsto E][x\mapsto A] = \begin{bmatrix} x & \mapsto & A \\ y & \mapsto & E \\ z & \mapsto & D \\ & \vdots & \end{bmatrix}$$

Interpretation für L_λ: Mit Hilfe von Belegungsvarianten können wir dafür sorgen, dass bei der Interpretation eines λ-Ausdrucks die Variablenstellen so interpretiert werden, dass sie auf das Argument des funktionalen λ-Ausdrucks referieren. Dies nutzen wir jetzt in der Definition für die Interpretation von λ-Ausdrücken. Die ersten beiden Definitionsätze der Interpretation bleiben gleich. Was hinzukommt ist die Definition in (27c).

Interpretation der λ-Abstraktion durch Belegungsvarianten

(28) **Interpretation für L_λ**
$[\![\cdot]\!]^{M,g}$ ist die Interpretationsfunktion für L_λ, die jedem wohlgeformten Ausdruck für L_λ eine Bedeutung in Bezug auf ein Modell M und eine Variablenbelegung g zuweist, so dass gilt:
a.
$$[\![\alpha]\!]^{M,g} = \begin{cases} I(\alpha) & \text{wenn } \alpha \in K_\sigma \\ g(\alpha) & \text{wenn } \alpha \in V_\sigma \end{cases}$$
b. $[\![\alpha(\beta)]\!]^{M,g} = [\![\alpha]\!]^{M,g}([\![\beta]\!])^{M,g}$
c. $[\![\lambda v_\sigma.\alpha]\!]^{M,g}$ = die Funktion f, so dass für jedes $d \in D_\sigma$ gilt:
$f(d) = [\![\alpha]\!]^{M,g[v\to d]}$

Der neue Satz zur Interpretation benutzt die Belegungsvariante, um dafür zu sorgen, dass das Argument d an den Stellen interpretiert wird, an denen die durch λ-Operator gebundene Variable (oder Variablen) interpretiert wird. Im folgenden Kasten wird ein Beispielausdruck durchgerechnet, der illustriert, wie λ-Ausdrücke interpretiert werden. Dabei zeigt sich auch, dass aus der Interpretation in (28c) die Regel der λ-Konversion folgt.

Beispiel

Interpretation eines λ-Ausdrucks

Als Beispielausdruck, den wir interpretieren wollen, nehmen wir den folgenden λ-Ausdruck:

(29) $\lambda x.\mathbf{dösen}(x) : \langle e, t\rangle$

Nach (28c) erhalten wir dafür folgende Interpretation:

(30) $[\![\lambda x.\mathbf{dösen}(x)]\!]^{M,g}$ = die Funktion f, so dass für jedes $d \in D_e$ gilt:
$f(d) = [\![\mathbf{dösen}(x)]\!]^{M,g[x\to d]}$

Das bedeutet, wenn wir dem zu interpretierenden λ-Ausdruck ein Argument zuführen – beispielsweise B(ente) – dann erhalten wir folgende Gleichung.

(31) $[\![\lambda x.\mathbf{dösen}(x)]\!]^{M,g}(B) = [\![\mathbf{dösen}(x)]\!]^{M,g[x\to B]}$

Im nächsten Schritt interpretieren wir den Ausdruck auf der rechten Seite dieser Gleichung, die nun keinen λ-Operator mehr enthält. Dazu wenden wir zunächst Regel (28b) an, um den Ausdruck in das Prädikat und die Variable zu zerlegen. Anschließend müssen wir auf beide Teile Regel (28a) für atomare Ausdrücke anwenden. Dabei kommt die Tatsache, dass Variablen durch die g-Funktion interpretiert werden, ins Spiel, sowie die Variante der Belegung, die natürlich dafür sorgt, dass die Variable x als B(ente) interpretiert wird. Wir erhalten also die Interpretation (31), wobei wir für die Bedeutung von **dösen** einfach eine passende Bedeutung annehmen.

(32)
$$
\begin{aligned}
& [\![\mathbf{dösen}(x)]\!]^{M,g[x\to B]} \\
&= [\![\mathbf{dösen}]\!]^{M,g[x\to B]}([\![x]\!]^{M,g[x\to B]}) \\
&= I(\mathbf{dösen})(g[x\mapsto B](x)]\!]) \\
&= \begin{bmatrix} A & \mapsto & 0 \\ B & \mapsto & 1 \\ C & \mapsto & 0 \\ D & \mapsto & 1 \end{bmatrix}(B) = 1
\end{aligned}
$$

Hier ist entscheidend, dass durch den ersten Schritt bei der Interpretation in (31) die g-Funktion durch die Variante ersetzt wurde, die x auf B abbildet, also $g[x\mapsto B]$. Wenn wir die Variable x in (32) nun interpretieren, dann geschieht dies durch eben diese Variante und folglich wird das x auch als B interpretiert. Ganz so, als ob an dieser Stelle von Anfang an B gestanden hätte, woraus sich die Äquivalenz bei der λ-Konversion ergibt.

8.4 | Rechenregeln für λ-Ausdrücke

Im vorangegangenen Kapitel haben wir mit der λ-Konversion schon eine Regel kennengelernt, wie komplexe λ-Ausdrücke vereinfacht werden können. So lässt sich – wie wir bereits in (22) schematisch gesehen haben – aus dem λ-Ausdruck in (33a) der durch zweimalige Anwendung der λ-Konversion der Ausdruck in (33c) ableiten.

(33) a. $\lambda x \lambda y.\mathbf{lieben}(x)(y)(\mathbf{chris})(\mathbf{alex})$ → λ-Konversion von x
b. $\lambda y.\mathbf{lieben}(\mathbf{chris})(y)(\mathbf{alex})$ → λ-Konversion von y
c. $\mathbf{lieben}(\mathbf{chris})(\mathbf{alex})$

Diese Umformung ist selbsthalb gestattet, weil die Interpretation von λ-Ausdrücken sicherstellt, dass $\lambda x \lambda y.\mathbf{lieben}(x)(y)(\mathbf{chris})(\mathbf{alex})$ die gleiche Interpretation wie $\mathbf{lieben}(\mathbf{chris})(\mathbf{alex})$ erhält.

Vereinfachung von λ-Ausdrücken durch Rechenregeln

Eigenkonversion: Neben der λ-Konversion gibt es noch weitere **Rechenregeln**, die sich aus der Interpretation von λ-Ausdrücken ableiten lassen. Wie wir in (29)–(31) in dem Kasten am Ende des letzten Abschnitts gesehen haben, entspricht die Anwendung von $\lambda x.\mathbf{d\ddot{o}sen}(x)$ auf ein Argument wie **bente** im letzten Schritt der Anwendung der Funktion, die durch **dösen** denotiert wird, auf das Individuum, das durch **bente** denotiert wird. Dies ist natürlich auch der letzte Schritt, wenn wir **dösen** direkt auf **bente** anwenden, ganz ohne die Beteiligung von Variablen und λ-Operatoren. Die letzte Zeile in (34) entspricht der letzten Zeile in (32).

(34)
$$\begin{aligned} & [\![\mathbf{d\ddot{o}sen}(\mathbf{bente})]\!]^{M,g} \\ = \; & [\![\mathbf{d\ddot{o}sen}]\!]^{M,g}([\![\mathbf{bente}]\!]^{M,g}) \\ = \; & I(\mathbf{d\ddot{o}sen})(I(\mathbf{bente})) \\ = \; & \begin{bmatrix} A & \mapsto & 0 \\ B & \mapsto & 1 \\ C & \mapsto & 0 \\ D & \mapsto & 1 \end{bmatrix}(B) = 1 \end{aligned}$$

Es gilt also nicht nur, dass $[\![\lambda x.\mathbf{d\ddot{o}sen}(x)(\mathbf{bente})]\!]^{M,g} = [\![\mathbf{d\ddot{o}sen}(\mathbf{bente})]\!]^{M,g}$ entspricht (= λ-Konversion), sondern auch, dass die λ-Funktion die gleiche Denotation hat wie das Gegenstück ohne λ-Operator und Variablen als Argument. Es gilt also $[\![\lambda x.\mathbf{d\ddot{o}sen}(x)]\!]^{M,g} = [\![\mathbf{d\ddot{o}sen}]\!]^{M,g}$. Diese Äquivalenz nennt man **Eigenkonversion**.

Definition

Eigenkonversion: Wenn $\alpha \in \text{WFA}_\sigma$ und $x \in \mathbf{V}_\tau$, dann gilt: $\lambda x.\alpha(x) = \alpha$

Freie und gebundene Variablen: Zusätzlich zu der Eigenkonversion und der λ-Konversion gibt es noch ein dritte Rechenregel für λ-Ausdrücke. Um diese zu definieren und auch eine genauere Definition der λ-Konversion vorzunehmen, benötigen wir allerdings zwei weitere Begriffe. Eine Variable ist dann **frei**, wenn sie nicht Teil eines λ-Ausdrucks ist, der die gleiche Variable im Präfix enthält (also dem »λ plus Variable«-Teil). Ansonsten ist sie **gebunden**. Die folgenden Beispiele illustrieren dies.

(35) a. $\lambda x.$**überholen**$(x)(y)$
→ y ist frei; x ist gebunden durch λx
b. $\lambda x.$**überholen**$(x)(x)$
→ beide x sind gebunden durch λx
c. $\lambda y\lambda x.$**überholen**$(x)(y)$
→ x ist gebunden durch λx; y ist gebunden durch λy
d. **überholen**$(x)(y)$
→ x und y sind frei

Variablen dürfen nicht versehentlich gebunden werden

»Frei für die Ersetzung durch ...«: Neben dem Begriff der freien Variablen müssen wir noch festlegen, unter welchen Umständen eine Variable **frei für einen Ausdruck** ist oder genauer, **frei für die Ersetzung durch einen Ausdruck**. Diese Begriff benötigen wir, um sicherzustellen, dass nicht zufällig eine vorher freie Variable innerhalb eines Ausdrucks gebunden wird, wenn dieser Ausdruck beispielsweise per λ-Konversion für eine andere Variable eingesetzt wird. Dies lässt sich am besten an den beiden folgenden Konstellationen illustrieren (zur Erinnerung: P ist eine Variable über einstellige Prädikate):

(36)	a. $\lambda P(\lambda x.P)($ **dösen**(y) $)$	=	$\lambda x.$**dösen** (y)
	y ist frei		y ist frei
	b. $\lambda P(\lambda y.P)($ **dösen**(y) $)$	≠	$\lambda y.$**dösen** (y)
	y ist frei		y ist **nicht** frei

In (36) wird die λ-Funktion $\lambda P\lambda x.P$ angewendet auf das Argument **dösen**(y). Da letzteres kein freies Vorkommen von x enthält, kann **dösen** (y) an die Stelle von P in der Funktion eingesetzt werden (und das erste λ-Präfix gestrichen werden). In dem resultierenden Ausdruck $\lambda x.$**dösen**(y) ist die Variable y immer noch frei, genauso wie zuvor. Dies ist anders in (34b). Hier ist die Funktion $\lambda P\lambda y.P$ – statt $\lambda P\lambda y.P$ – und folglich enthält das Argument **dösen**(y) mit y eine Variable, die gebunden wird, sobald wir **dösen**(y) für P in die Funktion $\lambda P\lambda y.P$ einsetzen. Und da im Resultat $\lambda y.$**dösen**(y) die Variable y nicht mehr frei ist, hat dieses Resultat eine andere Bedeutung: Die Variable y wird sich wegen der Bindung durch den λ-Operator bei der Interpretation anders verhalten als das vor der Einsetzung freie Vorkommen von y. Deshalb sagt man, dass in (36b) die Variable P nicht frei für die Ersetzung durch **schlafen**(y) ist.

Natürlich wollen wir nicht, dass eine λ-Konversion für eine Konstellation wie in (34a) unmöglich ist. Deshalb gibt es die weitere Rechenregel der **gebundenen Umbenennung** (manchmal auch α-**Konversion** genannt). Die Grundidee dabei ist simpel: Wir können durch den λ-Operator gebundene Variablen durch beliebige andere Variablen ersetzen. Aus (37a) können wir also beispielsweise (37b) oder (37c) machen.

(37) a. $\lambda x.\textbf{dösen}(x)$
b. $= \lambda y.\textbf{dösen}\ (y)$
c. $= \lambda z.\textbf{dösen}\ (z)$

Solche Umbenennungen sind deshalb möglich, weil die Bedeutung von λ-gebundenen Variablen nicht fixiert ist: Ihre Bedeutung hängt vom jeweiligen Argument der Funktion ab.

(38) a. $[\![\lambda x.\textbf{dösen}(x)]\!]^{M,g}\ (A)$
$= [\![\textbf{dösen}(x)]\!]^{M,g[x\rightarrow A]}$
$= [\![\textbf{dösen}]\!]^{M,g[x\rightarrow A]}([\![x]\!]^{M,g[x\rightarrow A]})$
$= I(\textbf{dösen})(g[x\mapsto A)(x))$

$$= \begin{bmatrix} A & \mapsto & 0 \\ B & \mapsto & 1 \\ C & \mapsto & 0 \\ D & \mapsto & 1 \end{bmatrix}(A) = 0$$

b. $[\![\lambda y.\textbf{dösen}(y)]\!]^{M,g}\ (A)$
$= [\![\textbf{dösen}(y)]\!]^{M,g[y\rightarrow A]}$
$= [\![\textbf{dösen}]\!]^{M,g[y\rightarrow A]}([\![x]\!]^{M,g[y\rightarrow A]})$
$= I(\textbf{dösen})(g[y\mapsto A)(y))$

$$= \begin{bmatrix} A & \mapsto & 0 \\ B & \mapsto & 1 \\ C & \mapsto & 0 \\ D & \mapsto & 1 \end{bmatrix}(A) = 0$$

Dies steht im Gegensatz zu freien Variablen, denen die *g*-Funktion eine feste Bedeutung zuweist, wie die folgenden Fälle nochmals zeigen (wir nehmen hier einfach eine beliebige Variablenbelegung für *g* an).

(40) a. $[\![\textbf{dösen}(x)]\!]^{M,g}$
$= [\![\textbf{dösen}]\!]^{M,g}([\![x]\!]^{M,g})$
$= I(\textbf{dösen})(g(x))$

$$= \begin{bmatrix} A & \mapsto & 0 \\ B & \mapsto & 1 \\ C & \mapsto & 0 \\ D & \mapsto & 1 \end{bmatrix}\left(\begin{bmatrix} x & \mapsto & A \\ y & \mapsto & B \\ z & \mapsto & D \end{bmatrix}(x)\right) = 0$$

b. $[\![\textbf{dösen}(y)]\!]^{M,g}$
$= [\![\textbf{dösen}]\!]^{M,g}([\![y]\!]^{M,g})$
$= I(\textbf{dösen})(g(y))$

$$= \begin{bmatrix} A & \mapsto & 0 \\ B & \mapsto & 1 \\ C & \mapsto & 0 \\ D & \mapsto & 1 \end{bmatrix}\left(\begin{bmatrix} x & \mapsto & A \\ y & \mapsto & B \\ z & \mapsto & D \end{bmatrix}(y)\right) = 1$$

Wie oben kurz erwähnt, ist die freie Umbenennung nur dann möglich, wenn dadurch die erste Variable frei ist frei ist für Ersetzungen durch diese zweite Variable. Sprich, vorher freie Variablen dürfen nach der Umbenennung nicht gebunden sein. Die beiden folgenden Beispielkonfigurationen verdeutlichen dies.

(41)	a.	$\lambda x.$**lieben**$(x)(y)$	=	$\lambda z.$**lieben**$(z)(y)$
		y ist frei		y ist frei
	b.	$\lambda x.$**lieben**$(x)(y)$	≠	$\lambda y.$**lieben**$(y)(y)$
		y ist frei		y ist **nicht** frei

In (41a) ist x durch den λ-Operator gebunden und y ist frei. Wenn wir das gebundene x umbenennen in z, dann entstehen keine neuen Bindungen, denn y bleibt weiterhin frei. In (41b) ist dies anders. Hier kann x nicht in y umbenannt werde, da durch die Änderung von x zu y im λ-Präfix das y nun auch durch den λ-Operator gebunden wird, obwohl dieses y vorher frei war. Dies wäre eine bedeutungsändernde Umbenennung und ist deshalb nicht zulässig.

Die drei Rechenregeln und die beiden Begriffe »frei« und »frei für« werden im folgenden Kasten nochmals abschließend und nun vollständig korrekt definiert.

Definition

Freiheit von Variablen

- Für beliebige Variablen v gilt: v ist **frei**, wenn v nicht Teil eines λ-Ausdrucks ist, der das Präfix λv hat.
- Für beliebige Variablen v und Ausdrücke α gilt: v ist **frei für (die Ersetzung durch)** α, wenn v nicht Teil eines λ-Ausdrucks ist, der im λ-Präfix eine Variable hat, die als freie Variable in α vorkommt.
- $\alpha[^x/_y]$ bedeutet, dass alle Vorkommen von x in α durch y ersetzt wurden.

Gebundene Umbenennung (α-Konversion)

Wenn $\alpha \in \text{WFA}_\sigma$ und $x \in \mathbf{V}_\tau$ und wenn $y \in \mathbf{V}_\tau$ und y ist nicht frei in α und x ist frei für y in α, dann gilt:

$$\lambda x.\alpha = \lambda y.\alpha[^x/_y]$$

λ-Konversion (β-Konversion)

Wenn $\alpha \in \text{WFA}_\sigma$ und $\beta \in \text{WFA}_\tau$ und $x \in \mathbf{V}_\tau$ und wenn x frei ist für β in α, dann gilt:

$$\lambda x.\alpha(\beta) = \alpha[^x/_\beta]$$

Eigenkonversion

Wenn $\alpha \in \text{WFA}_\sigma$ und $x \in \mathbf{V}_\tau$, dann gilt: $\lambda x.\alpha(x) = \alpha$

Ausgestattet mit diesen Rechenregeln, können wir einige »Rechnungen« mit λ-Ausdrücken vornehmen, wobei »rechnen« hier meint, dass wir die Ausdrücke umstrukturieren und vor allem vereinfachen können. Der folgende Kasten illustriert dies an einem Beispiel.

Beispiel

Rechnen mit λ-Ausdrücken

Um die drei Rechenregeln zu illustrieren und zu zeigen, wie sie uns helfen, λ-Ausdrücke zu reduzieren, betrachten wir den Ausdruck in (42). Dieser mag zunächst sehr abstrakt und willkürlich erscheinen, aber – wie wir in Kürze sehen werden – hat die Analyse der VP-Koordination genau diese Struktur. Deshalb werden als Konstanten hier auch **J** (für »Junktor; Typ $\langle t, \langle t, t\rangle\ \rangle$, **D** (für »dösen«, Typ $\langle e, t\rangle$) verwendet. Desweiteren verwenden wir eine Konstante **S**, die an »schnarchen« erinnern soll, hier zum Zwecke der Illustration zweistellig und folglich vom Typ $\langle e, \langle e, t\rangle\rangle$ ist. P und Q sind wie üblich Variablen für einstellige Prädikate (Typ $\langle e, t\rangle$) und x ist eine Individuenvariable (Typ e).

(42) $\lambda P\lambda Q\lambda x.\mathbf{J}(P(x))(Q(x))(\lambda y.\mathbf{D}(y))(\lambda y.\mathbf{S}(x)(y))$

Um diesen Ausdruck korrekt zu reduzieren, müssen wir zunächst einmal erkennen, was hier Funktion und was Argumente sind. Die folgende Darstellung sollte dies etwas deutlicher machen.

(43) $$\underbrace{\lambda P\lambda Q\lambda x.\underline{\mathbf{J}(P(x))(Q(x))}}_{\textit{Funktion}}(\underbrace{\lambda y.\mathbf{D}(y)}_{\textit{Argument 1 (P)}})(\underbrace{\lambda y.\mathbf{S}(x)(y)}_{\textit{Argument 2 (Q)}})$$

(43) gibt uns einen ersten Hinweis darauf, wie wir mit dem Ausdruck weiter verfahren sollen. Wir arbeiten uns nämlich von außen nach innen vor und beginnen deshalb mit der Konversion von λP und dem ersten Argument $\lambda y.\mathbf{D}(y)$. Wir streichen also das λP und setzen $\lambda y.\mathbf{D}(y)$ an die Stelle von P in der Funktion. Dies ist zulässig, da durch diese Ersetzung keine neuen Bindungsrelationen erzeugt werden. Anschließend können wir bei dem neu entstandenen Ausdruck $\lambda y.\mathbf{D}(y)(x)$ eine weitere λ-Konversion vornehmen:

(44) $$\cancel{\lambda P}\lambda Q\lambda x.\mathbf{J}(\boxed{P}(x))(Q(x))(\underbrace{\lambda y.\mathbf{D}(y)}_{\textit{Argument 1 (P)}})(\underbrace{\lambda y.\mathbf{S}(x)(y)}_{\textit{Argument 2 (Q)}})$$

$$= \lambda Q\lambda x.\mathbf{J}(\boxed{\cancel{\lambda y}.\mathbf{D}(y)}(x))(Q(x))(\underbrace{\lambda y.\mathbf{S}(x)(y)}_{\textit{Argument 2 (Q)}})$$

$$= \lambda Q\lambda x.\mathbf{J}(\mathbf{D}(\boxed{x}))(Q(x))(\underbrace{\lambda y.\mathbf{S}(x)(y)}_{\textit{Argument 2 (Q)}})$$

Wenn wir das Ganze nun mit dem zweiten Argument wiederholen wollten, zeigt sich, dass dies nicht zulässig ist: Die Variable Q ist nämlich nicht frei für $\lambda y.\mathbf{S}(x)(y)$, da die Variable x frei ist in $\lambda y.\mathbf{S}(x)(y)$, aber durch das λx-Präfix gebunden werden würde, wenn man $\lambda y.\mathbf{S}(x)(y)$ für Q einsetzen würde. Aus diesem Grund müssen wir eine gebundene Umbenennung von x in der Funktion durchführen, bevor wir eine λ-Konversion für das zweite Argument vornehmen können: Wir benennen alle Vorkommen von x in z um. In einem letzten Schritt wenden wir dann noch eine λ-Konversion von λy und dem Argument z an.

(45)
$$\begin{aligned} & \lambda Q \lambda \boxed{x}.\mathbf{J}(\mathbf{D}(\boxed{x}))(Q(\boxed{x}))(\ \lambda y.\mathbf{S}(x)(y)\ ) \\ = \ & \not{\lambda} \not{Q} \lambda \boxed{z}.\mathbf{J}(\mathbf{D}(\boxed{z}))(Q(\boxed{z}))(\ \underline{\lambda y.\mathbf{S}(x)(y)}\ ) \\ = \ & \lambda z.\mathbf{J}(\mathbf{D}(z))(\not{\lambda}\not{y}.\mathbf{S}(x)(y)(z)) \\ = \ & \lambda z.\mathbf{J}(\mathbf{D}(z))(\mathbf{S}(x)(z)) \end{aligned}$$

Durch diese Rechnung haben wir nun also den Ausdruck (42) auf das Resultat in (45) reduziert, was ein wesentlich leichter zu lesender Ausdruck ist. Es gilt also:

(46) $\lambda P \lambda Q \lambda x.\mathbf{J}(P(x))(Q(x))(\lambda y.\mathbf{D}(y))(\lambda y.\mathbf{S}(x)(y))$
$= \lambda z.\mathbf{J}(D(z))(S(x)(z))$

8.5 | Lösung des Typenkonflikts in der VP-Koordination

Nachdem wir unsere formale Sprache nun offiziell um die λ-Abstraktion erweitert haben, wollen wir zu unserem Beispiel der VP-Koordination zurückkommen. Betrachten wir hier noch einmal die Komposition des Satzes, so wie wir sie mithilfe des λ-Operators durchführen können.

(47)

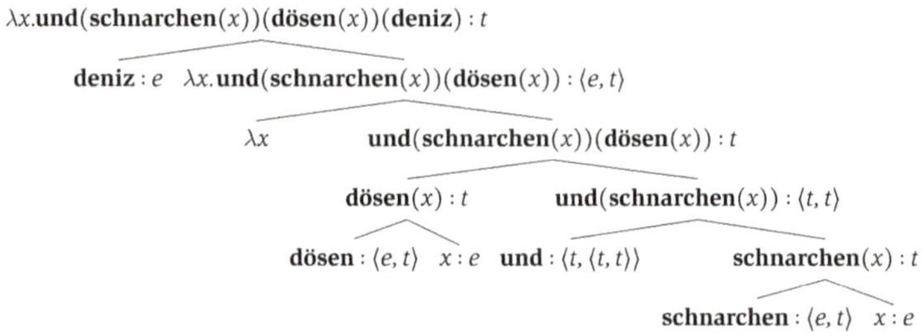

Den resultierenden Ausdruck in (47) können wir anschließend per λ-Konversion reduzieren und erhalten den Ausdruck, der der intuitiven Paraphrase der der VP-Koordination als Koordination zweier kompletter Sätze mit gleichem Subjekt entspricht.

(48) $\lambda x.\mathbf{und}(\mathbf{schnarchen}(x))(\mathbf{d\ddot{o}sen}(x))(\mathbf{deniz})$
$= \mathbf{und}(\mathbf{schnarchen}(\mathbf{deniz}))(\mathbf{d\ddot{o}sen}(\mathbf{deniz}))$

Der λ-Operator ermöglicht es uns also, die VP-Koordination zu analysieren, was mit den bisherigen Mitteln nicht möglich war.

In (47) haben wir dies dadurch erreicht, dass wir beide VPs mit einem »geliehenen Platzhalter-Subjekt« in Form einer Variablen gefüllt haben, damit wir die beiden resultierenden Sätze mit **und** verknüpfen können. Anschließend geben wir das »geliehene« Subjekt durch die λ-Abstraktion gewissermaßen wieder zurück. Das Ganze beruht auf der Einführung der zusätzlichen Variablen in der semantischen Repräsentation in (47). Natürlich sollten wir nicht willkürlich freie Variablen einführen, denn dies würde die Bedeutung eines Ausdrucks ändern. Das heißt, immer wenn wir freie Variablen aus Kompositionsgründen einführen, müssen wir diese auch wieder »zurückzahlen«, indem wir sie durch λ-Abstraktion wieder binden. Dies können wir durch die folgende Beschränkung sicherstellen.

Definition

Abbindung von eingeführten freien Variablen: Wenn aus Kompositionsgründen freie Variablen in eine semantische Repräsentation eingeführt werden, müssen diese bis zum Ende der semantischen Ableitung wieder durch einen λ-Operator gebunden werden.

Alternative Analyse: Interessanterweise können wir das gleiche Ergebnis wie in (47) erzielen, ohne die Variablen extra in die semantische Struktur einzuführen. Stattdessen können wir das Ganze auch in den lexikalischen Eintrag einer speziellen Konjunktion für VPs einbauen.

Definition einer VP-Konjunktion durch λ-Abstraktion

(49) $\mathbf{und}_{\langle e,\ t\rangle} \overset{\text{def}}{=} \lambda P \lambda Q \lambda x.\mathbf{und}(P(x))(Q(x))$

Diese Konjunktion, die den Typen $\langle\langle e,\ t\rangle,\langle\langle e,\ t\rangle,\ \langle e,\ t\rangle\rangle\rangle$ hat (statt $\langle t,\ \langle t,\ t\rangle\rangle$), kann direkt mit den beiden VPs kombiniert werden und sich anschließend mit dem Subjekt verbinden, um einen Satz zu ergeben.

(50) $\mathbf{und}_{\langle e,t\rangle}(\mathbf{schnarchen})(\mathbf{d\ddot{o}sen})(\mathbf{deniz}) : t$

$\mathbf{deniz} : e$ $\quad$ $\mathbf{und}_{\langle e,t\rangle}(\mathbf{schnarchen})(\mathbf{d\ddot{o}sen}) : \langle e, t\rangle$

$\mathbf{d\ddot{o}sen} : \langle e, t\rangle$ $\quad$ $\mathbf{und}_{\langle e,t\rangle}(\mathbf{schnarchen}) : \langle\langle e, t\rangle, \langle e, t\rangle\rangle$

$\mathbf{und}_{\langle e,t\rangle} : \langle\langle e, t\rangle, \langle\langle e, t\rangle, \langle e, t\rangle\rangle\rangle$ $\quad$ $\mathbf{schnarchen} : \langle e, t\rangle$

Diese semantische Ableitung sieht natürlich simpler aus als die in (47). Im Hintergrund aber läuft hier genau das Gleiche ab: Beide Verbalphrasen werden mit einer Variablen kombiniert, die abschließend abstrahiert wird. Dass das Ergebnis genau das Gleiche ist, sehen wir, wenn wir das Resultat aus (50) mit der Äquivalenz in (49) kombinieren und dann die entsprechenden drei λ-Konversionen vornehmen.

(51)	$\textbf{und}_{\langle e,\, t\rangle}$	$(\textbf{schnarchen})(\textbf{dösen})(\textbf{deniz})$	nach (49)
$= \lambda P \lambda Q \lambda x.$	$\textbf{und}(P(x))(Q(x))$	$(\textbf{schnarchen})(\textbf{dösen})(\textbf{deniz})$	λ-Konversion von P
$= \lambda Q \lambda x.$	$\textbf{und}(\textbf{schnarchen}(x))(Q(x))(\textbf{dösen})(\textbf{deniz})$		λ-Konversion von Q
$\lambda x.$	$\textbf{und}(\textbf{schnarchen}(x))(\textbf{dösen}\ (x))(\textbf{deniz})$		λ-Konversion von x
$=$	$\textbf{und}(\textbf{schnarchen}(\textbf{deniz}))(\textbf{dösen}\ (\textbf{deniz}))$		

Somit erzielen wir mit diesem Eintrag das gleiche Ergebnis für die VP-Koordination wie zuvor. Die gleiche Strategie lässt sich auch auf weitere Fälle anwenden, was wir in den Arbeitsaufgaben aufgreifen.

Dank des λ-Operators haben wir nun die Möglichkeit, Konstruktionen zu analysieren, für die uns vorher die Mittel fehlten. Der λ-Operator wird uns auch in den kommenden Kapiteln wichtige Dienste erweisen, beispielsweise um lexikalische Einträge für Quantoren zu erstellen, auf die wir im nächsten Kapitel zu sprechen kommen werden.

Aufgaben

1. Reduzieren Sie die folgenden Ausdrücke, soweit es geht.
- $(\lambda P \lambda x.P(x))(\lambda y.\mathbf{R}(y)(x))$
- $(\lambda Q.Q(\lambda x.\mathbf{R}(\mathbf{b})(x)))(\lambda P.P(x))$

2. Was ist der Unterschied zwischen $\lambda x \lambda y.\textbf{lieben}(x)(y)$ und $\lambda y \lambda x.\textbf{lieben}(x)(y)$?

3. Analysieren Sie folgenden Satz.
Bente liebt und hasst Deniz.
Benutzen Sie dazu die normale Konjunktion und die Einführung von Variablen.

4. Analysieren Sie das Beispiel aus Aufgabe 3 mit einer neuen Konjunktion ähnlich der speziellen Konjunktion aus dem Text.

9 Quantoren

9.1 Referenz und Quantoren
9.2 Quantifizierende Aussagen
9.3 $L_{\lambda+\text{Quant}}$ – eine Sprache für quantifizierende Aussagen
9.4 Quantifizierte Determiniererphrasen
9.5 Quantoren und Kompositionalität

Dank des λ-Operators sind wir inzwischen in der Lage, komplexere Satzstrukturen zu analysieren. Allerdings haben wir, was die Argumente anbelangt, weiterhin nur Eigennamen und Pronomen behandelt. Das wollen wir nun ändern und auch andere Arten von Determiniererphrasen (DPs) betrachten. Dabei beginnen wir mit zwei sogenannten **Quantoren** wie *jemand* und *alle* in (1).

(1) a. **Jemand** joggt.
    b. **Alle** ackern.

Einen Quantor wie in (1a) nennt man **Existenzquantor**, da hier die Existenz eines joggenden Individuums behauptet wird, während es sich in (1b) um einen **Allquantor** handelt, da hier über alle Individuen ausgesagt wird, dass sie joggen.

Arten von Quantoren

In diesem Kapitel werden wir komplexere Quantoren diskutieren, die aus einem quantifizierenden Ausdruck wie *ein* oder *alle* bestehen, der mit einem Nomen zu einer DP verbunden wird. In (2a) bildet der **indefinite Artikel** *ein(e)* zusammen dem Nomen *Dozentin* eine Art komplexen Existenzquantor, während *alle* sich in (2b) mit dem Nomen *Studierende* zu einem komplexen Allquantor verbindet.

(2) a. Eine Dozentin döst.
    b. Alle Studierenden büffeln.

Erst wenn wir diese Fälle analysiert haben, werden wir uns im nächsten Kapitel weiteren Fällen wir denen in (3) zuwenden.

(3) a. Die Katze ärgert Alex.
    b. Die meisten Studierenden ackern.
    c. Weniger als ein Drittel der Studierenden schnarcht.

Für die Analyse von quantifizierenden Ausdrücken, die wir in diesem Kapitel entwickeln werden, sind vor allem die Variablen von entscheidender Bedeutung. Die Analyse von Sätzen mit Quantoren benötigt an sich nicht mal den λ-Operator. Dieser wird aber dann notwendig, wenn wir angemessenen Lexikoneinträge für Quantoren definieren wollen. Bevor wir zu einer formalen Analyse kommen, müssen wir uns aber erst einmal die Frage stellen, was überhaupt das Besondere an Quantoren bzw. quantifizierenden DPs ist und warum wir diese nicht wie Eigennamen und Pronomen behandeln können.

9.1 | Referenz und Quantoren

Betrachten wir zunächst das Kompositionalitätsproblem, das sich uns stellt, wenn wir einen einfachen Quantor wie in (1) mit einem einstelligen Prädikat verknüpfen (zu den Kompositionsproblemen siehe Kapitel 3.1)

(4) $\boxed{?} : t$

jemand : $\boxed{?}$ **joggen** : $\langle e, t\rangle$

Quantoren als Ausdrücke vom Typ *e*? Wir wissen, dass es sich bei **joggen** um ein gewöhnliches Prädikat vom Typ $\langle e, t\rangle$ handelt und dass das Ergebnis der Verknüpfung von **jemand** und **joggen** ein satzwertiger Ausdruck vom Typ *t* sein muss. Da dieses Kompositionalitätsproblem ganz analog zu der Situation aussieht, in der ein Eigenname (oder ein Pronomen) vom Typ *e* als Argument für das Verb fungiert, könnte ein erster Versuch zur Auflösung von (4) darin bestehen, **jemand** auch als einen Ausdruck von Typ *e* zu behandeln.

(5) **joggen**(**jemand**) : t

jemand : e **joggen** : $\langle e, t\rangle$

Demnach würde **jemand** ein Individuum denotieren, genauso wie freie Variablen und Eigennamen. Auch wenn dies von der Kombinatorik zur Verbdenotation passt, stoßen wir hier auf ein konzeptuelles Problem: Auf welches Individuum wird durch *jemand* referiert? Sicherlich wäre es eine sehr schlechte Semantik, wenn wir dem logiksprachlichen Ausdruck **jemand** bzw. dem deutschen natürlichsprachlichen Ausdruck *jemand* einfach ein bestimmtes Individuum, sagen wir Chris, als Referenz zuweisen. Denn in einer Situation, in der Chris nicht joggt, aber beispielsweise Bente joggt, würden wir (1a) als wahr betrachten. Und diese Intuition soll unsere Semantik in Bezug auf ein Modell auch erfassen: Wenn Chris im Modell nicht joggt (also durch **joggen** auf 0 abgebildet wird), Bente aber joggt, dann sollte die Bedeutung (1a) als wahr herauskommen. Eine Analyse von *jemand* analog zur Analyse von Eigennamen ist also offenkundig fehlgeleitet.

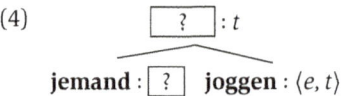

Wie verhält es sich mit der alternativen Analyse von *jemand* als Variable vom Typ *e*? Hier stoßen wir auf das gleiche Problem. Denn auch wenn eine Variable nicht vom Modell abhängt, so wird die Bedeutung durch die Belegungsfunktion *g* gegeben, weshalb die Variable, sobald die g-Funktion fixiert ist (beispielsweise durch den Kontext, auch wenn wir hier nicht darauf eingehen werden, wie das genau geschieht), wieder eine bestimmte, feste Referenz hätte. Es gilt also wieder, dass der Satz als falsch interpretiert würde, wenn die Variable auf ein Individuum abgebildet wird, das nicht joggt, selbst wenn es andere Individuen im Modell gibt, die joggen.

Ein weiteres Argument gegen eine Analyse von *jemand* als Ausdruck vom Typ *e* ist, dass – selbst wenn dies eine Option für *jemand* wäre – sich diese Analyse nicht auf den Quantor *alle* übertragen ließe. Denn für *alle* ist es wohl noch offensichtlicher, dass *alle* nicht auf ein bestimmtes Individuum referiert, sondern dass wir auf viele, genauer gesagt alle Individuen im Modell schauen müssen, um festzustellen, ob eine Aussage wie in (1b) wahr ist. Das heißt, es reicht nicht zu wissen, dass beispielsweise Alex joggt, wir müssen – je nach Modell natürlich – ebenso prüfen, ob Bente, Chris, Deniz und so weiter auch joggen.

Quantoren referieren nicht

Referenz vs. Quantifikation: Das Problem liegt also scheinbar darin, dass beide Versuche, die Quantoren als Ausdrücke vom Typ *e* analysieren. Dies führt dazu, dass der Quantor ein bestimmtes Individuum als Referenz erhält und wir folglich auch nur auf dieses Individuum zugreifen können. Allerdings sind Quantoren nicht auf ein bestimmtes Individuum festgelegt, sondern wir können bzw. müssen verschiedene Individuen betrachten. Diese Beobachtung beschreibt man dadurch, dass man sagt, dass Quantoren im Gegensatz zu Eigennamen oder Pronomen **nicht referieren**, sondern **quantifizieren**. Wir müssen also Abstand von der hier aus didaktischen Gründen vorgeschlagenen Idee nehmen, Quantoren als Typ-*e*-Ausdrücke aufzufassen. Wie können wir die Bedeutung von quantifizierenden Ausdrücken stattdessen erfassen? Um uns einer Antwort auf diese Frage zu nähern, betrachten wir zunächst quantifizierende Aussagen wie in (1) als Ganzes, bevor wir uns den Beitrag der Quantoren an sich anschauen werden.

9.2 | Quantifizierende Aussagen

Um eine bessere Vorstellung davon zu bekommen, wie wir Quantoren semantisch analysieren können, überlegen wir uns zunächst ganz untechnisch und intuitiv, was wir tun, wenn wir quantifizierende Aussagen interpretieren. Wir beginnen mit dem Existenzquantor.

Existenzquantor: Betrachten wir dazu nochmals den Kontrast zwischen einer Aussage mit einem referierenden Ausdruck und einer quantifizierenden Aussage.

(6) a. Chris joggt.
  b. Jemand joggt.

Da es sich sowohl bei (6a) als auch bei (6b) um Sätze handelt, müssen beide Ausdrücke einen Wahrheitswert als Interpretation erhalten. Wie können wir überprüfen, ob die beiden Sätze jeweils wahr sind? Im Fall von (6a) müssen wir für ein bestimmtes Individuum – nämlich das, auf das der Eigenname *Chris* referiert – prüfen, ob dieses Individuum joggt. Alle anderen Individuen sind dafür irrelevant. Im Vergleich dazu müssen wir im Fall von (6b) nicht einfach ein bestimmtes Individuum betrachten und prüfen, ob dieses joggt oder nicht. Stattdessen müssen wir ein **beliebiges** Individuum herausgreifen und feststellen, ob dieses Individuum joggt oder nicht. Angenommen, das herausgegriffene Individuum ist Bente und Bente joggt. In diesem Fall können wir bereits sagen, dass (6b) wahr ist, und müssen keine weiteren Individuen betrachten. Aber angenommen, das herausgegriffene Individuum ist Chris und Chris joggt nicht, dann reicht es nicht, sich nur Chris anzuschauen. Wir müssen ein weiteres Individuum herausgreifen und prüfen, ob dieses joggt oder nicht. Dies müssen wir solange wiederholen, bis wir entweder ein Individuum finden, das joggt (dann wäre (6b) wahr), oder bis wir alle Individuen im Modell durchgegangen sind und keines von ihnen joggt (dann wäre (6b) falsch). Dieser Unterschied zwischen (6a) und (6b) in Hinblick auf die Wahrheitsbedingungen lässt sich wie folgt illustrieren.

(7) a. Der Satz *Chris joggt* ist wahr, wenn die folgende Bedingungen erfüllt ist: Chris joggt.
b. Der Satz *Jemand joggt* ist wahr, wenn **mindestens eine** aus den folgenden Bedingungen erfüllt ist: $\left\{\begin{array}{c}\text{Alex}\\ \text{Bente}\\ \text{Chris}\\ \text{Deniz}\end{array}\right\}$ joggt.

Wahrheitsbedingungen für Existenzquantifikation

Wenn wir einen Satz mit *jemand* interpretieren, prüfen wir also nicht eine einzelne Bedingung für ein Individuum, sondern wir prüfen diese Bedingung für jedes Individuum, bis wir ein Individuum finden, welches die Bedingung erfüllt. Die Wahrheitsbedingungen für *Jemand joggt* setzen sich also zusammen aus den Wahrheitsbedingungen für alternative Sätze der Form *d schläft*, wobei *d* ein Individuum ist. Wir können (7b) also ein klein wenig formaler notieren:

(8) *Jemand joggt* ist wahr, wenn für **mindestens ein** Individuum $d \in$ {Alex, Bente, Chris, Deniz} gilt: *d* schläft.

Allquantor: Mit dem Allquantor verhält es sich ganz ähnlich wie mit dem Existenzquantor. Wie wir im vorherigen Unterkapitel schon festgestellt haben, ist es in diesem Fall vielleich noch offensichtlicher, dass wir für die Interpretation eines Satzes mit *alle* nicht nur auf ein bestimmtes Individuum schauen können. Ähnlich wie beim Existenzquantor wählen wir für die Interpretation eines allquantifizierten Satz wie *Alle ackern* zunächst ein beliebiges Individuum und prüfen, ob dieses ackert. Dies machen wir entweder bis wir ein Individuum gefunden haben, das nicht ackert (dann wäre der Satz falsch), oder bis wir alle Individuen überprüft haben und alle von ihnen ackern (dann wäre der Satz wahr). Wir haben also in Analogie zu (7b) die Bedingung in (9) bzw. in Analogie zu (8) die Bedingung in (10).

(9) *Alle ackern* ist wahr, wenn **alle** der folgenden Bedingungen erfüllt sind: $\left.\begin{matrix}\text{Alex}\\ \text{Bente}\\ \text{Chris}\\ \text{Deniz}\end{matrix}\right\}$ ackern.

(10) *Alle ackern* ist wahr, wenn für **jedes** Individuum $d \in \{\text{Alex, Bente, Chris, Deniz}\}$ gilt: d ackert.

Die Frage ist, wie wir diese semi-formalen Interpretationsregeln nun in unsere formale Sprache aufnehmen können. Dies wollen wir im folgenden Abschnitt angehen.

Wahrheitsbedingungen für Allquantifikation

9.3 | $L_{\lambda+\text{Quant}}$ – eine Sprache für quantifizierende Aussagen

Nach den vorangegangenen konzeptuellen Überlegungen wollen wir unsere Erkenntnisse nun formal für unsere Sprache aufbereiten. Wir verwenden zunächst hier eine ähnliche Methodik wie in Kapitel 6 bei den Junktoren: Die Quantoren werden synkategorematisch definiert, was bedeutet heißt, die Quantoren in der Logik (die nicht 1:1 den natürlichsprachlichen Quantoren entsprechen) haben alleine keine Bedeutung, sondern werden nur über ihre Interaktion mit anderen, nicht-synkategorematischen Ausdrücken der Sprache definiert.

Bestandteile von quantifizierenden Aussagen: In (8) und (10) haben wir semi-formale Wahrheitsbedingungen für quantifizierende Aussagen aufgestellt. Es ist an dieser Stelle hilfreich festzustellen, dass diese Aussagen im Wesentlichen aus drei Komponenten bestehen. Zum einem haben wir eine **Variable**, die für ein beliebiges Individuum steht, und einen **Quantor**, der diese Variable in Verbindung setzt zu einer **Prädikation** über diese Variable. Schematisch ist die Struktur also die folgende (am Beispiel des Allquantors), wobei **P** das Prädikat ist, das sich mit dem Quantor verbindet (in unseren Beispielen also **joggen** bzw. **ackern**).

(11) Für alle x gilt: $\mathbf{P}(x)$

Eine solche Struktur wollen wir auch in der semantischen Repräsentation widerspiegeln. Dazu benutzen wir im Folgenden die üblichen Symbole für die beiden Quantoren: $\exists$ steht für den Existenzquantor und $\forall$ repräsentiert den Allquantor. Für *Jemand joggt* (= 1a) und *Alle ackern* (= 1b) nehmen wir folglich die semantischen Formen in (12) an, die der Struktur von (11) entsprechen.

(12) a. $\exists x[\mathbf{joggen}(x)]$
b. $\forall x[\mathbf{ackern}(x)]$

Lexikon und Grammatik für $L_{\lambda+\text{Quant}}$: Damit solche Ausdrücke auch wohlgeformte Ausdrücke in unserer formalen Sprache sind, die wir $L_{\lambda+\text{Quant}}$

nennen wollen, müssen wir diese als zulässige Konstruktionen definieren. Beim Übergang von $\boldsymbol{L}_\lambda$ aus dem vorherigen Kapitel zu $\boldsymbol{L}_{\lambda+\text{Quant}}$ ändert sich bei den Typen und beim Lexikon gar nichts. Da wir die Quantoren an dieser Stelle synkategorematisch einführen, gibt es nämlich keinen Bedarf, sie im Lexikon zu verankern. Und auch bei den Typen, die wie gehabt sowohl die Kombinatorik als auch die Interpretation lenken, tut sich an dieser Stelle nichts.

Dagegen ändert sich etwas bei der Definition der Grammatik für $\boldsymbol{L}_{\lambda+\text{Quant}}$. Betrachten wir die Ausdrücke in (12) nochmals. Es fällt auf, dass das neue an diesen das Quantor-plus-Variable-Präfix ist – also das $\exists x$ bzw. $\forall x$ – während der »Kernbereich« des Ausdrucks (der auch tatsächlich **Nukleus** genannt wird) aus einem Ausdruck besteht, den wir bereits in $\boldsymbol{L}_\lambda$ bilden konnten. Da es sich bei x um eine Variable über Individuen handelt und diese folglich vom Typ e ist und da sowohl **joggen** als auch **ackern** den Typ $\langle e, t\rangle$ haben, hat der Nukleus den Typ t. Da auch die semantischen Formen in (12) mit dem Quantor wieder satzwertige Ausdrücke darstellen, müssen die beiden Ausdrücke nach der Präfigierung mit $\exists x$ bzw. $\forall x$ ebenfalls den Typ t haben. Genauso wollen wir unsere Regeln für die Quantoren auch definieren: Wenn wir einen wohlgeformten Ausdruck vom Typ t haben, dann können wir einen Quantor zusammen mit einer Variablen vor diese Formel schreiben und erhalten ebenfalls wieder einen Ausdruck vom Typ t. Dies ist in Regel (13d) definiert. Die vollständige Grammatik für $\boldsymbol{L}_{\lambda+\text{Quant}}$ liest sich also wie folgt:

Definition der Quantifikation in der Grammatik

(13) **Grammatik für $\boldsymbol{L}_{\lambda+\text{Quant}}$**
a. **Lex** $\subset$ WFA.
b. Wenn $\alpha \in \text{WFA}_{\langle\sigma,\ \tau\rangle}$ und $\beta \in \text{WFA}_\sigma$, dann ist $\alpha(\beta) \in \text{WFA}_\tau$.
c. Wenn $\alpha \in \text{WFA}_\tau$ und $v \in \mathbf{V}_\sigma$, dann $(\lambda v.\alpha) \in \text{WFA}_{\langle\sigma,\ \tau\rangle}$
d. Wenn $\alpha \in \text{WFA}_t$ und $v \in \mathbf{V}_\sigma$, dann
i) $\exists v[\alpha] \in \text{WFA}_t$ und
ii) $\forall v[\alpha] \in \text{WFA}_t$.

Das »Rezept« hier ist also recht einfach: Man nimmt einen satzwertigen Ausdruck vom Typ t, schreibt einen Quantor und eine Variable davor und erhält wieder einen satzwertigen Ausdruck. Die eckigen Klammern werden dabei verwendet, um klar abgrenzen zu können, auf welchen Bereich sich ein Quantor bezieht. Wir werden sie aber oft weglassen, wenn kein Grund zur Verwirrung besteht.

Zwei kurze Anmerkungen zur Regel in (13d): Erstens ist in der Regel nicht festgelegt, um was für eine Variable es sich handelt. Zwar werden wir im Folgenden immer über Individuen quantifizieren und deshalb Variablen vom Typ e benutzen, aber es ist genauso denkbar, beispielsweise über Eigenschaften zu quantifizieren und deshalb Variablen vom Typ $\langle e, t\rangle$ zu verwenden. Zweitens verlangt die Regel in (13d) nicht, dass der Ausdruck, über den quantifiziert wird (also das α) tatsächlich auch die Variable enthält, die im Quantor-Präfix auftaucht. Man kann also auch über Sätze quantifizieren, die beispielsweise gar keine Variable enthalten, wie es auch schon bei der λ-Abstraktion der Fall war.

(14) $\forall x[\textbf{ackern}(\textbf{alex})]$

Wie wir sehen werden, sorgt die Art und Weise, wie quantifizierende Ausdrücke interpretiert werden, dafür, dass die Quantifikation in (14) keinen Effekt auf die Bedeutung hat, was man auch schon an einer Paraphrase für (14) erkennen kann:

(15) Für alle Individuen *x* gilt: Alex schläft.

Die Tatsache, ob Alex schläft, hängt nicht davon ab, welches Individuum wir für das x gerade betrachten. Es macht keinen Unterschieb, ob wir beispielsweise Bente oder Chris herausgreifen, in beiden Fällen muss gelten, dass Alex schläft. Die Wahrheit von (14) bzw. (15) hängt also nur davon ab, ob Alex schläft oder nicht. Es handelt sich um eine **leere Quantifikation**, die keinen Effekt auf die Bedeutung des Satzes hat,

Modelle und Interpretation für $L_{\lambda+\text{Quant}}$: Kommen wir nun zur Definition der Interpretation von quantifizierten Ausdrücken. Beim Modell und der Zuweisungsfunktion bleibt alles wie im vorherigen Kapitel, da die Quantoren als synkategorematische Ausdrücke keine lexikalische Zuweisung erhalten und auch zu keiner Domäne gehören, da sie keine Interpretation erhalten.

Bei der Definition der Interpretationsfunktion für $\boldsymbol{L}_{\lambda+\text{Quant}}$ müssen wir aber einen neuen Satz für die Interpretation von Ausdrücken mit Quantoren hinzufügen. Dies geschieht in (16d).

Interpretation der Quantifikation durch Belegungsvariante

(16) **Interpretation für $\boldsymbol{L}_{\lambda+\text{Quant}}$**

$[\![\cdot]\!]^{M,g}$ ist die Interpretationsfunktion für $\boldsymbol{L}_{\lambda Q}$, die jedem wohlgeformten Ausdruck für $\boldsymbol{L}_{\lambda+\text{Quant}}$ eine Bedeutung in Bezug auf ein Modell *M* zuweist, so dass gilt:

a. $[\![\alpha]\!]^{M,g} = \begin{cases} I(\alpha) & \text{wenn } \alpha \in K_\sigma \\ g(\alpha) & \text{wenn } \alpha \in V_\sigma \end{cases}$

b. $[\![\alpha(\beta)]\!]^{M,g} = [\![\alpha]\!]^{M,g}([\![\beta]\!])^{M,g}$

c. $[\![\lambda v_\sigma.\alpha]\!]^{M,g} =$ die Funktion f, so dass für jedes $d \in D_\sigma$ gilt: $f(d) = [\![\alpha]\!]^{M,g[v\to d]}$

d. i) $[\![\exists v[\alpha]]\!]^{M,g} = 1$, wenn für mindestens ein $d \in D_\sigma$ gilt: $[\![\alpha]\!]^{M,g[v\to d]} = 1$.

ii) $[\![\forall v[\alpha]]\!]^{M,g} = 1$, wenn für alle $d \in D_\sigma$ gilt: $= [\![\alpha]\!]^{M,g[v\to d]} = 1$.

Die beiden Definitionen erfassen das, was wir oben unformal beschrieben haben: Damit ein existenz-quantifizierender Satz wahr ist, müssen wir einen Wert für die Variable finden, die den Nukleus, also den Satz ohne das Quantoren-Präfix, wahr macht. Analoges gilt für all-quantifizierende Sätze, nur dass hier jeder mögliche Wert der Variablen den Kernsatz wahr machen muss.

Die intuitive Idee, dass wir immer bestimmte Werte für die entsprechende Variable v im Nukleus einsetzen, wird in (16d) wieder durch die Technik der Belegungsvariante erreicht. Im Gegensatz zu freien Variablen, deren Bedeutung durch die Variablenbelegung festgelegt ist, stellt die

Verwendung von Variablenbelegungsvarianten in (16d) sicher, dass der Wert der Variablen, über die quantifiziert wird, nicht fixiert ist. So muss man beispielsweise für die Existenzquantifikation (im Falle einer Quantifikation über den Typ e) ein Individuum d finden, so dass der Kernsatz den Wahrheitswert 1 ergibt, wenn wir diesen in Bezug auf die Belegungsvariante interpretieren, die die Variable v auf eben dieses Individuum abbildet. Für die Allquantifikation verhält es sich wieder analog, nur, dass für alle Individuen der Kernsatz wahr werden muss, wenn wir diesen in Bezug auf die Belegungsvarianten interpretieren, die die Variable auf diese Individuen abbildet. Eine Beispielinterpretation eines quantifizierten Ausdrucks gibt der folgende Kasten.

Beispiel

Interpretation einer Quantifikation

Um den Interpretationsmechanismus für Quantoren zu illustrieren, wollen wir das Beispiel in (17a) interpretieren, dem wir die semantische Repräsentation in (17b) zuweisen.

(17) a. Jemand döst.
b. $\exists x[\mathbf{d\ddot{o}sen}(x)]$

Für diese Beispielinterpretation nehmen wir folgende Komponenten im Modell an.

(18) a. $D_e = \{A, B, C\}$ b. $I(\mathbf{d\ddot{o}sen}) = \begin{bmatrix} A & \mapsto & 0 \\ B & \mapsto & 1 \\ C & \mapsto & 1 \end{bmatrix}$

Wenn wir (17b) interpretieren wollen, müssen wir als ersten Schritt die neue Regel für die Quantifikation aus (17d-i) anwenden.

(19) $[\![\exists x[\mathbf{d\ddot{o}sen}(x)]]\!]^{M,g} = 1$, wenn für mindestens ein $d \in \{A, B, C\}$ gilt: $[\![\mathbf{d\ddot{o}sen}(x)]\!]^{M,g[x\rightarrow d]} = 1$.

Wir müssen als ein Individuum aus D_e finden, das $[\![\mathbf{d\ddot{o}sen}(x)]\!]^M$ wahr macht, wenn wir es nicht in Bezug auf g, sondern in Bezug auf die Variante $g[v \mapsto d]$ interpretieren. Setzen wir also als erstes $d = A$ und berechnen diesen ersten Fall. Im ersten Schritt wenden wir hier einfach die Regel für die Interpretation der funktionalen Applikation in (16b) an, um die Variable aus der Funktion herauszulösen.

(20) $[\![\mathbf{d\ddot{o}sen}(x)]\!]^{M,g[x\rightarrow A]} = [\![\mathbf{d\ddot{o}sen}]\!]^{M,g[x\rightarrow A]}([\![x]\!]^{M,g[x\rightarrow A]})$

Da es sich bei dem Resultat in (20) nur noch um atomare Ausdrücke handelt, müssen wir auf beide Teile dieses Resultats die Regel in (16a) anwenden. Da **dösen** eine Konstante ist, verweisen wir hier auf die I-Funktion, während – und das ist hier wichtig – die Denotation der Variable x

durch die Variablenbelegungsfunktion gegeben wird, also $g[x \mapsto A]$. Und auch wenn wir nicht wissen, was der Wert von $g(x)$ wäre (die Definition haben wir uns hier gespart), so ist klar, was der Wert von $g[x \mapsto A](x)$ ist, nämlich A. Dieses Individuum wird von der Denotation von **dösen**, wie sie (19b) entsprechend durch die I-Funktion gegeben, auf 0 abgebildet. Die weitere Rechnung aus (20) sieht also wie folgt aus.

(21) $$[\![\textbf{dösen}]\!]^{M,g[x\to A]}(\,[\![x]\!]^{M,g[x\to A]})$$
$$= I(\textbf{dösen})(\,g[x \mapsto A](x)\,)$$
$$= I(\textbf{dösen})(\,A\,)$$
$$= \begin{bmatrix} A & \mapsto & 0 \\ B & \mapsto & 1 \\ C & \mapsto & 1 \end{bmatrix}(\,A\,) = 0.$$

Da wir mit $d = A$ noch kein Individuum gefunden haben, das den Kernsatz unter dieser Belegungsvariante wahr macht, müssen wir das nächste Individuum nehmen, beispielsweise B. Die Interpretation verläuft dann ganz genauso, nur, dass wir jetzt $g[x \mapsto B]$ haben. Den Effekt, den dies hat, sehen wir, wenn wir x in Bezug auf die neue Belegungsvariante interpretieren: die Denotation von x ist natürlich nicht mehr A heraus, sondern B.

(22) $$[\![\textbf{dösen}(x)]\!]^{M,g[x\to B]}$$
$$= [\![\textbf{dösen}]\!]^{M,g[x\to B]}(\,[\![x]\!]^{M,g[x\to B]})$$
$$= I(\textbf{dösen})(\,g[x \mapsto B](x)\,)$$
$$= I(\textbf{dösen})(\,B\,)$$
$$= \begin{bmatrix} A & \mapsto & 0 \\ B & \mapsto & 1 \\ C & \mapsto & 1 \end{bmatrix}(\,B\,) = 1.$$

Da wir nun ein Individuum gefunden haben, das den Nukleus unter der passenden Belegungsvariante wahr macht, können wir an dieser Stelle mit der Rechnung aufhören, da der existenz-quantifizierte Satz wahr ist.

(23) $[\![\exists x[\textbf{dösen}(x)]]\!]^{M,g} = 1$, da $B \in \{A, B, C\}$ und $[\![\textbf{dösen}(x)]\!]^{M,g[x\to B]} = 1$.

Diese Rechnung illustriert sehr schön, was der Bezug auf die Variablenbelegungsvariante eigentlich leistet: Er sorgt dafür, dass die Variable verschiedene Denotationen bekommen und deshalb variieren wir die Belegungsvariante solange, bis wir im Fall einer Existenzquantifikation eine Denotation gefunden haben, die den Kernsatz (also den Satz ohne das Quantor-plus-Variable-Präfix) wahr macht.

Wir haben unser System nun so erweitert, dass wir einfache Sätze mit Quantoren interpretieren können. Nun wollen wir diesen Ansatz ausweiten, um auch quantifizierte Nominal- bzw. Determiniererphrasen zu analysieren.

9.4 | Quantifizierte Determiniererphrasen

Bisher haben wir nur Sätze der Form »Quantor + Prädikat« analysiert, wobei *jemand* und *alle* die beiden möglichen Quantoren sind. Allerdings wollen wir in den meisten Fällen nicht einfach über jemanden oder alle sprechen, sondern die Menge, aus der »jemand« stammt oder auf die wir uns mit *alle* beziehen, genauer bestimmen. Dies wird dadurch bewerkstelligt, dass wir nicht einfach nur *jemand* oder *alle* sagen, sondern quantifizierende Determinierer wie *ein* oder *alle* zusammen mit einem Nomen verwenden, wie in den Beispielen in (2), die wir hier wiederholen.

(24) a. Eine Dozentin döst.
b. Alle Studierenden büffeln.

Skopus und Restriktor

Solche quantifizierten Aussagen haben eine dreigeteilte Struktur. Sie bestehen aus einem quantitierenden Ausdruck und einem Nomen sowie einer Verbalphrase als Prädikat. Die beiden letzten Teile werden üblicherweise auch als **Restriktor** und **Skopus** bezeichnet, so dass wir es mit folgendem Bild zu tun haben:

(25) a. $[\underbrace{\text{eine}}_{\text{Quantor}}\ \underbrace{\text{Dozentin}}_{\text{Restriktor}}]\ \underbrace{\text{döst}}_{\text{Skopus}}.$
b. $[\underbrace{\text{Alle}}_{\text{Quantor}}\ \underbrace{\text{Studierenden}}_{\text{Restriktor}}]\ \underbrace{\text{büffeln}}_{\text{Skopus}}.$

Analyse der Existenzquantifikation: Um uns der korrekten semantischen Analyse von solchen Ausdrücken anzunähern, fragen wir uns, was der Unterschied ist zwischen (24a) und der Variante, die wir schon analysieren können, also (26):

(26) Jemand döst.

Wenn wir uns überlegen, in welchen Situationen (24a) und (26) wahr sind, dann sehen wir, dass die Wahrheitsbedingungen für (26) wesentlich leichter zu erfüllen sind also die für (24a). Denn für (26) müssen wir lediglich ein beliebiges Individuum finden, das döst. Dies genügt für (24a) nicht. Denn auch wenn wir hunderte Individuen finden, die dösen, aber keines davon zu den Lehrenden gehört, dann ist (24a) falsch. Im Vergleich zu (26) stellt (24a) also zwei Bedingungen an die Individuen, die den Kernsatz erfüllen: Sie müssen dösen, und sie müssen zu den Dozentinnen gehören. Wenn wir (24a) paraphrasieren wollen, können wir dies also wie folgt tun:

(27) Es gibt mindestens ein Individuum x für das gilt: x ist eine Dozentin und x döst.

Dies lässt sich mit den uns bekannten Mitteln problemlos analysieren, da diese beiden Bedingungen ja einfach mittels der Satzkoordination verbunden sind. Wir können also die folgende semantische Repräsentation für (24a) geben, wobei angemessene Übersetzungen in die logische Sprache für die Konstanten vorausgesetzt werden. Wir verwenden hier die klassische Schreibweise mit den Symbolen für den Junktor, auch wenn wir aus Kapitel 6 wissen, dass sich dieser auch durch einen rein typenlogischen Ausdruck ausdrücken lässt.

Existenzquantifikation involviert Konjunktion

(28) $\exists x[\textbf{dozentin}(x) \wedge \textbf{dösen}(x)]$

Dies scheint die Bedeutung von (24a) korrekt zu erfassen. Wie eine Rechnung zeigen kann (siehe Arbeitsaufgabe 3 am Ende des Kapitels), wird (28) als wahr interpretiert, sobald wir ein Individuum d finden, das sowohl eine Dozentin ist als auch döst.

Hier zeigt sich übrigens ein interessanter Unterschied zwischen Syntax und Semantik: Während *Lehrende* syntaktisch gesehen ein Nomen ist und folglich nicht das Gleiche wie ein einstelliges Verb wie *dösen*, werden beide in der Semantik als Prädikate betrachtet, also Funktionen von Individuen in Wahrheitswert (vom Typ $\langle e, t\rangle$). Erinnern Sie sich aber auch daran, dass es in der Syntax auch den Begriff des **Prädikativs** gibt, der u. a. für Nomen in Kopulasätzen verwendet wird und in denen das Prädikativ zusammen mit dem Kopulaverb das Prädikat bilden. So bilden in (29) das Prädikativ *Dozentin* zusammen mit dem Kopulaverb *ist* das Prädikat *ist Dozentin*.

(29) Deniz ist Dozentin.

Analyse der Allquantifikation: Betrachten wir als nächstes eine allquantifizierende DP wie in (24b). Auch hier steuert das Nomen der DP wieder Bedeutung bei. Ein erster Analyseversuch wäre, (24b) in Analogie zu (24a) zu behandeln und einfach den Existenzquantor durch den Allquantor zu ersetzen.

(30) $\forall x[\textbf{studierend}(x) \wedge \textbf{büffeln}(x)]$

Dies kann aber nicht die richtige Analyse sein. Auch dies lässt sich durch eine Rechnung leicht nachweisen (siehe Aufgabe 4 am Ende des Kapitels). Intuitiv zeigt jedoch schon eine Paraphrase von (30) das Problem.

(31) Für alle Individuen x gilt: x ist Studierende und x büffelt.

Diese Paraphrase erfasst offensichtlich nicht die Bedeutung von (24b). Im Gegensatz zu (31) besagt (24b) ja lediglich, dass alle Individuen, die Studierende sind, büffeln, und nicht, dass alle Individuen Studierende sind und büffeln, was eine wesentlich stärkere Aussage wäre. Es kann also nicht korrekt sein, die beiden Prädikate wie in (30) per logischer Konjunktion zu verknüpfen. Was ist die korrekte Alternative? Da (24b) nur besagt, dass alle Studierenden büffeln, und nichts über irgendwelche Nicht-Studierenden (dort kann es Büffelnde und Nicht-Büffelnde geben), können wir das Studieren als Bedingung dafür sehen, dass (24b) über ein

Individuum aussagt, dass es büffelt. Dies lässt durch erfassen, dass wir die logische Koordination in (30) durch den Junktor der Implikation »→« ersetzen:

(32) $\forall x$[**studierend**(x) → **büffeln**(x)]

Dass dies die Bedeutung von (24b) korrekt erfasst, lässt sich wieder durch eine entsprechende informelle Paraphrase verdeutlichen:

Allquantifikation involviert Implikation

(33) Für alle Individuen x gilt: wenn x Studierende ist, dann büffelt x.

Dies entspricht der eben angesprochenen Beobachtung, dass **studierend** in diesem Fall als eine Art Bedingung für die Prädikation durch **büffeln** verstanden werden kann: (32) sagt nur über die Individuen, die zu den Studierenden gehören, aus, dass diese büffeln. Dass die Implikation hier der korrekte Junktor ist, zeigt auch ein Blick auf die entsprechende Wahrheitswerttafel aus Kapitel 6, die wir hier kurz wiederholen:

(34) **Wahrheitswerttafel für die Implikation (→)**

p	q	$p \to q$
1	1	1
1	0	0
0	1	1
0	0	1

Angewendet auf unser Beispiel besagt die Tabelle, dass ein Individuum, das *nicht* zu den Studierenden gehört (also $p = 0$), die Wahrheitsbedingungen des Kernsatzes von (33) erfüllt, egal ob es büffelt ($q = 1$) oder nicht ($q = 0$). Über diese Individuen sagt der Satz (24b) gewissermaßen nichts aus. Wenn ein Individuum aber zu den Studierenden gehört ($p = 1$), dann muss es auch büffeln ($q = 1$), um die Implikation wahr zu machen ($p \to q = 1$).

Wir können also festhalten, dass sich die beiden Sätze in (24) nicht nur durch die Art des beteiligten Quantors unterscheiden, sondern auch durch den Junktor, der den Inhalt des Nomens (Restriktor) mit dem des Prädikats (Skopus) verknüpft. Im Fall einer Existenzquantifikation benötigen wir die Konjunktion, während die Implikation für Allquantifikationen zum Einsatz kommt. Warum dies so sein muss, werden wir im nächsten Kapitel noch aus einer anderen Perspektive erörtern. An dieser Stelle reicht es festzustellen, dass diese Zuteilung die intuitiven Wahrheitsbedingungen der betrachteten Aussagetypen korrekt erfasst.

9.5 | Quantoren und Kompositionalität

Bisher haben wir quantifizierenden Sätzen wie in (24) lediglich als Ganzes eine semantische Repräsentation zugewiesen, ohne jedoch viel über die Komposition des Satzes zu sagen. Im nächsten Schritt müssen wir also das oben diskutierte Kompositionalitätsproblem lösen. Im Fall einer quantifizierenden DP haben wir es mit folgender Konfiguration zu tun, unabhängig davon, ob die DP lediglich aus einem Quantor (*alle*) oder aus einem Quantor und einem nominalen Restriktor (*alle Studierenden*) besteht.

(35) **Satz** : *t*

 Q-DP : [?] **VP** : ⟨*e*, *t*⟩

Lösung des Kompositionalitätsproblems: Die quantifizierte DP (hier als Q-DP abgekürzt) muss sich mit der VP, die den Typ ⟨*e*, *t*⟩ hat, verbinden, um einen Satz vom Typ *t* zu ergeben. Wir haben bereits gesehen, dass es keinen Sinn macht anzunehmen, dass solche DPs vom Typ *e* sind. Wenn diese Möglichkeit ausgeschlossen ist, gibt es nur eine weitere Möglichkeit: Die Q-DP ist nicht das Argument der VP, sondern die Q-DP ist eine Funktion, die die VP als Argument nimmt. In Typen gesprochen bedeutet dies, dass die Q-DP ein Argument vom Typ ⟨*e*, *t*⟩ nimmt, um einen Ausdruck vom Typ *t* zu ergeben. Folglich muss die QP vom Typ ⟨⟨*e*, *t*⟩, *t*⟩ sein.

(36) **Q-DP**(**VP**) : *t*

 Q-DP : ⟨⟨*e*, *t*⟩, *t*⟩ **VP** : ⟨*e*, *t*⟩

Während es syntaktisch gesehen keinen großen Unterschied zwischen den beiden folgenden Sätzen gibt haben sie semantisch gesehen eine andere Struktur (wir ignorieren hier den syntaktischen Unterschied zwischen Singular und Plural, denn *Jeder büffelt* würde zu dem gleichen Ergebnis führen).

(37) a. Bente büffelt.
 b. Alle büffeln.

In beiden Fällen wird ein syntaktisches Subjekt mit einem syntaktischen Prädikat verbunden. Eine solche Argument-Prädikat-Struktur spiegelt sich auch in der semantischen Struktur von (37a) wider. Im Fall von (37b) weicht die semantische Struktur konzeptuell jedoch von der syntaktischen Struktur ab, denn in der Semantik drehen sich die Verhältnisse um: Hier ist der Quantor die Funktion und die VP das Argument.

(38) a. **büffeln**(**bente**) : *t*

 bente : *e* **büffeln** : ⟨*e*, *t*⟩

 b. **alle**(**büffeln**) : *t*

 alle : ⟨⟨*e*, *t*⟩, *t*⟩ **büffeln** : ⟨*e*, *t*⟩

So wie Ausdrücke wie **büffeln**, die den Typ ⟨*e*, *t*⟩ haben, Prädikate über Individuen sind (oder Eigenschaften von Individuen), können wir sagen, dass quantifizierte DPs Prädikate über Prädikate von Individuen (oder Eigenschaften von Eigenschaften) sind. Darauf kommen wir aber im nächsten Kapitel noch einmal ausführlicher zu sprechen.

Wir haben also die Komposition zwischen Q-DP und VP geklärt und können nun zur internen Struktur der Q-DP kommen. Da wir wissen, dass der nominale Restriktor in der Q-DP vom Typ $\langle e, t\rangle$ ist, müssen quantifizierende Determinierer wie *jede(r), alle* oder *ein(e)* etwas sein, das sich mit einem solchen Ausdruck verknüpft, um eine Q-DP vom Typ $\langle\langle e, t\rangle, t\rangle$ zu ergeben. Solche Ausdrücke müssen dann entsprechend vom Typ $\langle\langle e, t\rangle, \langle\langle e, t\rangle, t\rangle\rangle$ sein. Einem Satz mit einer quantifizierten DP und einer VP können wir also folgende semantische Struktur zuweisen.

(39)

$$\mathbf{alle}(\mathbf{studierend})(\mathbf{büffeln}) : t$$

$$\mathbf{alle}(\mathbf{studierend}) : \langle\langle e,t\rangle,t\rangle \qquad \mathbf{büffeln} : \langle e,t\rangle$$

$$\mathbf{alle} : \langle\langle e,t\rangle,\langle\langle e,t\rangle,t\rangle\rangle \qquad \mathbf{studierend} : \langle e,t\rangle$$

Beitrag des Quantors: Somit haben wir das Kompositionsproblem gelöst. Trotzdem bleibt die Frage, was ein Quantor wie **alle** in (39) eigentlich genau leistet und wie wir aus der abgeleiteten Formel in (39) die gewünschte semantische Form aus (32) – nämlich $\forall x[\mathbf{studierend}(x) \rightarrow \mathbf{büffeln}(x)]$ – erhalten. Aufgrund der bisherigen Annahmen sollte ja gelten:

(40) $\mathbf{alle}(\mathbf{studierend})(\mathbf{büffeln}) = \forall x[\mathbf{studierend}(x) \rightarrow \mathbf{büffeln}(x)]$

Wir müssen uns also klar machen, wie der Beitrag von **alle** aussehen muss, damit diese Äquivalenz tatsächlich auch gültig ist. Dazu stellen wir entsprechende Äquivalenzen für verschiedene Sätze auf und versuchen, die Ergebnisse dann so zu verallgemeinern, dass wir von dem konkreten Beitrag der anderen Ausdrücke absehen. Beginnen wir damit auf der Skopusseite, wobei **VP** am Ende für die jeweiligen Übersetzungen beliebiger VPs stehen soll.

(41)

$$\begin{aligned}
\mathbf{alle}(\mathbf{studierend})(\mathbf{büffeln}) &= \forall x[\mathbf{studierend}(x) \rightarrow \mathbf{büffeln}(x)]\\
\mathbf{alle}(\mathbf{studierend})(\mathbf{dösen}) &= \forall x[\mathbf{studierend}(x) \rightarrow \mathbf{dösen}(x)]\\
\mathbf{alle}(\mathbf{studierend})(\mathbf{joggen}) &= \forall x[\mathbf{studierend}(x) \rightarrow \mathbf{joggen}(x)]\\
&\vdots\\
\mathbf{alle}(\mathbf{studierend})(\ \mathbf{VP}\ ) &= \forall x[\mathbf{studierend}(x) \rightarrow \mathbf{VP}(x)]
\end{aligned}$$

Die Q-DP muss also etwas sein, das sich mit der VP verbindet und diese an die Stelle des zweiten Prädikats der Formel einsetzt.

Eine ähnliche Abstraktion können wir auch für die erste Argumentstelle vornehmen, so dass wir zu der Generalisierung kommen, dass die erste Argumentstelle durch eine beliebige NP-Übersetzung (**NP**) gefüllt werden kann.

(42) $\textbf{alle}(\textbf{studierend})(\ \textbf{VP}\ ) = \forall x[\textbf{studierend}(x) \rightarrow \textbf{VP}\ (x)]$
$\textbf{alle}(\textbf{lehrend})(\ \textbf{VP}\ ) = \forall x[\textbf{lehrend}(x) \rightarrow \textbf{VP}(x)]$
$\textbf{alle}(\textbf{katzen})(\ \textbf{VP}\ ) = \forall x[\textbf{katzen}(x) \rightarrow \textbf{VP}(x)]$
$\vdots \qquad \vdots$
$\textbf{alle}(\ \textbf{NP}\ )(\ \textbf{VP}\ ) = \forall x[\textbf{NP}(x) \rightarrow \textbf{VP}(x)]$

Was **alle** also tut, ist, das »Skelett« der Quantifikation bereitzustellen, in das dann die Repräsentationen des nominalen Restriktors und der VP eingesetzt werden. Wir können also sagen, dass **alle** das Quantor-Präfix $\forall x$, die beiden Individuenvariablen sowie den Junktor zur semantischen Struktur beisteuert. Etwas unformal lässt sich dies wie in (43) ausdrücken, wobei die Unterstriche die Leerstellen bezeichnen, in denen dann die **NP** und die **VP** eingesetzt werden müssen.

(43) $\textbf{alle} = \forall x[\ \_\_(x) \rightarrow \_\_(x)]$

Mit dem λ-Operator haben wir im vorherigen Kapitel ein Werkzeug kennengelernt, mit dem sich solche Leerstellen explizit und formal kennzeichnen lassen. Wir können die Idee in (43) folglich formal dadurch erfassen, dass die beiden Leerstellen durch Variablen für Prädikate (vom Typ $\langle e, t\rangle$) gefüllt werden – hier P und Q – welche dann durch entsprechende λ-Präfixe gebunden werden. Mit diesen Überlegungen können wir nun davon ausgehen, dass der Ausdruck **alle**, wie wir ihn in (39) verwendet haben, eigentlich einen komplexeren λ-Ausdruck abkürzt.

Definition des Quantors als λ-Ausdruck

(44) $\textbf{alle} = \lambda P \lambda Q.\forall x[P(x) \rightarrow Q(x)]$

Mit der Äquivalenz in (44) erhalten wir für die semantische Repräsentation an der Wurzel von (39) die gewünschte Bedeutung, wie die folgende Ableitung illustriert.

(45) $\textbf{alle}(\textbf{studierend})(\textbf{büffeln})$

$= \lambda P \lambda Q.\forall x[P(x) \rightarrow Q(x)](\textbf{studierend})(\textbf{büffeln})$	nach (44)
$= \lambda Q.\forall x[\textbf{studierend}(x) \rightarrow Q(x)](\textbf{büffeln})$	λ-Konversion von P und **studierend**
$= \forall x[\textbf{studierend}(x) \rightarrow \textbf{büffeln}(x)]$	λ-Konversion von Q und **büffeln**

In Analogie dazu können wir auch eine entsprechende semantische Repräsentation für den indefiniten Artikel *ein(e)* angeben. Wie oben diskutiert, müssen wir hier aber nicht nur den Quantor, sondern auch den zugrundeliegenden Junktor anpassen.

(46) $\textbf{eine} = \lambda P \lambda Q.\exists x[P(x) \wedge Q(x)]$

Somit haben wir einen Weg gefunden, wie wir mit Hilfe des λ-Operators dem quantifizierenden Determinierer eine Bedeutung zuweisen können, die sich dann mit den anderen Satzbestandteilen so verbindet, dass wir die gewünschte Bedeutung kompositionell berechnen können.

Probleme der bisherigen Analyse: Es sei darauf hingewiesen, dass diese Analyse zwei ernsthafte Probleme aufweist. Zum einem können wir mit den bisherigen Mitteln nur einfache existenz- und allquantifizierte Ausdrücke analysieren. Komplexere Quantifikationen wie die folgenden können wir mit diesen Mittel noch nicht so recht ausdrücken.

(47) a. Die meisten Studierenden büffeln.
  b. Weniger als drei Lehrende dösen.

Das zweite Problem tritt auf, wenn quantifizierende DPs in Objektposition erscheinen, wie in den folgenden Beispielen.

(48) a. Alex mag alle Katzen.
  b. Bente streichelt eine Katze.

Herauszufinden, warum dies ein Problem darstellt, ist Gegenstand von Arbeitsaufgabe 5. Beide Probleme werden wir im nächsten Kapitel diskutieren und überwinden.

Aufgaben

1. Welche der folgenden Formeln sind wohlgeformt für $\boldsymbol{L}_{\lambda+\mathrm{Quant}}$?
- $\exists y[\textbf{lehrende}(z) \rightarrow \textbf{schnarchen}(y)]$
- $\exists y[\textbf{lehrende} \rightarrow \textbf{schnarchen})$
- $\forall x \exists y(\textbf{lehrende}(x) \rightarrow \textbf{schnarchen}(y))$

2. Berechnen Sie die Bedeutung von »Alle dösen« in Bezug auf das Modell in (18).

3. Berechnen Sie den Wahrheitswert von $\exists x[\textbf{dozentin}(x) \wedge \textbf{dösen}(x)]$ in Bezug auf das Modell in (18), wobei Sie zusätzlich annehmen, dass $I(\textbf{dozentin}) = B$ ist.

4. Zeigen Sie, warum $\forall x[\textbf{studierend}(x) \wedge \textbf{büffeln}(x)]$ keine gute Repräsentation für *Alle Studierenden büffeln* ist. Geben Sie dafür ein entsprechendes Modell an.

5. Versuchen Sie den Satz *Bente streichelt eine Katze* zu analysieren. Auf welche Probleme stoßen Sie dabei?

10 Generalisierte Quantoren

Im vorherigen Kapitel haben wir unsere formale Sprache um die beiden Quantoren ∃ und ∀ erweitert, um quantifizierte Aussagen wie in (1) analysieren zu können.

(1) a. Eine Katze schnurrt.
    b. Alle Studierenden büffeln.

Bei der Interpretation solcher Aussage kommen nicht nur die Quantoren zum Einsatz, sondern auch die Variablen, die von den Quantoren gebunden werden. Für die Interpretation von quantifizierten Aussagen wird bei der Interpretation die Idee der Variablenbelegungsvariante genutzt, ähnlich wie bei der Interpretation von λ-Ausdrücken.

(2) a. $[\![\exists x[\mathbf{katze}(x) \wedge \mathbf{schnurren}(x)]]\!]^{M,g} = 1$, wenn für mind. ein $d \in D_\sigma$ gilt:
$$[\![\mathbf{katze}(x) \wedge \mathbf{schnurren}(x)]\!]^{M,g[x \to d]} = 1.$$

b. $[\![\forall x[\mathbf{studierend}(x) \to \mathbf{büffeln}(x)]]\!]^{M,g} = 1$, wenn für alle $d \in D_\sigma$ gilt:
$$[\![\mathbf{studierend}(x) \to \mathbf{büffeln}(x)]\!]^{M,g[x \to d]} = 1.$$

Auch wenn diese Analyse die Wahrheitsbedingungen für die Äußerungen in (1) korrekt erfassen kann, so ist der Einsatz der Variablenbelegungsvariante hier doch relativ kompliziert. Das alleine wäre noch kein Grund, sich über eine alternative Analyse Gedanken zu machen. Allerdings scheitert diese Analyse auch daran, etwas komplexere quantifizierte DPs zu erfassen, wie beispielsweise in den folgenden Sätzen.

Nich alle qantifizierten DPs können mit den bisherigen Mitteln analysiert werden

(3) a. Zwei Katzen schnurren.
    b. Die meisten Studierenden büffeln.

In diesem Kapitel wollen wir die Theorie der **generalisierten Quantoren** vorstellen (Barwise/Cooper 1981; Keenan/Stavi 1986), die eine – wie der Name schon verrät – generalisierbare Analyse von quantifizierten DPs ermöglicht und dabei auch die Interpretation von den Quantoren in (1) vereinfacht. Bevor wir aber dazu kommen, wollen wir uns die Probleme, die Ausdrücke wie in (3) für die bisherige Theorie darstellen, genauer ansehen und einige nicht erfolgreiche Lösungsversuche diskutieren.

Zu diesem Kapitel ist ein Erratum verfügbar unter
https://doi.org/10.1007/978-3-476-04870-7_12

D. Gutzmann, *Semantik*, https://doi.org/10.1007/978-3-476-04870-7_10

10.1 | Ein Analyseversuch: idiosynkratische Vorgehensweise

Ein erster Versuch, um beispielsweise (2a) zu analysieren, könnte darin bestehen, einen neuen Quantor für das Numeral *zwei* einzuführen. Nennen wir diesen $\exists^2$ und paraphrasieren $\exists^2 x$ mit »es gibt zwei x«. Wenn wir einen solchen Quantor wie in (4) in unsere Sprache einführen, ist es leicht, entsprechende Wahrheitsbedingungen, wie in (5), für diesen zu definieren.

(4) Wenn $\alpha \in \text{WFA}_t$ und $v \in \boldsymbol{V}_\sigma$, dann $\exists^2 v[\alpha] \in \text{WFA}_t$.

(5) $[\![\exists^2 v[\alpha]]\!]^{M,g} = 1$, wenn für mindestens ein $d \in D_\sigma$ und ein $e \in D_\sigma$ gilt:

$$[\![\alpha]\!]^{M,g[v \to d]} = 1 \text{ und } [\![\alpha]\!]^{M,g[v \to e]} = 1 \text{ und } d \neq e.$$

Eine solche Interpretation kann die Wahrheitsbedingungen für (3a) korrekt erfassen. Es sei hier kurz darauf hingewiesen, dass dies der »mindestens zwei«-Lesart von *zwei* entspricht; für die »genau zwei«-Lesart müssten wir noch eine weitere Bedingung hinzufügen, dass es keine weiteren Objekte $f \neq d \neq e$ gibt, so dass $[\![\alpha]\!]^{M,g[v \to f]} = 1$.

Mit der Interpretation in (4) für diesen ausgedachten Quantor können wir dann leicht eine semantische Repräsentation für *zwei* angeben, die sich an der Repräsentation von *ein(e)* aus dem letzten Kapitel orientiert.

(6) *zwei* $\longrightarrow \lambda P \lambda Q.\exists^2 x[P(x) \wedge Q(x)] : \langle\langle e,t\rangle, \langle\langle e,t\rangle, t\rangle\rangle$

Auch wenn dies uns die korrekten Ergebnisse liefert, ist diese Vorgehensweise sehr idiosynkratisch, da wir letztendlich die Bedeutung jedes Numerals sowohl in der Grammatik als auch in der Interpretation für unsere formale Sprache definieren müssen; eine Vorgehensweise, die wir ja gerade überwinden wollen durch die Einführung der semantischen Typen.

Ähnliche Überlegungen lassen sich auch für *die meisten* in (3b) anstellen. Wir könnten zwar einen neuen Quantor einführen und die Wahrheitsbedingungen durch eine passende Definition bei der Interpretationsfunktion erfassen, beispielsweise:

(7) Wenn $\alpha \in \text{WFA}_t$ und $v \in \boldsymbol{V}_\sigma$, dann $\mathrm{M}v[\alpha] \in \text{WFA}_t$.

(8) $[\![\mathrm{M}v[\alpha]]\!]^{M,g} = 1$, wenn für mehr Objekte $d \in D_\sigma$ gilt: $[\![\alpha]\!]^{M,g[v \to d]} = 1$,
als für Objekte $d \in D_\sigma$ gilt: $[\![\alpha]\!]^{M,g[v \to d]} = 0$.

Doch auch dies ist keine wirklich generelle Lösung, denn wir haben wieder einen Satz in der Grammatik und einen in der Interpretation speziell für diesen einen Quantor definiert. Das wollen wir nicht.

Es sind durchaus Wege denkbar, wie sich eine Vorgehensweise, wie sie durch (4) + (5) und (7) + (8) ermöglicht wird, generalisieren ließe. Das Problem mit dieser Strategie ist jedoch, dass sie entscheidend Gebrauch von der Variablenbelegungsfunktion macht und die einzigen Ausdrücke, die in unserem System Gebrauch davon machen sind Variablen oder eben Operatoren, die Variablen binden und die extra in der Grammatik und der Interpretation definiert werden. Dies ist zwar formal alles korrekt, verdeckt aber, was wir eigentlich tun, wenn wir quantifizierte Aussagen interpretieren. Was das ist, werden wir uns im folgenden Abschnitt überlegen.

10.2 | Die Analyse mit Mengen: der Allquantor

Um zu einer generalisierten Quantoreninterpretation zu kommen, betrachten wir zunächst noch einmal die beteiligten Bausteine.

(9) $[\underbrace{\text{Alle}}_{\text{Quantor}}\ \underbrace{\text{Studierenden}}_{\text{Restriktor}}]\ \underbrace{\text{büffeln}}_{\text{Skopus}}.$

Die semantische Struktur zusammen mit den jeweiligen Typen sähe für (9) wie folgt aus:

(10)

$$\mathbf{alle(studierend)(büffeln)} : t$$

$$\mathbf{alle(studierend)} : \langle\langle e, t\rangle, t\rangle \qquad \mathbf{büffeln} : \langle e, t\rangle$$

$$\mathbf{alle} : \langle\langle e, t\rangle, \langle\langle e, t\rangle, t\rangle\rangle \qquad \mathbf{studierend} : \langle e, t\rangle$$

Wenn wir von dem konkreten Beispiel absehen, dann haben wir folgende Konstellation zwischen Quantor, R(estriktor) und S(kopus).

(11)

$$\mathbf{Quantor(R)(S)} : t$$

$$\mathbf{Quantor(R)} : \langle\langle e, t\rangle, t\rangle \qquad \mathbf{S} : \langle e, t\rangle$$

$$\mathbf{Quantor} : \langle\langle e, t\rangle, \langle\langle e, t\rangle, t\rangle\rangle \qquad \mathbf{R} : \langle e, t\rangle$$

Quantoren sind Relationen zwischen Eigenschaften

Dieses strukturelle Schema macht nochmals die Komposition deutlich. Der Quantor ist eine Funktion, die zwei Argumente vom Typ $\langle e, t\rangle$ nimmt und auf einen Wahrheitswert abbildet. In dieser Hinsicht gleicht der Quantor einem zweistelligen Prädikat. Während ein Verb wie *mögen* jedoch zwei Individuenargumente vom Typ e benötigt, braucht ein Quantor zwei Prädikate als Argument. Wenn also *mögen* eine Relation zwischen zwei Individuen ausdrückt, dann können wir analog sagen, dass ein Quantor wie *alle* eine Relation zwischen zwei Eigenschaften ausdrückt.

Von Funktionen zu Mengen

Was ist die Relation, die ein Quantor wie *alle* ausdrückt? Um diese Frage zu beantworten, ist es hilfreich, uns in Erinnerung zu rufen, dass wir Ausdrücke vom Typ $\langle e, t\rangle$ nicht nur als Funktion von Individuen in Wahrheitswerte verstehen können, sondern auch als Mengen von Individuen, da eine Funktion vom Typ $\langle e, t\rangle$ ja die charakteristische Funktion einer Menge darstellt (siehe Kapitel 4.4). Wenn wir also einen Satz haben wie *Alle Studierenden büffeln* (1b), dann setzt *alle* hier die Menge der Studierenden mit der Menge der büffelnden Personen in Relation und zwar so, dass immer, wenn ein Individuum zur Menge der Studierenden gehört, es auch zur Menge der büffelnden Personen gehört (so wie es die Implikation in unserer ursprünglichen Analyse ja ausgedrückt hat). Mengentheoretisch gesprochen, liegt also ein Teilmengenverhältnis vor: Die Studierenden sind eine Teilmenge der büffelnden Personen. Folglich können wir *alle* als eine Funktion auffassen, die zwei Mengen von Individuen als Argument nimmt und diese auf den Wahrheitswert 1 abbildet, wenn die erste Menge eine Teilmenge der zweiten Menge ist.

Da wir in unserer Sprache die Denotation von Ausdrücken vom Typ $\langle e, t \rangle$ als Funktion festgelegt haben, führen wir eine Notation ein, die es uns ermöglicht, wieder über die Menge zu reden, die durch die Funktion charakterisiert wird. So wie wir aus einer Menge eine charakteristische Funktion gewinnen konnten, so können wir aus einer Funktion von Objekten beliebiger Art in Wahrheitswerte wieder eine Menge gewinnen, indem wir die Menge aus allen Objekten bilden, die von der Funktion auf 1 abgebildet werden. Wir nutzen dazu den sogenannten »down«-Operator.

Definition

Der **»down«-Operator** ↓ wandelt eine charakteristische Funktion wieder in die charakterisierte Menge um. Genauer: Wenn *f* eine charakteristische Funktion ist, dann ist $\downarrow f$ die durch *f* charakterisierte Menge:

$$\downarrow f = \{x : f(x) = 1\}$$

Um dieses Konzept an einem Beispiel auszuprobieren, finden Sie am Ende des Kapitels eine Arbeitsaufgabe, in der Sie Mengen aus Funktionen gewinnen sollen.

Mit der neuen Notationsweise können wir nun die Wahrheitsbedingungen für unseren Beispielsatz angeben.

(12) $[\![\textbf{alle}(\textbf{studierend})(\textbf{büffeln})]\!] = 1$, wenn $\downarrow[\![\textbf{studierend}]\!] \subseteq \downarrow[\![\textbf{büffeln}]\!]$

Grafisch lässt sich das Ganze wie folgt durch ein sogenanntes **Venn-Diagramm** illustrieren:

Relationen beim Allquantor

(13)

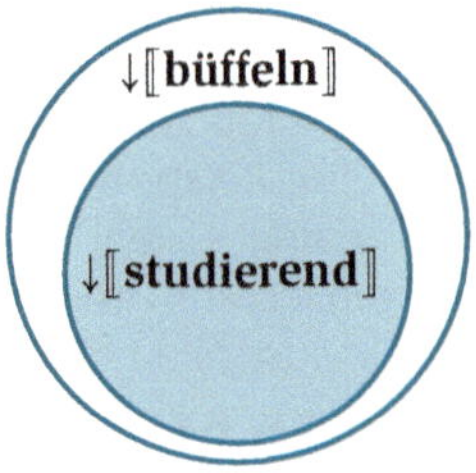

Der nächste Beispielkasten illustriert, wie sich die Wahrheitsbedingungen für (12) berechnen lassen.

Zuvor wollen wir aber noch kurz auf die genaue Bedeutung von **alle** eingehen. Dazu müssen wir einfach von der konkreten Füllung der Argumentstellen in (12) absehen und die Funktion für alle möglichen Argumente charakterisieren.

(14) $[\![\textbf{alle}]\!]$ = die Funktion f, so dass für alle Funktionen $A, B \in D_{\langle e,\, t\rangle}$ gilt:
$f(A)(B) = 1$, wenn $\downarrow A \subseteq \downarrow B$

Hier ist bemerkenswert, dass wir mit einer solchen Denotation für **alle** überhaupt nicht mehr auf Variablen und Belegungsfunktionen zurückgreifen müssen, um eine quantifizierte Aussage zu interpretieren, da wir direkt die durch die Argumente charakterisierten Mengen miteinander vergleichen.

Beispiel

Nehmen wir folgendes Modell und folgende Zuweisungen an (wir sparen uns hier die Definition des Lexikons und der Übersetzung).

(15)
$$D_e = \{A, B, C\} \quad I(\textbf{studierend}) = \begin{bmatrix} A & \mapsto & 1 \\ B & \mapsto & 1 \\ C & \mapsto & 0 \end{bmatrix} \quad I(\textbf{büffeln}) = \begin{bmatrix} A & \mapsto & 0 \\ B & \mapsto & 1 \\ C & \mapsto & 1 \end{bmatrix}$$

Wenn wir nun **alle(studierend)(büffeln)** interpretieren wollen, müssen wir zunächst zweimal die Regel für die Interpretation der funktionalen Applikation anwenden.

(16) $[\![\textbf{alle(studierend)(büffeln)}]\!]^{M,g}$
$= [\![\textbf{alle(studierend)}]\!]^{M,g}([\![\textbf{büffeln}]\!]^{M,g})$
$= [\![\textbf{alle}]\!]^{M,g}([\![\textbf{studierend}]\!]^{M,g})([\![\textbf{büffeln}]\!]^{M,g})$

Im Resultat haben wir es nur noch mit atomaren Ausdrücken zu tun, so dass wir mit Referenz auf die I-Funktion nun die entsprechenden Denotationen einsetzen können.

(17) $$[\![\textbf{alle}]\!]^{M,g} \left(\begin{bmatrix} A & \mapsto & 1 \\ B & \mapsto & 1 \\ C & \mapsto & 0 \end{bmatrix}\right)\left(\begin{bmatrix} A & \mapsto & 0 \\ B & \mapsto & 1 \\ C & \mapsto & 1 \end{bmatrix}\right)$$

Für die Bedeutung von alle setzen wir jetzt die Denotation in (14) ein, so dass wir folgende Wahrheitsbedingungen erhalten.

(18) $$(17) = 1, \text{ wenn } \downarrow\begin{bmatrix} A & \mapsto & 1 \\ B & \mapsto & 1 \\ C & \mapsto & 0 \end{bmatrix} \subseteq \downarrow\begin{bmatrix} A & \mapsto & 0 \\ B & \mapsto & 1 \\ C & \mapsto & 1 \end{bmatrix}$$

Wenn wir nun die durch die beiden Funktionen charakterisierten Mengen einsetzen, dann sehen wir schnell, dass die Teilmengenbedingung nicht erfüllt ist und der Satz folglich als falsch interpretiert wird, so wie es in Bezug auf das gegebene Modell ja auch sein sollte.

(19) (18) = 0, da $\{A, B\} \not\subseteq \{B, C\}$

An dieser Rechnung wird nochmals deutlich, dass mit der neuen Bedeutung des Quantors die Interpretation nicht auf Variablen und die Belegungsfunktion angewiesen ist, da wir direkt das Verhältnis zwischen zwei durch die Funktionen charakterisierten Mengen vergleichen.

Nachdem wir uns erarbeitet haben, wie wir eine einfachere Bedeutung für den Allquantor definieren können, wenn wir für diesen Zweck wieder in Mengen statt Funktionen denken, werden wir im Folgenden nun weitere Quantoren nach dieser Vorgehensweise analysieren.

10.3 | Die Analyse über Mengen: weitere Quantoren

Der Existenzquantor: Da wir den Allquantor als die Teilmengenbeziehung zwischen Restriktor und Skopus verstanden haben, beginnen wir mit einer analogen Analyse für den **Existenzquantor** bzw. den **indefiniten Artikel**.

(20) Eine Katze schnurrt.

Die strukturelle Analyse wird hier wieder genau die gleiche sein wie zuvor: Wir behandeln die Bedeutung des indefiniten Artikels als eine Funktion, die die zwei Mengen als Argument nimmt, welche hier durch den Restriktor *Katze* und den Skopus *schnurrt* gegeben sind.

(21)

$$\textbf{eine}(\textbf{katze})(\textbf{schnurrt}) : t$$

$$\textbf{eine}(\textbf{katze}) : \langle\langle e,t\rangle,t\rangle \qquad \textbf{schnurrt} : \langle e,t\rangle$$

$$\textbf{eine} : \langle\langle e,t\rangle,\langle\langle e,t\rangle,t\rangle\rangle \qquad \textbf{katze} : \langle e,t\rangle$$

Die Frage ist nun, welche Relation durch *ein(e)* ausgedrückt wird. Wenn wir die Menge der Katzen haben und die Menge der schnurrenden Individuen, dann ist (20) wahr, wenn es ein Individuum gibt, dass sowohl eine Katze ist als auch schnurrt. Im letzten Kapitel hatten wir dies dadurch ausgedrückt, dass wir die beiden Prädikate im Kernsatz mit der logischen Konjunktion verknüpft haben. Mengentheoretisch können wir dies durch die Schnittmenge ausdrücken: Wenn es ein Individuum gibt, dass sowohl zur Menge der Katzen gehört also auch zur Menge der schnurrenden Individuen, dann kann die **Schnittmenge** der beiden Mengen nicht leer sein.

Definition

> Wenn A und B Mengen sind, dann ist die **Schnittmenge** aus A und B die Menge der Elemente, die sowohl Element von A als auch Element von B sind:
>
> $$A \cap B = \{x: x \in A \text{ und } x \in B\}$$

Mit diesem mengentheoretischen Begriff können wir nun eine Denotation für den indefiniten Artikel angeben, die ähnlich wie die des Allquantors in (14) aufgebaut ist, nur, dass sie nicht das Teilmengenverhältnis nutzt, sondern besagt, dass der Schnitt der beiden Mengen nicht leer ist.

(22) $[\![\textbf{eine}]\!]$ = die Funktion f, so dass für alle Funktionen $A, B \in D_{\langle e,\, t\rangle}$ gilt:
$f(A)(B) = 1$, wenn $\downarrow A \cap \downarrow B \neq \emptyset$

Wenn wir diese Bedeutung in (21) einsetzen, erhalten wir folgende Wahrheitsbedingungen.

(23) $[\![\textbf{eine}(\textbf{katze})(\textbf{schnurren})]\!] = 1$, wenn $\downarrow[\![\textbf{katze}]\!] \cap \downarrow[\![\textbf{schnurren}]\!] \neq \emptyset$

Die Relation, die zwischen der Menge der Katzen $\downarrow[\![\textbf{katze}]\!]$ und der Menge der schnurrenden Dinge $\downarrow[\![\textbf{schnurren}]\!]$ vorliegen muss, lässt sich wieder grafisch durch ein Venn-Diagramm illustrieren.

(24)

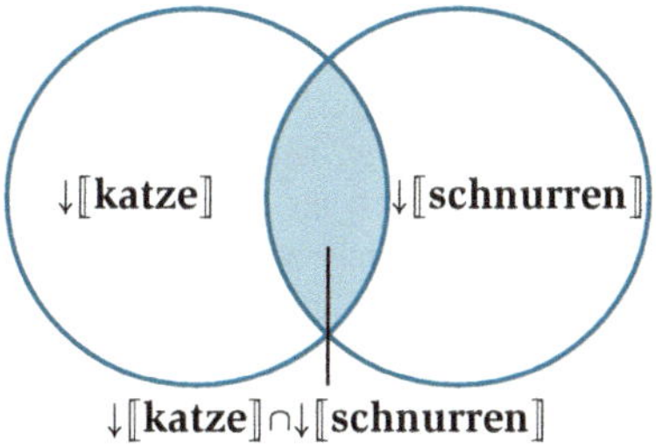

Relationen beim Existenzquantor

Numerale: Die Interpretation, die wir dem indefiniten Artikels zugewiesen haben, kommt der Interpretation des Existenzquantors gleich: Ein Satz mit einer indefiniten DP als Subjekt wird wahr, wenn es mindestens ein Individuum gibt, das unter die Bedeutung des Restriktors und des Skopus fällt. Im Deutschen ist der indefinite Artikel *ein(e)* allerdings ambig, also mehrdeutig, zwischen einer solchen Lesart und einer Lesart als Numeral, also einer Lesart als Zahl (vgl. Englisch *a* vs. *one*). Für das Numeral ist die Bedeutung in (22) nicht angemessen, da (22) ja damit kompatibel ist, dass beispielsweise drei Katzen schnurren, was nicht der gewünschten Lesart entspricht.

Um die zusätzliche Beschränkung bei der Numeral-Lesart zu erfassen, die besagt, dass es sich nur um ein einziges Individuum handeln darf, das sowohl Restriktor als auch Skopus erfüllt, müssen wir also festlegen, dass die Schnittmenge aus beiden nur ein einziges Element enthält. Dazu benutzen wir den mengentheoretischen Begriff der **Kardinalität** einer Menge (auch **Mächtigkeit** genannt). Der Begriff bezeichnet bei den für uns interessanten endlichen Mengen einfach die Anzahl der Elemente einer Menge.

Definition

Kardinalität einer Menge: Wenn A eine endliche Menge mit n Elementen ist, dann gilt: $|A| = n$

Damit können wir eine angemessene Denotation für das Numeral *ein(e)* geben, indem wir nicht nur sagen, dass der Schnitt aus den beiden verglichenen Mengen nicht nur nicht leer sein darf, sondern dass dessen Kardinalität 1 betragen muss.

(25) $[\![\mathbf{eine}_{num}]\!]$ = die Funktion f, so dass für alle Funktionen $A, B \in D_{\langle e,\ t\rangle}$ gilt:
$$f(A)(B) = 1, \text{ wenn } |{\downarrow}A \cap {\downarrow}B| = 1$$

Ganz analoge Definitionen lassen sich für die weiteren Numerale angeben.

(26) a. $[\![\mathbf{zwei}_{num}]\!]$ = die Funktion f, so dass für alle Funktionen $A, B \in D_{\langle e,\ t\rangle}$ gilt:
$$f(A)(B) = 1, \text{ wenn } |{\downarrow}A \cap {\downarrow}B| = 2$$
b. $[\![\mathbf{drei}_{num}]\!]$ = die Funktion f, so dass für alle Funktionen $A, B \in D_{\langle e,\ t\rangle}$ gilt:
$$f(A)(B) = 1, \text{ wenn } |{\downarrow}A \cap {\downarrow}B| = 3$$

Nun haben auch Ausdrücke wie *zwei, drei* usw. nicht nur die Lesart als »genau zwei«, »genau drei« usw., sondern auch eine Lesart als »mindestens zwei«, »mindestens drei« usw., ganz ähnlich wie bei den indefiniten Artikeln auch schon.

(27) Wer drei der fünf Aufgaben löst, besteht die Klausur.

Die plausibelste Lesart von (27) ist, dass die Klausur bestanden wird, wenn mindestens drei Aufgaben gelöst werden, und nicht nur dann, wenn genau drei gelöst werden. Also auch hier haben wir es wieder mit einer Ambiguität zu tun. Auch wenn nicht ganz klar und in der Literatur umstritten ist, ob es sich hier tatsächlich um verschiedene Ausdrücke handelt oder ob die Numerallesart pragmatisch aus der anderen Lesart gewonnen (vgl. die Diskussionen in Horn 1989, Levinson 2000 oder Breheny 2008), definieren wir an dieser Stelle die entsprechende Bedeutung für die »mindestens *n*«-Lesart. Dies erreichen wir dadurch, dass wir anstelle der »Gleich«-Relation (=), die »Größer-gleich«-Relation (≥) verwenden. Die indefiniten Varianten der Numerale lassen sich dann wie folgt definieren.

(28) a. $[\![\mathbf{zwei}_{indef}]\!]$ = die Funktion f, so dass für alle Funktionen $A, B \in D_{\langle e,\ t\rangle}$ gilt:
$$f(A)(B) = 1, \text{ wenn } |{\downarrow}A \cap {\downarrow}B| \geq 2$$
b. $[\![\mathbf{drei}_{indef}]\!]$ = die Funktion f, so dass für alle Funktionen $A, B \in D_{\langle e,\ t\rangle}$ gilt:
$$f(A)(B) = 1, \text{ wenn } |{\downarrow}A \cap {\downarrow}B| \geq 3$$

Vorteile der Analyse

Mit dieser Notation lassen sich beliebig »große« Quantoren sowohl in der indefiniten Lesart als auch in der Lesart als Numeral definieren.

Ist diese Vorgehensweise besser als die idiosynkratische Vorgehensweise, die wir in Unterkapitel 10.1 diskutiert haben? Der entscheidende

Vorteil der neuen Analyse ist, dass die Bedeutungen, die wir den Quantoren zuweisen, ganz gewöhnliche Bedeutungen sind, die keine spezielle Verankerung in der Grammatik oder Interpretation der formalen Sprache haben müssen. Natürlich müssen wir die Bedeutung eines jeden Quantors einzeln festlegen – sie haben ja auch jeweils eine eigene Bedeutung – allerdings können wir diese durch die neue Analyse definieren, ohne für jeden natürlichsprachlichen Quantor auch einen entsprechenden Quantor (wie $\exists^2$) in die formale Sprache einführen zu müssen.

Komplexe Quantoren: Da wir jetzt Mengen direkt miteinander können und sogar auf deren Kardinalität zugreifen können, sind wir in der Lage, auch komplexere Quantoren zu analysieren, wie unter anderem das Beispiel aus (3b), welches wir hier wiederholen.

(29) Die meisten Studierenden büffeln.

In diesem Beispiel reden wir nicht über die absolute Größe zweier Mengen, sondern über den anteiligen Vergleich. Sagen wir, dass eine Äußerung von (29) dann wahr ist, wenn über die Hälfte der Studierenden büffeln. (Wir werden im Folgenden die interne Struktur von *die meisten* ignorieren und es als einen Ausdruck auffassen.)

Es mag hier pragmatische Effekte geben, die besagen, dass es deutlich mehr als die Hälfte sein müssen, aber da man keinen konkreten Punkt angeben kann, ab wann man von »deutlich« sprechen könnte, belassen wir es an dieser Stelle einfach dabei, dass *die meisten* eine mathematische Mehrheit bezeichnet. Es gibt sehr viele verschiedene Möglichkeiten, dies festzulegen. Eine relative einfache Herangehensweise ist, direkt mit der Kardinalität der Mengen zu rechnen. Wenn wir die Kardinalität des Schnitts der Studierenden und der büffelnden Individuen nehmen und durch die Kardinalität der Menge der Studierenden (also egal ob sie büffeln oder nicht) teilen, dann sollten wir eine Zahl größer als 0,5 erhalten, damit (29) wahr ist.

(30) $[\![\textbf{die-meisten(studierend)(büffeln)}]\!] =$

$$1, \text{ wenn } \frac{|\downarrow[\![\textbf{studierend}]\!] \cap \downarrow[\![\textbf{büffeln}]\!]|}{|\downarrow[\![\textbf{studierend}]\!]|} > 0{,}5.$$

Dass dies eine angemessene Analyse ist, zeigt folgendes Beispielmodell, in dem wir drei Studierende haben, von denen zwei büffeln.

(31) a. $\downarrow[\![\textbf{studierend}]\!] = \{A, B, C\}$
b. $\downarrow[\![\textbf{büffeln}]\!] = \{A, C, D, E\}$

Rechnen wir für diese Denotationen die Bedingung in (30) aus, indem wir die Mengen entsprechend einsetzen:

(32) $[\![\textbf{die-meisten(studierend)(büffeln)}]\!] = 1$, da

$$\frac{|\downarrow[\![\textbf{studierend}]\!] \cap \downarrow[\![\textbf{büffeln}]\!]|}{|\downarrow[\![\textbf{studierend}]\!]} = \frac{|\{A,\ B,\ C\} \cap \{A,C,D,E\}|}{|\{A,B,C\}|}$$

$$= \frac{|\{A,C\}|}{|\{A,B,C\}|} = \frac{2}{3} > 0{,}5$$

Wir sehen also, dass uns die Bedingung in (30) die korrekte Bedeutung für unser Beispiel liefert. Aus (30) können wir auch den Beitrag von *die meisten* gewinnen, indem wir wieder von den beteiligten Prädikaten abstrahieren.

(33) ⟦**die-meisten**⟧ = die Funktion f, so dass für alle Funktionen $A, B \in D_{\langle e,\, t\rangle}$ gilt:

$$f(A)(B) = 1, \text{ wenn } \frac{|{\downarrow}A \cap {\downarrow}B|}{|{\downarrow}A|} > 0{,}5.$$

Mit dieser Vorgehensweise lassen sich nahezu beliebige komplexe Quantoren analysieren. An einigen weiteren können Sie sich in einer Übungsaufgabe am Ende des Kapitels versuchen.

10.4 | Quantifizierende DPs als Objekte

In all unseren Beispielen tauchen die quantifizierendem DPs immer nur in Subjektposition auf. Dies hat auch einen guten Grund, denn die Analyse von Quantoren in Objektposition bedarf einiger weiterer Überlegungen.

Typenkonflikt bei Quantoren in Objektposition: Um das Problem zu illustrieren, vergleichen wir einen Satz mit einem zweistelligen Verb und zwei Eigennamen als Argument mit der entsprechenden Variante, in der die Objektposition durch eine quantifzierende DP gefüllt wird.

(34) a. Alex mag Chris.
b. Alex mag alle Katzen.

Syntaktisch gesehen, sollten die beiden Sätze eine äquivalente Struktur haben, bis auf die Tatsache, dass es sich bei *alle Katzen* um eine komplexe DP handelt im Gegensatz zu *Chris*.

(35) a.

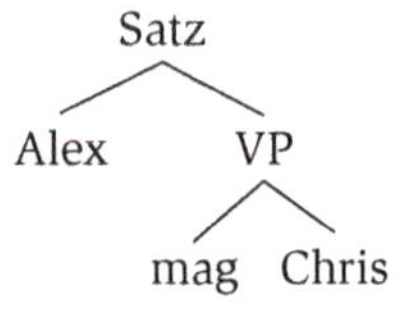

b.

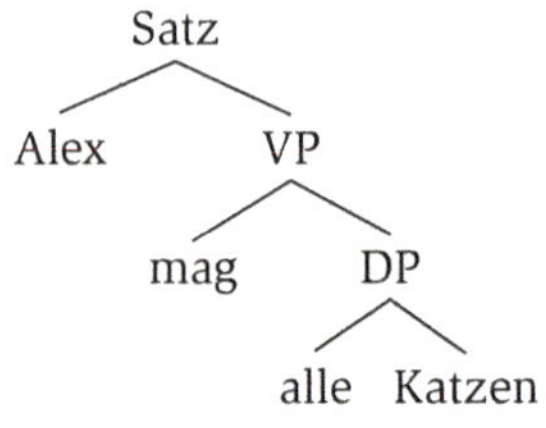

Das Problem, das Quantoren in Objektposition bereiten, tritt zutage, wenn wir versuchen, einen semantischen Strukturbaum abzuleiten, der der Struktur in (35b) entspricht. Denn wenn wir für alle beteiligten Ausdrücke die entsprechenden semantischen Repräsentationen mitsamt ihrer Typen notieren, dann sehen wir, dass eine direkte Komposition nicht möglich ist.

(36)

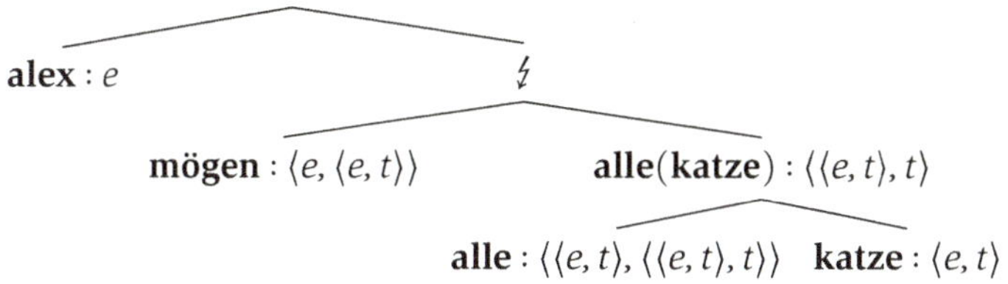

Quantoren in Objektposition führen zu Typenkonflikt

Das Problem ist, dass die Typen nicht zusammenpassen. Der Blitz in (36) kennzeichnet die Stelle dieses **Typenkonflikts**. Das zweistellige **mögen** erwartet ein Individuum vom Typ e als Argument, doch die quantifizierende DP ist vom Typ $\langle\langle e, t\rangle, t\rangle$. Dass das Verb die Funktion und die DP das Argument ist, ist also ausgeschlossen. Bei der alternativen Analyse haben wir ein ähnliches Problem: Die quantifizierende DP erwartet ein einstelliges Prädikat vom Typ $\langle e, t\rangle$ als Argument, das Verb ist aber vom Typ $\langle e, \langle e, t\rangle\rangle$. Beide Möglichkeiten scheitern also.

Man könnte jetzt zwar **mögen** mit **alex** verknüpfen, um dann das Ergebnis, das vom Typ $\langle e, t\rangle$ ist, als Argument mit dem Quantor zu verbinden. Dies würde uns auch einen Ausdruck vom Typ t geben. Jedoch erhalten wir so nicht die Bedeutung, die wir wollen, da nun **alex** als Objekt (= erstes Argument) und **alle**(**katze**) als Subjekt (= zweites Argument) interpretiert werden. Das wäre also die Bedeutung des Satzes *Alle Katzen mögen Alex* und nicht von *Alex mag alle Katzen*.

Vergleich zum Problem der VP-Koordination: Es gibt verschiedene Lösungen für dieses Problem, die wir an dieser Stelle nicht alle diskutieren wollen. Wir stellen aber zunächst fest, dass dieses Problem ähnlich ist wie das in Kapitel 8, als es um die VP-Koordination ging. Dort wollten wir die beiden VPs mit dem Junktor **und** bzw. $\wedge$ verbinden, bevor wir das Ergebnis mit dem Subjekt kombinieren, obwohl der Junktor eigentlich satzwertige Argumente erwartet. Wir haben das Problem in Kapitel 8 gelöst, indem wir die Argumentstellen der Verben mit Variablen gefüllt und das Ergebnis mit der Koordination verknüpft haben. Anschließend haben wir von diesen »geliehenen« Variablen mit Hilfe des λ-Operators wieder abstrahiert, um das entstandene komplexe Prädikat dann mit dem Subjekt zu verbinden. Zur Erinnerung wiederholen wir diese Strategie hier.

(37) Deniz döst und schnarcht.

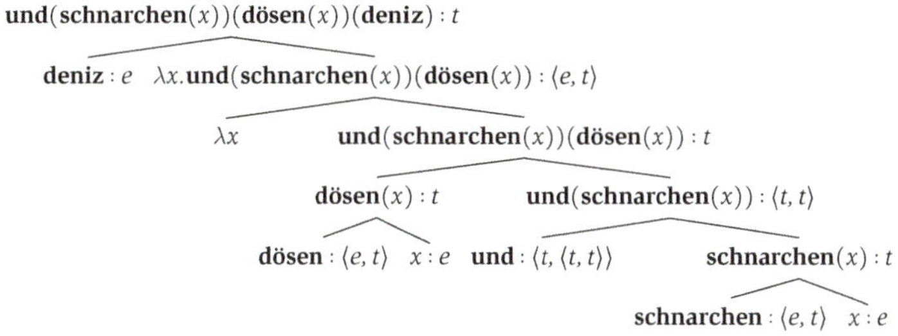

Nun ist die Konstellation in (36) zwar eine andere, das Grundproblem ist aber ähnlich gelagert: In (36) soll eine quantifizierte DP – die vom Typ $\langle\langle e, t\rangle, t\rangle$ ist – mit dem Verb kombiniert werden, welches aber zweistellig ist und deshalb den Typ $\langle e, \langle e, t\rangle\rangle$ hat. Wenn wir uns also ein Objekt für das Verb »leihen« und dadurch das Verb zu einem Ausdruck vom Typ $\langle e, t\rangle$ machen könnten, dann würde das Verb (plus geliehenem Objekt) als Argument für den Quantor fungieren können. Das Problem dabei ist allerdings, dass es die quantifizierende DP ist, die syntaktische genau diese Objektstelle besetzt.

10.4.1 | Analyse 1: Quantorenanhebung

Lösung des Typenkonflikts: Um aus dieser Zwickmühle zu gelangen, wenden wir eine ähnliche »Kredit«-Strategie an, wie bei der VP-Koordination in Kapitel 8. Das bedeutet, wir »leihen« uns eine Variable vom Typ *e*, um die Objektstelle des Verbs zu füllen. Anschließend verbinden wir das resultierende Prädikat mit dem Subjekt. Dadurch erhalten wir einen satzwertigen Ausdruck vom Typ *t*.

(38) $\mathbf{m\ddot{o}gen}(x)(\mathbf{alex}) : t$

$\mathbf{alex} : e$ $\quad$ $\mathbf{m\ddot{o}gen}(x) : \langle e, t\rangle$

$\mathbf{m\ddot{o}gen} : \langle e, \langle e, t\rangle\rangle$ $\quad$ $x : e$

Im nächsten Schritt zahlen wir die geliehene Variable gewissermaßen zurück, indem wir diese λ-abstrahieren. Dadurch erhalten wir als Bedeutung die Eigenschaft, von Alex gemocht zu werden bzw. die Menge der Individuen, die von Alex gemocht werden.

(39) $\lambda x.\mathbf{m\ddot{o}gen}(x)(\mathbf{alex}) : \langle e, t\rangle$

λx $\quad$ $\mathbf{m\ddot{o}gen}(x)(\mathbf{alex}) : t$

Da der resultierende Ausdruck vom Typ $\langle e, t\rangle$ ist, kann er als Argument für den Quantor **alle(katze)** fungieren, so dass wir nun wieder einen satzwertigen Ausdruck erhalten.

(40) $\mathbf{alle}(\mathbf{katze})(\lambda x.\mathbf{m\ddot{o}gen}(x)(\mathbf{alex})) : t$

$\mathbf{alle}(\mathbf{katze}) : \langle\langle e, t\rangle, t\rangle$ $\quad$ $\lambda x.\mathbf{m\ddot{o}gen}(x)(\mathbf{alex}) : \langle e, t\rangle$

Alles in allem sieht die Komposition dann wie folgt aus.

(41)
$$\begin{array}{c}
\textbf{alle}(\textbf{katze})(\lambda x.\textbf{mögen}(x)(\textbf{alex})) : t \\
\textbf{alle}(\textbf{katze}) : \langle\langle e,t\rangle, t\rangle \quad \lambda x.\textbf{mögen}(x)(\textbf{alex}) : \langle e,t\rangle \\
\textbf{alle} : \langle\langle e,t\rangle, \langle\langle e,t\rangle, t\rangle\rangle \quad \textbf{katze} : \langle e,t\rangle \quad \lambda x \quad \textbf{mögen}(x)(\textbf{alex}) : t \\
\textbf{alex} : e \quad \textbf{mögen}(x) : \langle e,t\rangle \\
\textbf{mögen} : \langle e, \langle e,t\rangle\rangle \quad x : e
\end{array}$$

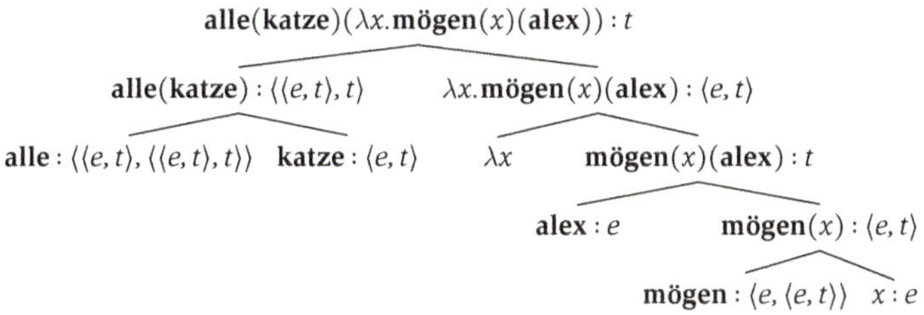

Was hier geschieht, lässt sich auch so beschreiben: Mit Hilfe der geliehenen Variable x bilden wir zunächst den satzwertigen Ausdruck **mögen**(x)(**alex**) – sprich: »Alex mag x« – und abstrahieren dann von der Variablen, um die Eigenschaft $\lambda x.$**mögen**(x)(**alex**) – sprich: »von Alex gemocht werden« – zu bilden. Über diese Eigenschaft quantifizieren wir dann mit **alle**(**katze**): Alle Katzen haben die Eigenschaft, von Alex gemocht zu werden. Oder, um es in Mengen auszudrücken: Die Menge der Katzen ist Teilmenge der Menge der Objekte, die von Alex gemocht werden.

Quantorenanhebung: An der Lösung in (41) fällt auf, dass die Struktur verändert wurde, denn die quantifizierte DP ist nicht mehr Komplement des Verbs, sondern wird erst nach dem Subjekt an die entstandene Struktur adjungiert. Stattdessen übernimmt die Variable den Platz des direkten Objekts in der VP. Und in der Tat wurde eine solche strukturverändernde Analyse auch in der Literatur vorgeschlagen (vgl. Heim/Katzer 1998). Die Idee dabei ist, dass sich ein Quantor in Objektposition (und vermutlich sogar generell jeder Quantor) syntaktisch aus der VP herausbewegen muss, um **Skopus** über den gesamten Satz zu nehmen, wobei Skopus hier gewissermaßen der Wirkungsbereich eines Quantors ist, auf den er sich bezieht. Dabei hinterlässt er in der Syntax eine Spur (t für englisch »trace«). Semantisch entspricht diese Spur dann einer Variablen vom Typ e. Weiterhin muss angenommen werden, dass die Bewegung auch eine Form von Bindung durch den λ-Operator in der Semantik unterhalb der »Landeposition« des Quantors hinterlässt. Dabei muss sichergestellt werden, dass dieser Binder (in der Syntax dann oft »Index« genannt) der Spur bzw. Variable entspricht.

Bewegung des Quantors

(42)

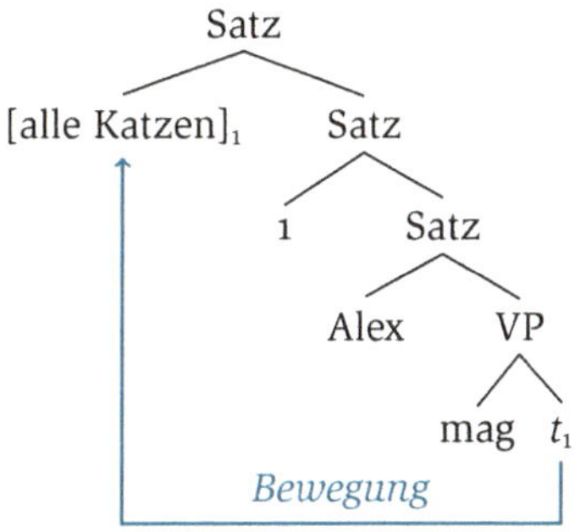

Coverte Bewegung führt zu Diskrepanz zwischen phonologischer und logischer Form

Die DP *alle Katzen* hat sich in (42) aus der Objektposition bewegt und eine Spur t_1 hinterlassen, die eine 1 als Index trägt. Der gleiche Index wir durch die Bewegung ebenfalls unterhalt der Landeposition des Quantor als »Binder« der Spur eingeführt. Dieser syntaktische Binder 1 entspricht in der Semantik dem λx-Präfix und die Spur t_1 entspricht der der entsprechenden Variable x.

Die Strategie, den Quantor an eine höhere Stelle zu bewegen, ist in der Literatur unter dem Begriff **Quantorenanhebung** oder auch nur kurz **QR** (für englisch: **quantifier raising**) bekannt. Natürlich ergibt das Ganze nur in einem Grammatikmodell Sinn, in dem es »unsichtbare« Bewegung gibt (vgl. z. B. Philippi/Tewes 2010). Unsichtbare Bewegung – auch **coverte Bewegung** genannt – ist Bewegung, die wie hier beispielsweise aus logisch-semantischen Gründen erfolgt und nicht phonologisch umgesetzt wird, denn der Satz lautet ja weiterhin »Alex mag alle Katzen« und nicht »Alle Katzen werden von Alex gemocht«. Diese Diskrepanz zwischen **logischer Form** und **phonologischer Form** wird durch die verdeckte Quantorenanhebung eingeführt.

Unabhängige Evidenz für Quantorenanhebung: Es gibt durchaus Gründe, die Quantorenanhebung unabhängig von dem Kompositionsproblem bei Quantoren in Objektposition zu rechtfertigen, das durch die Anhebung gelöst wird. Ein Beispiel dafür ist das Phänomen der sogenannten **Skopusambiguität**. Damit ist das Phänomen gemeint, dass Sätze mit mehr als einem Quantor mehrdeutig sind (vgl. u. a. Pafel 2005).

(43) Alle Studierenden kennen eine Linguistin.

Der Satz in (43) hat zwei Lesarten. Die prominentere ist die, in der der Allquantor Skopus über den Existenzquantor (notiert als $\forall > \exists$) hat und die sich wie folgt paraphrasieren lässt:

(44) Lesart $\forall > \exists$:
Für alle Studierenden x gilt: Es gibt eine Linguistin y, so dass gilt: x kennt y.

Für diese Leseart reicht es aus, dass jede Studierende eine beliebige Linguistin kennt, vielleicht kennt Alex Angelika (Kratzer), Bente kennt Barbara (Partee) und Chris kennt Cleo (Condoravdi). Für die zweite Lesart von (43) gilt dies nicht, denn hier hat der Existenzquantor Skopus über den Allquantor (notiert als $\forall > \exists$). Diese Lesart lässt sich wie folgt paraphrasieren:

(45) Lesart $\exists > \forall$:
Es gibt eine Linguistin y, so dass gilt: Für alle Studierenden x gilt: x kennt y.

Damit der Satz in (43) unter dieser Lesart wahr wird, reicht die eben geschilderte Situation nicht aus. Die Lesart (45) verlangt nämlich, dass es eine Linguistin gibt, die von allen Studierenden gekannt wird. Wenn beispielsweise Angelika Kratzer von allen Studierenden gekannt wird, wird

(43) unter dieser Lesart war. Diese ist eine stärke Lesart gegenüber der in (44). Denn wenn es keine einzige Linguistin gibt, die von allen Studierenden gekannt wird, kann es trotzdem noch wahr sein, dass jede Studierende eine Linguistin kennt.

Ableitung der Skopusambiguitäten: Diese Skopusambiguität lässt sich nun auf unterschiedliche Bewegungen der beiden Quantoren zurückführen. Wird der Objektquantor über den Subjektquantor bewegt, dann erhalten wir die Lesart in (45). Dies ist in dem Strukturbaum in (46) dargestellt. Der untere Teil der Ableitung für (46) sieht dabei aus wie zuvor. Der Unterschied zur Struktur in (41) ist, dass das Subjekt eine quantifizierte DP ist und deshalb das Funktion-Argument-Verhältnis bei der Kombination von Subjekt und VP andersherum gestaltet als in (41).

Unterschiedliche Bewegungen führen zu unterschiedlichen Lesarten

(46) $\textbf{eine}(\textbf{linguistin})(\lambda x.\textbf{alle}(\textbf{studierend})(\textbf{kennen}(x)))$

$\textbf{eine}(\textbf{linguistin}) : \langle\langle e,t\rangle, t\rangle \quad \lambda x.\textbf{alle}(\textbf{studierend})(\textbf{kennen}(x)) : \langle e,t\rangle$

$\lambda x \quad \textbf{alle}(\textbf{studierend})(\textbf{kennen}(x)) : t$

$\textbf{alle}(\textbf{studierend}) : \langle\langle e,t\rangle, t\rangle \quad \textbf{kennen}(x) : \langle e,t\rangle$

$\textbf{kennen} : \langle e, \langle e,t\rangle\rangle \quad x : e$

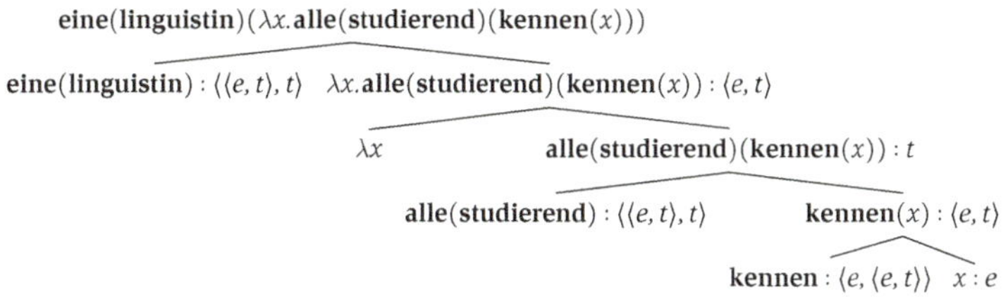

Für die ∀ > ∃-Lesart in (44) reicht dieses Vorgehen nicht, da der Subjektquantor noch über dem Objektquantor stehen muss. Das bedeutet, dass wir auch diesen aus seiner Basisposition bewegen müssen. Beide Verbargumente werden dann durch Variablen besetzt, welche an höherer Stelle wieder λ-abstrahiert werden, um die für die Quantoren nötigen Prädikate vom Typ $\langle e, t\rangle$ zu erzeugen. Im Unterschied zu (46) passiert dies zweimal, jeweils an unterschiedlicher Stelle.

(47) $\textbf{alle}(\textbf{studierend})(\lambda y.\textbf{eine}(\textbf{linguistin})(\lambda x.\textbf{kennen}(x)(y))) : t$

$\textbf{alle}(\textbf{studierend}) : \langle\langle e,t\rangle, t\rangle \quad \lambda y.\textbf{eine}(\textbf{linguistin})(\lambda x.\textbf{kennen}(x)(y))$

$\lambda y \quad \textbf{eine}(\textbf{linguistin})(\lambda x.\textbf{kennen}(x)(y)) : t$

$\textbf{eine}(\textbf{linguistin}) : \langle\langle e,t\rangle, t\rangle \quad \lambda x.\textbf{kennen}(x)(y) : \langle e,t\rangle$

$\lambda x \quad \textbf{kennen}(x)(y) : t$

$y : e \quad \textbf{kennen}(x) : \langle e,t\rangle$

$\textbf{kennen} : \langle e, \langle e,t\rangle\rangle \quad x : e$

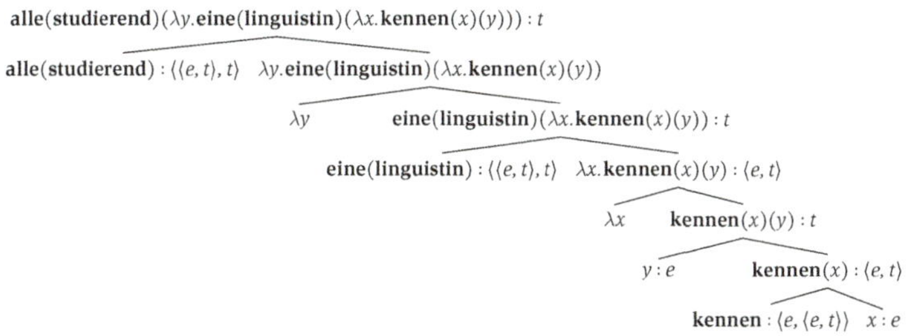

Somit haben wir beide Lesarten für den Satz in (43) abgeleitet, die sich am Ende darin unterscheiden, welcher Quantor Skopus über den anderen hat.

10.4.2 | Analyse 2: Änderung des Quantorentyps

Typenverschiebung: Neben der Quantorenanhebung gibt es noch weitere Strategien, um Quantoren in Objektposition analysieren zu können. Eine weitere wollen wir hier kurz skizzieren, da sie uns ein anderes interessantes Konzept nahebringt, die sogenannte **Typenanhebung** oder auch generell das Konzept der **Typenverschiebung** (englisch **type shift**). Die Grundidee dabei ist, dass es manchmal aus kompositionellen Gründen notwendig ist, den Typ eines Ausdrucks an seine semantische Umgebung anzupassen, damit eine Komposition überhaupt möglich wird. Unser Fall der Quantoren in Objektposition ist beispielsweise ein Kandidat für eine Typenverschiebung. Anstatt wie beim QR die Struktur zu ändern, ändern wir die lokale Bedeutung des Quantors und seinen Typ.

Dazu definieren wir einen Operator, der die gleiche Strategie der Variableneinführung und späterer Abstraktion (die wir auch beim QR verfolgt haben) gewissermaßen direkt in die Bedeutung des Quantors einbaut. Sprich, der Quantor nimmt keine Eigenschaft als Argument, sondern eine zweistellige Relation als Argument. Der Input des neuen Quantortyps ist also nicht mehr $\langle e, t\rangle$, sondern $\langle e, \langle e, t\rangle\rangle$. Wir haben quasi eine weitere Typ-e-Stelle geschaffen. Beim Output des neuen Quantors verfahren wir analog: Anstatt einen Wahrheitswert (Typ t) zu ergeben, ist der Output eine Eigenschaft vom Typ $\langle e, t\rangle$. Während ein gewöhnlicher Quantor also den Typ $\langle\langle e, t\rangle, t\rangle$ hat, hat der neue »Objektquantor« den Typ $\langle\langle e, \langle e, t\rangle\rangle, \langle e, t\rangle\rangle$. Dieser Unterschied ist in (48) nochmals dargestellt, wo die hinzugefügten Typ-e-Stellen fett und farblich markiert sind.

(48)

	$\langle$	*Input*	,	*Output*	$\rangle$
Quantor	$\langle$	$\langle e, t\rangle$	,	t	$\rangle$
Objektquantor	$\langle$	$\langle \mathbf{e}, \langle e, t\rangle\rangle$	,	$\langle \mathbf{e}, t\rangle$	$\rangle$

Natürlich können wir nicht einfach nur den Typen ändern, sondern müssen auch den Ausdruck entsprechend anpassen. Die Regel, die eine Typenverschiebung wie in (48) beim Quantor vornimmt, lässt sich schematisch wie folgt formulieren:

Typenanhebung des Quantors

(49) $\textsc{quantor} : \langle\langle e, t\rangle, t\rangle \stackrel{shift}{\Longrightarrow} \lambda V_{\langle e, \langle e, t\rangle\rangle}\lambda y.\textsc{quantor}(\lambda x. V(x)(y)) :$
$\langle\langle e, \langle e, t\rangle\rangle, \langle e, t\rangle\rangle.$

Durch diese Typenverschiebung verfügt sowohl der Input also auch der Output des Quantors über eine weitere Argumentstelle für ein Individuum. Dies ermöglicht es uns, den geshifteten Quantor direkt auf ein zweistelliges Verb (Typ $\langle e, \langle e, t\rangle\rangle$) anzuwenden. Das Ergebnis kann dann noch mit dem Subjekt kombiniert werden. Eine Struktur, die von (49) Gebrauch macht, sieht dann wie folgt aus.

(50) $\textbf{alle}(\textbf{katzen})(\lambda x.\textbf{mögen}(x)(\textbf{alex})) : t$

$\textbf{alex} : e$ $\quad$ $\lambda y.\textbf{alle}(\textbf{katzen})(\lambda x.\textbf{mögen}(x)(y)) : \langle e, t\rangle$

$\textbf{mögen}\langle e, \langle e, t\rangle\rangle$ $\quad$ $\lambda V_{\langle e,\langle e,t\rangle\rangle}\lambda y.\textbf{alle}(\textbf{katzen})(\lambda x.V(x)(y)) : \langle\langle e, \langle e, t\rangle\rangle, \langle e, t\rangle$

Dies ist genau das gleiche Ergebnis, das die QR-Analyse in (39) ergeben hat, was natürlich auch erwünscht ist. Der Unterschied besteht darin, dass in (47) die Struktur selbst gleicht bleibt, sich aber die Art der Bedeutung des Quantors an Objektstelle verkompliziert. Die Analyse mit QR hingegen ändert nicht die Bedeutung des Quantors (dieser bleibt vom Typ $\langle e, \langle e, t\rangle\rangle$), geht dafür aber von einer komplizierteren Struktur aus.

Dies soll unsere Analyse von Quantoren in Objektposition an dieser Stelle abschließen. Auch wenn die Typen und die Ableitung hier relativ komplex erscheinen, sei nochmals darauf hingewiesen, dass die grundlegende Strategie, um Quantoren in Objektposition kompositionell zu analysieren, ähnlich auch schon in Kapitel 8 bei der VP-Koordination zum Einsatz gekommen ist.

10.5 | Der definite Artikel

Bei allen Quantoren, die wie wir bisher analysiert haben, handelt es sich um quantifizierte DPs, die auf eine Menge von Individuen referiert haben. Was wir bisher noch nicht behandelt haben, sind DPs, die einen definiten Artikel enthalten.

(51) Die Katze schläft.

Zwei Analysen des definiten Artikels

Was die beste Analyse solcher definiten DPs ist, ist bis heute immer noch ein wenig umstritten und das, obwohl diese Debatte ihren Ursprung schon vor über hundert Jahren genommen hat (Russel 1905; Strawson 1950). Es gibt im Wesentlichen zwei Analysen von definiten DPs: eine referentielle und eine quantifikationelle. Dabei ist die Streitfrage, ob definite DPs auf ein Individuum **referieren** und somit vom Typ *e* sind oder ob sie genau wie die anderen DPs **quantifizieren** und somit den Typ $\langle\langle e, t\rangle, t\rangle$ haben.

Wir wollen im Rahmen dieser Einführung nicht auf diese Debatte eingehen und das Für und Wider der beiden Positionen diskutieren (vgl. Abbott 2010: Kap. 6), sondern lediglich skizzieren, wie die beiden Ansätze eine definite DP wie in (51) analysieren. Dabei beginnen wir mit dem quantifikationellen Ansatz, da dieser sich ohne weitere Annahmen mit unseren bisher entwickelten Mitteln formulieren lässt.

10.5.1 | Analyse 1: Quantifikationeller Ansatz

Um der Semantik der definiten DPs etwas näherzukommen, betrachten wir zunächst das folgende Minimalpaar, das sich nur in der Wahl des Artikels unterscheidet.

(52) a. Die Katze schläft.
b. Eine Katze schläft.

Wenn wir davon ausgehen, dass der definite Artikel genauso einen Quantor bildet wie der indefinite – das ist die Grundidee des quantifikationellen Ansatzes – dann wissen wir, dass der definite Artikel sowohl das nominale als auch das verbale Prädikat als Argument nimmt und den Typ $\langle\langle e, t\rangle, \langle\langle e, t\rangle, t\rangle\rangle$ hat.

(53) a. **die**(**katze**)(**schlafen**)
b. **eine**(**katze**)(**schlafen**)

Bedeutungskomponenten: Die ganze DP *die Katze* referiert in diesem Ansatz also nicht auf ein bestimmtes Katzenindividuum, sondern quantifiziert über die Verbalphrase. Das bedeutet, dass der definite Artikel die beiden durch die Argumente charakterisierten Mengen in ein Verhältnis setzen muss, genauso wie es die anderen in Kapitel 10.3 besprochenen Quantoren tun. Durch welche Bedingungen ist also die Relation zwischen der Menge der Katzen und der Menge der schlafenden Individuen in (52a) gekennzeichnet? Erstens ist klar, dass aus (52a) folgen sollte, dass es eine Katze gibt (**Existenzbedingung**). Die Menge der Katzen darf also nicht leer sein. Zweitens – und das ist das »Bestimmte« an dem bestimmten (= definiten) Artikel – gibt es nur eine (relevante) Katze. Die Menge der Katzen darf also nur ein Element enthalten; sprich die Kardinalität dieser Menge darf nicht größer als 1 sein (**Einzigkeitsbedingung**). Drittens sollte aus (52a) folgen, dass es eine schlafende Katze gibt; der Schnitt der beiden Mengen darf also nicht leer sein (**Prädikation**). Diese drei Bedingungen zusammengenommen stehen für die quantifikationelle Analyse eines Satzes mit definiter DP. Für unseren Beispielsatz in (52a) erhalten wir dann die folgenden Wahrheitsbedingungen:

(54) $[\![\textbf{die}(\textbf{katze})(\textbf{schlafen})]\!] = 1$, wenn $\downarrow[\![\textbf{katze}]\!] \neq \varnothing$ (Existenz)
und $|\downarrow[\![\textbf{katze}]\!]| < 2$ (Einzigkeit)
und $\downarrow[\![\textbf{katze}]\!] \cap \downarrow[\![\textbf{schlafen}]\!] \neq \varnothing$. (Prädikation)

Aus diesen Wahrheitsbedingungen für (52a) können wir wie zuvor auch eine lexikalische Semantik für den definiten Artikel aufstellen.

(55) $[\![\textbf{die}_{quant}]\!]$ = die Funktion f, so dass für alle Funktionen $A, B \in D_{\langle e,\, t\rangle}$ gilt:
$f(A)(B) = 1$, wenn $\downarrow A \neq \varnothing$
und $|\downarrow A| < 2$
und $\downarrow A \cap \downarrow B \neq \varnothing$.

Referentielle Analyse ohne generalisierte Quantoren: Dass diese drei Bedingungen als drei separate Bedingungen formuliert werden, hat traditionelle Gründe. Denn wenn man diese Bedingungen mittels einer klassischen Quantifikation – also mit den Mitteln aus Kapitel 9 – ausdrücken will, dann muss man das in drei Bedingungen formulieren. Den im Gegensatz zu der Analyse mit generalisiertem Quantoren, verfügt man in der klassischen Quantorenlogik nur über die Analyse mittels ∃ und ∀. Man vergleicht also keine Mengen miteinander, so dass die Bedingungen in (55) nicht formulierbar sind. Stattdessen können die Bedingungen in (54) wie in (56) formuliert werden, was in (57) paraphrasiert wird.

(56) $$\underbrace{\exists x.[\mathbf{katze}(x)}_{\textit{Existenz}} \wedge \underbrace{\neg\exists y.[y \neq x \wedge \mathbf{katze}(y)]}_{\textit{Einzigkeit}} \wedge \underbrace{\mathbf{schlafen}(x)]}_{\textit{Prädikation}}$$

(57) Es gibt ein *x*, so dass gilt:

x ist eine Katze,	(Existenz)
und es gibt kein *y*, das nicht gleich *x* ist und eine Katze ist	(Einzigkeit)
und *x* ist eine Katze	(Prädikation)

Hier sieht man, dass man beispielsweise die Existenz und Einzigkeitsbedingung nicht zusammenfassen kann, sondern dass diese durch zwei Bedingungen ausgedrückt werden müssen, welche wiederum gesondert von der Prädikation formuliert sind.

Vereinfachung der Bedingungen: Wenn wir aber die Theorie der generalisierten Quantoren zur Analyse benutzen, dann lässt sich die Bedeutung in (55) auch wesentlich einfacher ausdrücken. Wir können sagen, dass sowohl die Menge der Katzen als auch die Menge des Schnitts zwischen der Menge der Katzen und der Menge der schlafenden Individuen genau ein Element enthält.

Quantifikationelle Deutung des definiten Artikels

(58) $[\![\mathbf{die}_{quant}]\!]$ = die Funktion *f*, so dass für alle Funktionen $A, B \in D_{\langle e,\, t\rangle}$ gilt:

$$f(A)(B) = 1, \text{ wenn } |{\downarrow}A| = |{\downarrow}A \cap {\downarrow}B| = 1.$$

Der quantifikationelle Ansatz besagt also, dass es genau ein Individuum geben muss, das unter die Denotation des nominalen Elements der DP fällt, und dass dieses Individuum auch unter die Denotation der VP fallen muss.

10.5.2 | Analyse 2: Referentieller Ansatz

Präsuppositionen: Der zweite Ansatz greift an diesem Punkt an und stellt in Frage, dass ein Satz mit definiter Kennzeichnung falsch wird, sobald die Einzigkeitsbedingung oder die Existenzbedingung nicht erfüllt ist. Ein Argument für den ersten Fall ist, dass es nicht ganz intuitiv ist, einen Satz mit definiter DP zurückzuweisen, nur weil die Einzigkeitsbedingung nicht erfüllt ist. So scheint Bentes Reaktion auf Alex' Äußerung in (59) unangemessen.

(59) Alex: Die Katze schläft.
Bente: #Das stimmt nicht; es gibt zwei Katzen, die schlafen.

An eine ähnliche Intuition appelliert der referentielle Ansatz im Fall der Existenzbedingung. In dem folgenden Beispiel ist es nicht sinnvoll zu sagen, dass der Satz falsch ist (auch wenn er sicher nicht wahr ist), da man, wenn es keinen gegenwärtigen König von Frankreich gibt, gar nicht sagen kann, ob dieser nun kahlköpfig ist oder nicht.

(60) Der gegenwärtige König von Frankreich ist kahlköpfig.

Die Idee des referentiellen Ansatzes ist, dass die Existenz (und wohl auch die Einzigkeitsbedingung) nicht Teil der Wahrheitsbedingungen eines Satzes mit definiter DP sind, sondern dass diese Bedingungen stattdessen spezielle Voraussetzungen – sogenannte **Präsuppositionen** – dafür sind, dass die DP ihre Referenz erhält. Wenn diese Präsuppositionen erfüllt sind, dann referiert die DP einfach auf das entsprechende Individuum. Wenn es also in unserem Modell nur die Katze Minka gibt, dann ist dies Bedeutung der DP.

(61) $[\![\mathbf{die}_{ref}(\mathbf{katze})]\!]^{M,g} = \text{Minka}$

Das bedeutet dann auch, dass der definite Artikel unter dieser Sichtweise einen anderen Typ hat. Er nimmt nämlich eine Menge von Individuen als Argument und liefert ein Individuum als Denotation. Folglich muss der Artikel den Typ $\langle\langle e, t\rangle, e\rangle$ haben, weshalb die Komposition auch eine andere Struktur hat, als unter der quantifikationellen Analyse.

(62)

$$\mathbf{schläft}(\mathbf{die}_{ref}(\mathbf{katze})) : t$$

$$\mathbf{die}_{ref}(\mathbf{katze}) : e \qquad \mathbf{schläft} : \langle e, t\rangle$$

$$\mathbf{die}_{ref} : \langle\langle e, t\rangle, e\rangle \quad \mathbf{katze} : \langle e, t\rangle$$

Präsuppositionen als partielle Funktionen: Für den Beitrag des definiten Artikels müssen wir also sicherstellen, dass dieser eine Menge von Individuen als Argument nimmt und eine einzelne Referenz liefert und zwar genau dann, wenn diese Menge ein einzelnes Individuum enthält. Was wir also benötigen, ist eine Funktion, die beispielsweise wie folgt aussieht:

(63)
$$\begin{bmatrix} \varnothing & \\ \{A\} & \mapsto A \\ \{B\} & \mapsto B \\ \{A, B\} & \end{bmatrix}$$

Die beiden Mengen $\{A\}$ und $\{B\}$ enthalten jeweils nur ein Element. Folglich kann die Funktion in (63) diese Menge auf genau dieses Element abbilden. Sowohl die leere Menge als auch Mengen mit mehr als einem Element können von der Funktion auf nichts abgebildet werden. In der Terminologie aus Kapitel 4 handelt es sich hierbei also um eine **partielle Funktion**, da nicht jedes Element aus der entsprechenden Input-Domäne (hier Objekte vom Typ $\langle e, t\rangle$) auf ein Element in der Output-Domäne abgebildet wird (hier Objekte vom Typ e).

Eine solche partielle Funktion als Bedeutung für den Definitartikel erhalten wir, indem wir bestimmte Bedingungen für die Argumente des Artikels aufstellen, eben solche Präsuppositionen wie die oben erwähnten. Wir notieren Präsuppositionen nach dem in der Literatur oft verwendeten Format PRÄSUPPOSITION: NORMALE BEDEUTUNG. Damit können wir für die referentiellen Deutung des definiten Artikels die Bedeutung wie folgt formulieren:

Referentielle Deutung des definiten Artikels

(64) $[\![\mathbf{die}_{ref}]\!]^{M,g}$ = die Funktion f, so dass für jedes $A \in D_{\langle e,\, t\rangle}$ gilt:

$$f(A) = \underbrace{|\downarrow A| = 1 \text{ und } d \in \downarrow A :}_{\text{Präsupposition}} \; \underbrace{d}_{\text{Referenz}}$$

Diese Semantik besagt, dass die Denotation des Nomens eine Menge mit einem Individuum als einziges Element sein muss, indem präsupponiert wird, dass die Kardinalität der Menge gleich 1 ist. Wenn dies der Fall ist, liefert die Anwendung der Funktion auf die Menge eben dieses einzelne Element als Output. Wenn also gilt, dass $\downarrow[\![\mathbf{katze}]\!] = \{\text{Minka}\}$, dann ist $[\![\mathbf{die}_{ref}(\mathbf{katze})]\!] = \text{Minka}$. Eine entsprechende Analyse und Rechnung können Sie in einer Arbeitsaufgabe am Kapitelende vornehmen.

Präsuppositionsfehler: Wir haben an dieser Stelle nichts darüber gesagt, was passiert, wenn wir den definiten Artikel auf ein Argument anwenden, das kein Individuum oder mehr als ein Individuum enthält, und somit die in (64) kodierte Präsupposition nicht erfüllt. In beiden Fall ist das Ergebnis der Applikation nicht definiert.

(65) a. $[\![\mathbf{die}_{ref}]\!](\ \{A\}\ ) = A$
b. $[\![\mathbf{die}_{ref}]\!](\ \varnothing\ ) = \textit{undefiniert}$
c. $[\![\mathbf{die}_{ref}]\!](\ \{A, B\}\ ) = \textit{undefiniert}$

Wir gehen hier der Einfachheit halber davon aus, dass, wenn ein solcher sogenannter **Präsuppositionsfehler** vorliegt, nicht nur das Ergebnis undefiniert ist, sondern auch jede weitere Verknüpfung des resultierenden Ausdrucks mit anderen Ausdrücken zu undefinierten Ergebnissen führt. Folglich würde das klassische Beispiel in (60) weder wahr noch falsch sein, da gar kein Wahrheitswert berechnet werden kann, weil der Definitartikel auf ein Nomen angewendet wird, das eine leere Denotation hat und wir es also mit einem Fall wie in (65b) zu tun haben. Tatsächlich sind die sprachlichen Daten zu Präsupposition aber wesentlich komplexer, wie die Vielzahl an Arbeiten zu diesem Phänomen zeigt.

Pragmatische Aspekte von Definitheit

Definitheit und Pragmatik: Wir wollen darauf hinweisen, dass unsere Darstellung des definiten Artikels in vielerlei Hinsicht eine starke Vereinfachung ist, da Präsuppositionen sich nicht immer so simpel »vererben«, wie wir es hier angenommen habe (vgl. Beaver 1997). Darüber hinaus ist Definitheit, die wir in beiden Analysen einfach als Existenz und Einzigkeit aufgefasst haben, eine grundlegend pragmatische Kategorie, die von vielen Diskursfaktoren wie **Prominenz** und **Salienz** oder **Relevanz** abhängt und nicht immer tatsächliche Einzigkeit voraussetzt (vgl. Birner 2012; von Heusinger 2013). Wenn wir uns zum Beispiel eine Situation vorstellen, in der zwei Katzen (zum Beispiel Minka und Elsa) im Raum sind und in der Minka auf dem Sofa liegt, Elsa aber auf dem Esstisch sitzt, ist es problemlos möglich (66) zu äußern, ohne dass wir das Gefühl haben, dass ein Präsuppositionsfehler vorliegt.

(66) Die Katze sitzt schon wieder auf dem Esstisch!

All dies haben wir hier vernachlässigt, um uns der Semantik des definiten Artikels anzunähern, wie sie in der klassischen semantischen Literatur diskutiert wird.

Aufgaben

1. Definieren Sie in Anlehnung zu den Analysen in Kapitel 10.1 einen (nicht generalisierten) Quantor für »Weniger als drei (Katzen schnurren).«

2. Geben Sie für folgende Funktionen jeweils die charakterisierte Menge an (siehe Kapitel 10.2).

$$\begin{bmatrix} A & \mapsto & 1 \\ B & \mapsto & 0 \\ C & \mapsto & 0 \\ D & \mapsto & 1 \end{bmatrix} \quad \begin{bmatrix} X & \mapsto & 1 \\ 3 & \mapsto & 0 \\ B & \mapsto & 1 \\ Y & \mapsto & 1 \end{bmatrix} \quad \begin{bmatrix} F & \mapsto & 0 \\ A & \mapsto & 0 \\ I & \mapsto & 0 \\ L & \mapsto & 0 \end{bmatrix}$$

3. Definieren Sie generalisierte Quantorenbedeutungen für:
- **kein** (Hund miaut)
- **weniger als zwei** (Vögel zwitschern)
- **höchstens die Hälfte aber mindesten 10** (Dozenten dösen)

4. Geben Sie jeweils ein Modell an, das die folgenden Sätze i) wahr bzw. ii) falsch macht.
- Eine Dozentin döst.
- Alle Hunde bellen.

Illustrieren Sie die jeweiligen Relationen auch mit Hilfe eines Venn-Diagramms.

5. Wieviel Lesarten hat der folgende Satz? Geben Sie jeweils passende Paraphrasen an.

   - Alle Studierenden stellen eine Dozentin einem Elternteil vor.

6. Analysieren Sie die semantische Struktur des folgenden Satz in beiden Lesarten. Nutzen Sie dabei die Analyse mit Quantorenanhebung und geben die entsprechenden semantischen Strukturbäume an.

   - Jede Dozentin kennt eine Studierende.

7. Analysieren Sie die semantische Struktur des folgenden Satzes in beiden Lesarten. Nutzen Sie dabei die Analyse mit Typenverschiebung und geben die entsprechenden semantischen Strukturbäume an.

   - Jede Katze jagt eine Maus.

8. Analysieren Sie folgenden Satz sowohl nach der quantifikationellen als auch nach der referentiellen Analyse des Definitartikels.

   - Der Hund begrüßt Chris.

   Geben Sie jeweils den semantischen Strukturbaum an und überlegen Sie sich ein Modell, in dem der Satz wahr wird, falsch wird, oder ein Präsuppositionsfehler vorliegt.

Zitierte Literatur

Abbott, Barbara. 2010. *Reference*. Oxford: Oxford University Press.

Barwise, J./Robin Cooper. 1981. Generalized Quantifiers and Natural Language. *Linguistics and Philosophy* 4. 159–219.

Beaver, David I. 1997. Presupposition. In: J. van Bethem/Alice ter Meulen (Hg.). *The Handbook of Logic and Language*. Oxford: Elsevier. 939–1008.

Breheny, Richard. 2008. A new look at the semantics and pragmatics of numerically quantified noun phrases. *Journal of Semantics* 25. 93–139.

Heim, Irene/Angelika Kratzer. 1998. *Semantics in Generative Grammar*. Oxford: Blackwell.

von Heusinger, Klaus. 2013. The salience theory of definiteness. In: Alessandro Capone/Francesco Lo Piparo/Marco Carapezza (Hg.). *Perspectives on Linguistic Pragmatics*. Berlin: Springer. 349–374.

Horn, Laurence R. 1989. *A Natural History of Negation*. Reissue edition 2001. Stanford CA: CSLI.

Keenan, Edward L./Jonathan Stavi. 1986. A semantic characterization of natural language determiners. *Linguistics and Philosophy* 9. 253–326.

Levinson, Stephen C. 2000. *Presumptive meanings. The theory of generalized conversational implicature.* Cambridge MA: MIT Press.

Pafel, Jürgen. 2005. *Quantifier Scope in German*. Amsterdam/Philadelphia: Benjamins.

Philippi, Jule/Michael Tewes. 2010. *Basiswissen Generative Grammatik*. Göttingen: Vandenhoeck & Ruprecht.

Russell, Bertrand. 1905. On denoting. *Mind* 14(56). 479–493.

Strawson, Peter F. 1950. On referring. *Mind* 59. 320–344.

11 Intensionen

Bei allen Bedeutungen, die wir in diesem Buch definiert bzw. analysiert haben, handelt es sich um Extensionen. Das heißt, jede Bedeutung ist fix in Bezug auf eine bestimmte Sachlage, so wie sie im Modell gegeben ist. So ist die Bedeutung eines Verbs wie *dösen* bzw. dessen formaler Übersetzung **dösen** dadurch gegeben, welche Objekte im Modell zu den dösenden gehören; genauer: worauf die Zuweisungsfunktion *I* die Konstante **dösen** abbildet. Also haben wir beispielsweise folgende Bedeutung für **dösen** in einem bestimmten Modell, das wir hier *M3* nennen wollen.

(1) $[\![\textbf{dösen}]\!]^{M3,g} = I(\textbf{dösen}) = \{\text{A, C}\}$

In gewisser Hinsicht ist ein Modell ein starrer Wirklichkeitsausschnitt und unveränderlich. Wer in dem Modell döst, der döst, und wer in dem Modell nicht döst, der döst nicht.

Sprachliche Bedeutung umfasst mehr als Extensionen

Dies mag zwar hilfreich sein, um in Bezug auf ein bestimmtes Modell den Wahrheitswert eines Satzes wie *Deniz döst* zu berechnen. Trotzdem bleibt das Gefühl, dass an der Bedeutung von *dösen* mehr dran ist als die reine Extension, denn zumindest in der realen Welt ändert sich die Extension von *dösen* ständig. Jedoch haben wir auch das Gefühl, dass die Bedeutung von *dösen*, die hinter dessen Extension steht, konstant bleibt, selbst wenn sich die Extension von *dösen* ändert. Diese »Bedeutung hinter der Extension« haben wir bereits in Kapitel 1 kurz kennengelernt: die Intension. Die Intension ist gewissermaßen unser reines sprachliches Wissen, das dann zusammen mit der jeweiligen Situation, auf die wir den Ausdruck anwenden, die Extension des Ausdrucks ergibt. Wie wir unsere formale Sprache um den Intensionsbegriff erweitern können und warum wir dies überhaupt tun sollten, ist Gegenstand dieses Kapitels.

11.1 | Wahrheitswerte und Intensionen

Einstellungsverben als intensionale Konstruktionen: Um die Einführung von Intensionen noch etwas zu motivieren, beginnen wir mit einigen sogenannten **intensionalen Konstruktionen**. Dies sind Konstruktionen, in die Extension des Gesamtausdruckes nicht alleine auf die Extensionen

Zu diesem Kapitel ist ein Erratum verfügbar unter
https://doi.org/10.1007/978-3-476-04870-7_12

J.B. Metzler © Springer-Verlag GmbH Deutschland, ein Teil von Springer Nature, 2019, korrigierte Publikation 2020
D. Gutzmann, *Semantik*, https://doi.org/10.1007/978-3-476-04870-7_11

seiner Bestandteile zurückgeführt werden kann. Ein typisches Beispiel sind sogenannte **propositionale Einstellungsverben** wie *glauben, wissen, hoffen* etc., die eine meist psychische Art von Einstellung des Subjekts ausdrücken.

(2) Alex glaubt, dass Alaska eine Stadt ist.

Strukturell gesehen, handelt es sich bei einem Verb wie *glauben* um einen Ausdruck, der zwei Argumente nimmt. Im Gegensatz zu herkömmlichen zweistelligen Prädikaten wie *mögen* nimmt (35) *glauben* jedoch typischerweise nicht zwei Individuen als Argument, sondern ein Individuum und einen sogenannten **Objektsatz**.

(3)
Während *mögen* semantisch gesehen eine Relation zwischen zwei Individuen ausdrückt, sollte *glauben* also eine Relation ausdrücken zwischen einem Individuum und einer Satzbedeutung.

Probleme für eine extensionale Analyse: Satzbedeutungen sind nach unserer bisherigen Analyse immer Wahrheitswerte. Folglich sollte *glauben* übersetzt werden in einen Ausdruck vom Typ $\langle t, \langle e, t \rangle \rangle$, also eine Funktion, die einen Wahrheitswert und ein Individuum als Argument nimmt und auf einen Wahrheitswert abbildet, oder: eine Relation zwischen einem Wahrheitswert und einem Individuum.

(4) $\mathbf{glauben}(\mathbf{stadt}(\mathbf{alaska}))(\mathbf{alex}) : t$

  $\mathbf{alex} : e$ $\mathbf{glauben}(\mathbf{stadt}(\mathbf{alaska})) : \langle e, t \rangle$

    $\mathbf{glauben} : \langle t, \langle e, t \rangle \rangle$ $\mathbf{stadt}(\mathbf{alaska}) : t$

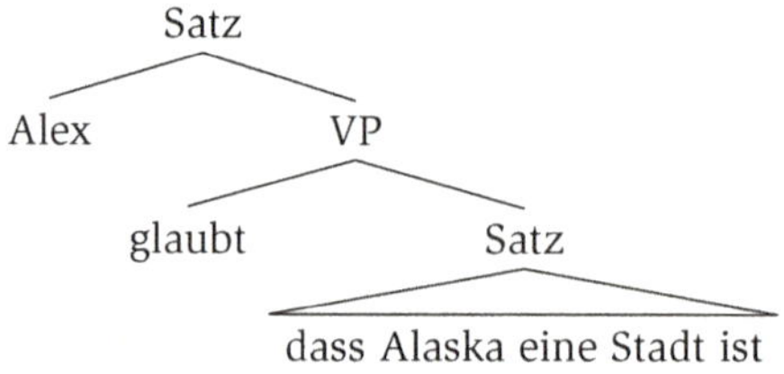

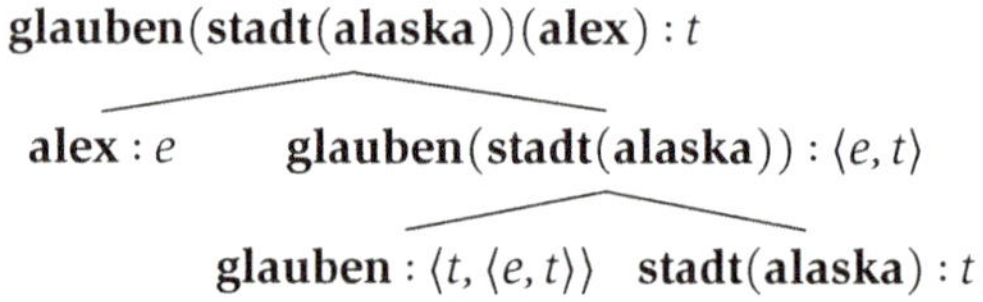

Kompositionell ist eine solche Struktur wohlgeformt. Konzeptuell ist sie aber sehr problematisch. Wie man in (4) sieht, hängt die Bedeutung des gesamten Ausdrucks auch von der Bedeutung ab, die der eingebettete Satz – also **stadt**(**alaska**) – erhält. Und diese Bedeutung ist in unserem System ein Wahrheitswert. Das ist aber kontraintuitiv. Die Bedeutung von (2) ist nicht abhängig davon, ob Alaska nun eine Stadt ist oder nicht. Prinzipiell ist es denkbar, dass Alex glaubt, dass Alaska eine Stadt ist, oder dass Alex dies nicht glaubt. Und zwar ganz unabhängig davon, ob dies nun der Fall ist oder nicht. Gerade das macht *glauben* aus, dass man etwas glauben kann, egal ob man mit seinem Glauben nun richtig liegt oder eben nicht.

Das Problem lässt sich noch deutlicher illustrieren. Nach (4) nimmt **glauben** als erstes Argument einen Wahrheitswert und als zweites ein

Individuum. Nehmen wir an, es gibt in unserem Modell nur zwei Individuen A(lex) und B(ente), dann könnte eine solche Funktion wie folgt aussehen:

(5)
$$\begin{bmatrix} 1 & \mapsto & \begin{bmatrix} A & \mapsto & 0 \\ B & \mapsto & 1 \end{bmatrix} \\ 0 & \mapsto & \begin{bmatrix} A & \mapsto & 1 \\ B & \mapsto & 0 \end{bmatrix} \end{bmatrix}$$

Angenommen, der Satz **stadt**(**alaska**) erhält den Wahrheitswert 0, dann wäre **glauben**(**stadt**(**alaska**))(**alex**) nach (5) wahr (= 1).

(6)
$$\begin{bmatrix} 1 & \mapsto & \begin{bmatrix} A & \mapsto & 0 \\ B & \mapsto & 1 \end{bmatrix} \\ 0 & \mapsto & \begin{bmatrix} A & \mapsto & 1 \\ B & \mapsto & 0 \end{bmatrix} \end{bmatrix} (0)(A) = 1$$

Das Problem ist nun, dass die Funktion in (5) gewissermaßen blind dafür ist, wo der Wahrheitswert herkommt, den sie als Input nimmt. Das heißt, an Stelle von **stadt**(**alaska**) könnten wir jeden beliebigen anderen satzwertigen Ausdruck, der den Wahrheitswert 0 erhält einsetzen, ohne dass sich etwas am Wahrheitswert des Gesamtsatzes ändern würde. Das bedeutet, wenn (2) wahr ist, dann muss auch (7) als wahr interpretiert werden.

(7) Alex glaubt, dass Köln ein Fluss ist.

Das bedeutet, alle unwahren Sätze würden sich in Bezug auf den Glauben von Alex gleich verhalten. Ebenso würden sich alle wahren Sätze untereinander auch gleich verhalten. Das ist natürlich eine absurde Konsequenz. Angenommen, es regnet und es gilt:

(8) Alex glaubt, dass es regnet.

Dann sollten wir einfach den zweiten Satz durch einen beliebigen anderen wahren Satz ersetzen können – beispielsweise dass der Logiker Richard Montague auch ein erfolgreicher Immobilieninvestor war – ohne dass sich etwas an dem Wahrheitswert des Gesamtsatzes ändert, da die durch **glauben** ausgedrückte Funktion wieder den Wahrheitswert 1 als Argument erhält. Und das ist ganz unabhängig davon, ob Alex überhaupt weiß, wer Montague war.

Extensionen sind nicht feinkörnig genug

Das Problem ist also, dass es nicht ausreicht, einfach die Extension des Objektsatzes als Argument für Einstellungsverben wie *glauben* zur Verfügung zu stellen. Da wir nur zwei Wahrheitswerte haben, haben wir auch nur zwei mögliche Satzextensionen; wir brauchen aber etwas Feinkörnigeres, das auch zwei wahre oder zwei falsche Satzinhalte voneinander unterscheiden kann. Hier kommt die Intension ins Spiel.

11.2 | Intensionen und Funktionen

Die Intension ist die Bedeutung, die unabhängig von den tatsächlichen Zuständen ist, die die Referenz bestimmen. Wir wollen die Bündelung aller Zustände, Fakten usw. eine **Situation** oder auch **mögliche Welt** nennen. Diese beiden Termini werden zwar in der Literatur leicht unterschiedlich verwendet, wir werden sie hier aber austauschbar gebrauchen, wobei wir hauptsächlich den Begriff der möglichen Welt verwenden werden. Darunter verstehen wir eine Art fixierten »Wirklichkeitspunkt«, wobei wichtig ist, dass es viele Welten gibt, die sich nicht mit der **aktualen Welt** decken, also der Welt, die unserer Wirklichkeit entspricht und oft als »$w_@$« notiert wird. So gilt für unsere aktuale Welt zum Zeitpunkt des Schreibens dieses Buches beispielsweise, dass Berlin und nicht Landau die Hauptstadt Deutschlands ist, und dass Köln und nicht Wuppertal die größte Stadt in Nordrhein-Westfalen ist. Wir können uns aber (mehr oder weniger) leicht alternative mögliche Welten vorstellen, in denen die Verhältnisse andere sind. Nehmen wir nur mal diese beiden Aspekte an, dann können wir uns beispielsweise die folgenden Welten vorstellen:

(9) $w_@$: Berlin ist Hauptstadt Deutschlands, Köln ist größte Stadt in NRW ...
w_1: Landau ist Hauptstadt Deutschlands, Köln ist größte Stadt in NRW ...
w_2: Berlin ist Hauptstadt Deutschlands, Wuppertal ist größte Stadt in NRW ...
w_3: Landau ist Hauptstadt Deutschlands, Wuppertal ist größte Stadt in NRW ...

Von den Welten hängt dabei aber noch mehr ab: wer schläft, wer schnarcht, wer miaut, wer wen mag oder ärgert, wer dieses Buch schreibt und so weiter; sprich alle sogenannten **kontingenten**, also wirklichkeitsabhängigen Fakten, die auch anders sein könnten, als sie in unserer Welt sind.

Wie kann uns dieser Weltbegriff nun dazu dienen, die Intension eines Ausdrucks formal zu definieren? Um diese Frage zu beantworten, hilft es, sich die Abhängigkeit der Extension von der Welt klar zu machen. Betrachten wir dazu den Satz in (10a) und dessen semantische Übersetzung in (10b).

(10) a. Landau ist die Hauptstadt Deutschlands.
b. **hauptstadt**(**deutschland**)(**landau**): *t*

Da es sich hier um einen satzwertigen Ausdruck vom Typ *t* handelt, ist die Extension wieder ein Wahrheitswert. Dieser hängt aber wie gerade besprochen von der jeweiligen Welt ab. Für die Beispielwelten in (9) können wir für den Ausdruck in (10b) die Extensionen wie folgt angeben.

(11) In $w_@$: $[\![$**hauptstadt(deutschland)(landau)**$]\!]$ = 0
In w_1: $[\![$**hauptstadt(deutschland)(landau)**$]\!]$ = 1

In w_2: $[\![$**hauptstadt(deutschland)(landau)**$]\!]$ = 0
In w_3: $[\![$**hauptstadt(deutschland)(landau)**$]\!]$ = 1

Wir haben die Extensionen in (11) bewusst so ausgeschrieben, dass das Ganze an eine Funktion erinnert. Denn als genau das werden wir Intensionen auch auffassen: Die Intension eines Satzes ist eine Funktion, die eine mögliche Welt als Argument nimmt und einen Wahrheitswert liefert. Die Intension für (10b) sähe dann so wie bereits durch (11) angedeutet aus:

(12) $$\begin{bmatrix} w_@ & \mapsto & 0 \\ w_1 & \mapsto & 1 \\ w_2 & \mapsto & 0 \\ w_3 & \mapsto & 1 \end{bmatrix}$$

Intensionen als Funktionen von möglichen Welten in Wahrheitswerte

Die Intension eines Satzes ist also eine Funktion von möglichen Welten in Wahrheitswerte. Und da Wahrheitswerte die Extension von Sätzen sind, können wir auch sagen, dass die Intension eines Satzes eine Funktion von möglichen Welten in Satzextensionen ist. Das können wir generalisieren, indem wir sagen, dass die Intension eines Ausdrucks eine Funktion von möglichen Welten in Extensionen des Ausdrucks ist. Schematisch können wir dies wie folgt illustrieren.

(13) Intension $\xRightarrow{w}$ Extension

Wenn wir das Weltargument als Formalisierung des Fakten- oder Weltwissens auffassen, dann drückt (13) genau die Relation zwischen Intension und Extension aus, die wir schon in Kapitel 1 kennengelernt haben. Das entsprechende Schema sei hier kurz wiederholt.

(14)
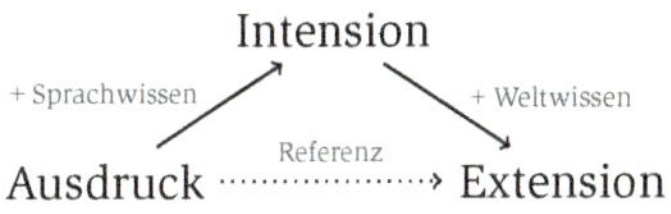

Etwas formaler können wir das Verhältnis zwischen Intension und Extension eines Ausdrucks wie folgt definieren.

Definition

Von Intension zu Extension: Die **Intension** **Int** eines Ausdrucks *A* ist eine Funktion von möglichen Welten in **Extensionen** **Ext** von *A*:

$$\textsc{Int}(A)(w) = \textsc{Ext}(A)$$

Wir wollen von nun an die Denotationsklammern $[\![...]\!]$ für die Intension eines Ausdrucks reservieren. Die Extension eines Ausdrucks erhalten wir dann, wenn wir der Definition entsprechend die Intension auf ein Weltargument anwenden.

(15) a. Intension von A: $[\![A]\!]^{M,g}$
b. Extension von A in w: $[\![A]\!]^{M,g}(\mathrm{w})$

Mit diesem Grundverständnis von Intensionen als Funktion von möglichen Welten in Extensionen können wir uns nun daran machen, Intensionen auch in unsere formale Sprache zu übernehmen.

11.3 | L_{Int} – eine Sprache mit Intensionen

Wir haben festgelegt, dass Intensionen Funktionen von möglichen Welten in Wahrheitswerte sind. Um dies in unserer Sprache widerzuspiegeln, liegt es also nahe, mögliche Welten als einen neuen Typ von Objekt in den Definitionen zu verankern.

Typen und Lexikon für L_{Int}: Um mögliche Welten in unsere neue formale Sprache aufzunehmen, die die wir $\boldsymbol{L}_{\mathrm{Int}}$ nennen, erweitern wir unser Typeninventar dadurch, dass wir einen neuen Basistyp s für mögliche Welten definieren.

Neuer Typ s für Welten

(16) **Typen für $\boldsymbol{L}_{\mathrm{Int}}$**
Typ ist die kleinste Menge, so dass gilt:
a. $e \in$ **Typ**
b. $t \in$ **Typ**
c. $s \in$ **Typ**
d. Wenn $\sigma \in$ **Typ** und $\tau \in$ **Typ**, dann $\langle \sigma, \tau \rangle \in$ **Typ**.

Die rekursive Definition der funktionalen Typen bleibt wie gehabt. Dabei wird die Definition den Typ s genauso behandelt wie e und t, auch wenn wir in unseren Analysen nie mit Ausdrücken zu tun haben werden, die etwas auf eine mögliche Welt abbilden, also die s als Output-Typ haben.

Dem Lexikon müssen wir an sich kaum etwas hinzufügen. Das einzige, das wir neu annehmen, ist, dass es eine spezielle Variable gibt, die die aktuale Welt bezeichnen soll. Diese notieren wir als w^*. Achtung: w^* ist eine Variable für die aktuale Welt (= ein Ausdruck der Sprache), nicht die aktuale Welt $\mathrm{w}_@$ selbst (= ein Objekt im Modell).

(17) **Lexikon für $\boldsymbol{L}_{\mathrm{Int}}$**
a. $\mathbf{K}_\sigma \subset$ **Lex** (eine Menge von Konstanten für jeden Typen σ).
b. $\mathbf{V}_\sigma \subset$ **Lex** (eine abzählbar unendliche Menge von Variablen für jeden Typ σ).
c. $w^* \in \mathbf{V}_s$ (spezielle Variable für die aktuale Welt).

Obwohl (17a) auch Konstanten vom Typ s mit einschließt, gibt es höchstwahrscheinlich keine Konstanten, die eine Welt bezeichnen; ähnlich wie es wohl keine lexikalischen Konstanten vom Typ *t* gibt. Variablen vom Typ *s* werden wir aber verwenden.

Intensionale Modelle: Bei der Definition der Modelle für unsere neue Sprache führen wir eine neue basale Domäne für den Typ *s* ein: D_s, die Menge der möglichen Welten, die wir mit dem Großbuchstaben W bezeichnen. Der Rest verhält sich wie in Kapitel 8 zuletzt beschrieben.

Modelle mit möglichen Welten

(18) **Modelle für $\boldsymbol{L}_{\text{Int}}$**
Ein Modell für $\boldsymbol{L}_{\text{Int}}$ ist eine Struktur $M = \langle \boldsymbol{D}, I \rangle$, so dass gilt:
a. $\boldsymbol{D}$ ist eine Menge von modelltheoretischen Objekten, mit folgenden Teilmengen:
(i) D_e, eine Menge von Individuen, ist die Domäne für Typ *e*.
(ii) $D_t = \{1, 0\}$, die Menge der Wahrheitswerte, ist die Domäne für Typ *t*.
(iii) D_s = W, eine Menge von möglichen Welten, ist die Domäne für Typ *s*. Sie enthält mindestens ein besonderes Element $\text{w}_@$, die sogenannte aktuale Welt.
(iv.) $D_{\langle \sigma, \tau \rangle} = \{f : D_\sigma \mapsto D_\tau \}$, die Menge der Funktionen von D_σ nach D_τ, ist die Domäne für funktionale Typen $\langle \sigma, \tau \rangle$.
b. *I* ist eine Zuweisungsfunktion, die jedem atomaren, wohlgeformten Ausdruck von $\boldsymbol{L}_{\text{Int}}$ ein modelltheoretisches Objekt aus $\boldsymbol{D}$ zuweist, wobei gilt: Wenn $\alpha \in A_\sigma$, dann $I(\alpha) \in D_\sigma$.

Neu ist, dass wir eine neue Art von Domäne mit neuen Objekten im Modell haben: die möglichen Welten.

Notationskonventionen

Wir folgen hier einer vielleicht etwas unsauberen, aber verbreiteten Konvention:
- Wir verwenden den Kleinbuchstaben »w« sowohl für die »Weltobjekte« (also die Elemente von W) als auch für die Weltvariablen (also Variablen vom Typ *s*).
- Um dies wenigstes typografisch ein wenig zu unterscheiden, setzen wir die Weltvariablen kursiv und die Welten im Modell nicht.
- Die Welten im Modell haben immer einen Index: Bei den Variablen werden wir Striche nutzen, um verschiedene Variablen zu unterscheiden.
- *w*, *w*', *w*" usw. sind also Weltvariablen und somit Ausdrücke der formalen Sprache, während w_1, w_2, w_3 usw. Welten und somit Objekte im Modell sind.

Die Interpretationsfunktion benötigt dann keine weitere Anpassung, da auch Ausdrücke, die den Welttyp *s* enthalten, ganz normal interpretiert werden. Das einzige, was wir hinzufügen müssen, ist die Beschränkung, dass die besondere Variable w^* durch die Variablenbelegungsfunktion *g* immer auf die aktuale Welt abgebildet wird.

(19) Die Variablenbelegungsfunktion *g* bildet Variablen auf Objekte im Modell ab, wobei gilt:
a. Wenn $v \in \mathbf{V}_\sigma$, dann $g(\alpha) \in D_\sigma$
b. $g(w^*) = \text{w}_@$

Den vorangegangenen Definitionen zufolge können wir jetzt eine Intension als neue Bedeutung für einen satzwertigen Ausdruck angeben. Ein Ausdruck wie in (11b) ist demnach ein Ausdruck vom Typ $\langle s, t\rangle$ und bezeichnet eine Funktion von Welten in Wahrheitswerte, wie sie in (20) dargestellt ist.

(20)

$$[\![\textbf{hauptstadt}(\textbf{deutschland})(\textbf{landau}): \langle s, t\rangle]\!]^{M,g} = \begin{bmatrix} w_@ & \mapsto & 0 \\ w_1 & \mapsto & 1 \\ w_2 & \mapsto & 0 \\ w_3 & \mapsto & 1 \end{bmatrix}$$

Anwendung der Intension auf mögliche Welt ergibt Extension

Um die Extension, also den Wahrheitswert von einem solchen Satz in einer bestimmten Welt zu erhalten, müssen wir den Ausdruck auf diese Welt anwenden.

(21) $[\![\textbf{hauptstadt}(\textbf{deutschland})(\textbf{landau}): \langle s, t\rangle]\!]^{M,g}(w_@) = 0$

Somit haben wir unsere Sprache um das Konzept der möglichen Welten erweitert und können nun auch über die Intensionen von Ausdrücken verfügen. Bisher haben wir aber nur die Intension von ganzen Sätzen betrachtet. Deshalb wenden wir uns im Folgenden mit den Intensionen von Einzelausdrücken zu, sowie der Frage, wie diese kompositionell zusammengesetzt werden.

11.4 | Intensionen von weiteren Ausdrücken

Intension von Prädikaten: Beginnen wir mit einfachen Prädikaten wie **dösen** oder **schnarchen**. Wie wir inzwischen verinnerlicht haben, ist die Extension von solchen Ausdrücken eine Funktion von Individuen in Wahrheitswerte, also ein Ausdruck vom Typ $\langle e, t\rangle$. Alternativ können wir die Extension eines solchen Ausdrucks als die Menge der Individuen auffassen, die durch die Funktion charakterisiert wird (was wir durch den $\downarrow$-Operator auch immer noch können, siehe Kapitel 10.2). Um die Intension von beispielsweise **dösen** zu ermitteln, gehen wir wie bei dem Satzbeispiel in (8) vor. Für jede Welt bekommen wir eine bestimmte Extension, nämlich die in der Welt jeweils dösenden Individuen. Beispielsweise könnten wir folgende Extensionen in der aktualen Welt und den Welten w_1 bis w_3 annehmen.

(22) In $w_@$: $\downarrow[\![\textbf{dösen}]\!] = \{A, C\}$
In w_1: $\downarrow[\![\textbf{dösen}]\!] = \{B, C\}$
In w_2: $\downarrow[\![\textbf{dösen}]\!] = \{\ \}$
In w_3: $\downarrow[\![\textbf{dösen}]\!] = \{A\}$

Hier erkennen wir, wie die Funktion aussehen muss, die die Intension von **dösen** darstellt: Sie bildet mögliche Welten auf die Mengen von Individuen ab, die durch die Extension in der Welt charakterisiert werden. Oder: Sie bildet mögliche Welten auf die Funktion ab, die die Individuen, die in der Welt dösen, auf 1 abbildet. Analog zu (12) erhalten wir dann zunächst die folgende Funktion.

(23)
$$[\![\textbf{dösen}]\!] = \begin{bmatrix} w_@ & \mapsto & \{A, C\} \\ w_1 & \mapsto & \{B, C\} \\ w_2 & \mapsto & \{\,\} \\ w_3 & \mapsto & \{A\} \end{bmatrix}$$

Das ist noch nicht ganz, was wir haben wollen, denn in (23) werden Welten auf Mengen von Individuen abgebildet. Diese wollen wir noch in deren jeweilige charakteristischen Funktion umwandeln, also in die Funktion, die die Elemente der Menge auf 1 abbildet und alle anderen Argumente auf 0. Das ist in (24) für die ersten beiden Welten in (23) illustriert (wobei wir davon ausgehen, dass $D_e = \{A, B, C\}$).

(24)
$$[\![\textbf{dösen}]\!] = \begin{bmatrix} w_@ & \mapsto & \begin{bmatrix} A & \mapsto & 1 \\ B & \mapsto & 0 \\ C & \mapsto & 1 \end{bmatrix} \\ w_1 & \mapsto & \begin{bmatrix} A & \mapsto & 0 \\ B & \mapsto & 1 \\ C & \mapsto & 1 \end{bmatrix} \\ \vdots & \mapsto & \vdots \end{bmatrix}$$

Entsprechend der Typdefinitionen handelt es sich hierbei also um einen Ausdruck vom Typ $\langle s, \langle e, t\rangle\rangle$. Dies entspricht auch unserer Definition des Verhältnisses von Intension und Extension. Denn wenn man eine Intension wie in (24) auf die Welt anwendet, in der der Ausdruck ausgewertet werden soll, dann erhält man einen Ausdruck vom Typ $\langle e, t\rangle$, was wieder dem Typen der Extension eines Prädikats wie **dösen** entspricht. Es gilt also beispielsweise:

(25)
$$\downarrow [\![\textbf{dösen}]\!] (w_@) = \begin{bmatrix} A & \mapsto & 1 \\ B & \mapsto & 0 \\ C & \mapsto & 1 \end{bmatrix}$$

Somit haben wir die Intension von einstelligen Prädikaten festgelegt. Die Idee, dass die Intension eines Ausdrucks gleich der Extension ist, der der Beitrag der Auswertungswelt fehlt, lässt sich weiter generalisieren: Wir erhalten die Intension aus der Extension, indem wir von der Weltvariablen λ-abstrahieren.

Definition

Von Extension zu Intension: Die **Intension** Int eines Ausdrucks *A* entspricht der Abstraktion des Weltarguments von der **Extension** Ext von *A*:

$$\text{INT}(A) = \lambda w.\text{EXT}(A)$$

Aus dieser Idee ergibt sich das beobachtbare Muster: Wenn ein Ausdruck eine Extension vom Typ σ hat, dann ist dessen Intension typischerweise vom Typ $\langle s, \sigma \rangle$.

(26)

		Extension	Intensionen
a.	Sätze:	t	$\langle s, t \rangle$
b.	Einstellige Verben:	$\langle e, t \rangle$	$\langle s, \langle e, t \rangle \rangle$
c.	Zweistellige Verben:	$\langle e, \langle e, t \rangle$	$\langle s, \langle e, \langle e, t \rangle \rangle \rangle$

Durch die Einführung der möglichen Welten haben wir also eine sehr präzise Definition des generellen Verhältnisses zwischen Intension und Extension geben können.

Die Extension von Eigennamen ist weltunabhängig

Intension von Eigennamen: Oben haben wir gesagt, dass die Intension eines Ausdrucks mit einer Extension vom Typ σ »typischerweise« den Typ $\langle s, \sigma \rangle$ hat. Dies ist nicht unbedingt immer der Fall. Eigennamen sind hier ein gutes Beispiel. Auch wenn es diverse semantische Theorien über Eigennamen gibt, so scheint ein Konsens in der Literatur zu sein, dass die Extension eines Eigennamens nicht von der jeweiligen Auswertungswelt abhängt (für einen Überblick vgl. Lerner/Zimmermann 1991). Das bedeutet, dass ein Eigenname wie *Alex* in jeder Welt die gleiche Extension hat, beispielsweise die Person *A*. Deshalb werden Eigennamen auch als **starre Designatoren** bezeichnet: Im Gegensatz zu anderen Ausdrücken ist ihre Extension nicht flexibel zwischen verschiedenen Welten, sondern der Ausdruck referiert »starr« auf das gleiche Individuum in jeder möglichen Welt. Um dies mit unseren Möglichkeiten zu modellieren, können wir beispielsweise sagen, dass ein Eigenname nur eine Extension und gar keine Intension hat. Man sagt, dass Eigennamen **direkt referentiell** sind. Dies entspricht vielleicht am besten unseren vortheoretischen Intuitionen. Eine alternative Annahme, die wir letztendlich auch übernehmen werden, ist, dass Eigennamen zwar eine Intension haben, diese aber insofern trivial ist, als sie jede mögliche Welt auf die gleiche Extension abbildet. Dies ist letztendlich nur eine Art zu sagen, dass die Extension nicht von der Welt abhängt, auch wenn es sich bei der Intension von Eigennamen unter diese Annahme immer noch um eine Funktion handelt, die Welten auf Extensionen abbildet und die zugegebenermaßen etwas langweilig ist.

(27)

$$[\![\textbf{alex}]\!] = \begin{bmatrix} w_@ & \mapsto & A \\ w_1 & \mapsto & A \\ w_2 & \mapsto & A \\ w_3 & \mapsto & A \end{bmatrix}$$

Wir werden dies später so modellieren, dass Eigennamen eigentlich keine Argumentstelle für ein Weltargument haben. Wenn wir dennoch von der Extension eine Weltvariable abstrahieren, dann erhalten wir eine Funktion wie in (27), in der ein Weltargument keinen wirklichen Beitrag zur Bedeutung des Ausdrucks leistet. Dies werden wir im nächsten Abschnitt noch etwas genauer in Aktion sehen.

Intensionen von Quantoren: Ähnlich wie für die Eigennamen gilt für Quantoren, dass ihre Bedeutung nicht von der jeweiligen Auswertungssituation abhängt. Während die Bedeutung der Prädikate wie gerade besprochen von der Welt abhängig ist – wer döst kann sich beispielsweise von Welt zu Welt ändern – so drückt der Quantor selbst immer die gleiche Relation zwischen den beiden Extensionen seiner Argumente aus. Das bedeutet, in jeder Welt involviert der Quantor **alle** das Teilmengenverhältnis. Auch für Quantoren gilt also, dass ihre Intention starr ist.

11.5 | Intensionen und Komposition

Nachdem wir die Intensionen von verschiedenen Ausdrücken kennengelernt haben, müssen wir nun klären, wie sich diese in der semantischen Komposition verhalten. Betrachten wir also einen Satz wie in (28) und überlegen, was passiert, wenn wir die Intensionen der Ausdrücke für die Komposition verwenden, statt wie in den vorangegangenen Kapiteln die Extensionen.

(28) Alex ackert.

Wie besprochen, gehen wir davon aus, dass die Intension von *ackert* eine Funktion von möglichen Welten in Funktionen von Individuen in Wahrheitswerte (bzw. Mengen von Individuen ist) ist, also den Typ $\langle s, \langle e, t\rangle\rangle$ hat. Damit sich diese Funktion mit dem Subjekt verbinden kann, muss zunächst das Weltargument gesättigt werden. In einem ganz normalen Kontext gehen wir davon aus, dass dies durch die spezielle Weltvariable w^* geschieht. Für das Subjekt *Alex* nehmen wir hier an, dass es als Eigenname keine Intension hat und ein Ausdruck vom Typ e ist, der kein Weltargument benötigt. Es wäre aber leicht, den Eigennamen wie in (27) als (triviale) Funktion aufzufassen, die dann vom Typ $\langle s, e\rangle$ und auch mit der Variablen w^* verbunden wird. Diese Annahmen ergeben folgende Komposition für (28).

(29) $\textbf{ackern}(w^*)(\textbf{alex}) : t$

$\textbf{alex} : e \quad \textbf{ackern}(w^*) : \langle e, t\rangle$

$w^* : s \quad \textbf{ackern} : \langle s, \langle e, t\rangle\rangle$

Anstatt das w^*-Weltargument explizit zu schreiben, setzen wir es als Subskript.

(30) $\textbf{ackern}(w^*) = \textbf{ackern}_{w^*}$

Dadurch können wir (29) als (31) schreiben, was dann wieder so aussieht, als ob wir nur Extensionen benutzen würden, implizit aber die Verbindung der Intension von **ackern** mit dem Weltargument w^* beinhaltet.

(31) $\textbf{ackern}_{w^*}(\textbf{alex}) : t$

$$\textbf{alex} : e \quad \textbf{ackern}_{w^*} : \langle e, t \rangle$$

Interessanterweise liefert uns diese Komposition wieder eine Extension für den Satz, also einen Wahrheitswert, und nicht dessen Intension. Dies ist bei der gewählten Vorgehensweise durchaus gewünscht: Wir wollen Intensionen nur dann benutzen, wenn es der syntaktisch-semantische Kontext verlangt, anstatt immer alles mit Intensionen zu kombinieren; also »Intensionen on demand« gewissermaßen. Wenn wir die Intension eines Satzes erhalten wollen, müssen wir entsprechend der im letzten Kasten gegebenen Definition von der Weltvariable abstrahieren.

(32) $\lambda w^*.\textbf{ackern}_{w^*}(\textbf{alex}) : \langle s, t \rangle$

$$\lambda w^* \quad \textbf{ackern}_{w^*}(\textbf{alex}) : t$$

$$\textbf{alex} : e \quad \textbf{ackern}_{w^*} : \langle e, t \rangle$$

Durch diese Abstraktion abstrahieren wir von dem Beitrag, den die Variable w^* zum Gesamtsatz beiträgt. In (32) ist dies nur an einer Stelle relevant, nämlich bei dem Verb $\textbf{ackern}_{w^*}$. Die Abstraktion kann aber durchaus auch mehrmals von Bedeutung sein, beispielsweise bei Quantoren, die zwei Prädikate als Argumente nehmen.

(33) Jede Katze schläft.

Im Fall von (33) hängt die Extension (also der Wahrheitswert) in einer Welt nicht nur davon ab, was eine Katze in dieser Welt ist, sondern auch davon, wer in der Welt schläft. Dies verdeutlicht die Herleitung der Intension von (33).

(34) $\lambda w^*.\textbf{jede}(\textbf{katze}_{w^*})(\textbf{schlafen}_{w^*}) : \langle s, t \rangle$

$$\lambda w^* \quad \textbf{jede}(\textbf{katze}_{w^*})(\textbf{schlafen}_{w^*}) : t$$

Hier sehen wir deutlich, dass sowohl die Extension von **katze** als auch die von **schlafen** von der jeweiligen Auswertungswelt abhängen. Wenn wir bei dem Gesamtsatz von dieser Weltvariablen abstrahieren, dann erhalten wir die Intension des Satzes, die – wie (34) deutlich macht – abhängig ist von der Intension von **katze** und von der Intension von **schlafen**.

Abstraktion der Weltvariablen, um Intension verfügbar zu machen

Im Wesentlichen gehen wir also immer wie folgt vor: Wir sättigen das Weltargument der intensionalen Ausdrücke mit der speziellen Weltvariablen w^*, um dann mit den resultierenden extensionalen Ausdrücken weiter zu arbeiten. Wenn wir aber an einer Stelle auf Intensionen zugreifen müssen – das werden wir in Abschnitt 11.7 genauer sehen – dann können wir in einem Rutsch von der Weltabhängigkeit abstrahieren, indem wir die w^*-Variable durch den λ-Operator binden. Doch solange dies nicht geschieht, erhalten wir einen Wahrheitswert als Satzbedeutung, mit dem einzigen Unterschied, dass es sich um den Wahrheitswert in der aktualen Welt $w_@$ handeln muss. Dies liegt daran, dass wir festgelegt haben, dass die Variable w^* als die Welt $w_@$ interpretiert werden muss. Die folgende Beispielrechnung verdeutlicht dies.

Beispiel

Um den Ausdruck $\mathbf{ackern}_{w^*}(\mathbf{alex})$ zu interpretieren, müssen wir zunächst zweimal die Regel für die Interpretation der funktionalen Applikation anwenden, einmal für das Subjekt und einmal für das Weltargument, welches wir dadurch wieder explizit machen.

(35) $[\![\mathbf{ackern}_{w^*}(\mathbf{alex})]\!]^{M,g}$
$= [\![\mathbf{ackern}_{w^*}]\!]^{M,g}([\![\mathbf{alex}]\!]^{M,g})$
$= [\![\mathbf{ackern}]\!]^{M,g}([\![w^*]\!]^{M,g})([\![\mathbf{alex}]\!]^{M,g})$

Da wir es in der letzten Zeile in (35) nur noch mit atomaren Ausdrücken zu tun haben, verweisen wir für **ackern** und **alex** auf die I-Funktion und für die Weltvariable auf die Variablenbelegungsfunktion g.

(36) $= I(\mathbf{ackern})(g(w^*))(I(\mathbf{alex}))$

Aus der Definition der Variablenbelegungsfunktion wissen wir, dass die Variable w^* auf die aktuale Welt $w_@$ abgebildet wird, da laut (19b) gilt: $g(w^*) = w_@$. Setzen wir also eine Funktion wie in (24) als Denotation von **ackern** fest, erhalten wir folgenden Wahrheitswert in der Welt $w_@$.

(37) $$\begin{bmatrix} w_@ & \mapsto & \begin{bmatrix} A & \mapsto & 1 \\ B & \mapsto & 0 \\ C & \mapsto & 1 \end{bmatrix} \\ w_1 & \mapsto & \begin{bmatrix} A & \mapsto & 0 \\ B & \mapsto & 1 \\ C & \mapsto & 1 \end{bmatrix} \\ \vdots & \mapsto & \vdots \end{bmatrix} (w_@)(A) = 1$$

Es gilt also, dass Alex in der aktualen Welt $w_@$ ackert. Wenn wir nun von dem Beitrag der Welt absehen wollen und die Intension des Satzes dadurch bilden, dass wir von der Weltvariablen abstrahieren, dann erhalten wir die Funktion, die uns für jede Welt, in der Alex ackert, den Wahrheitswert 1 gibt und für jede Welt, in der Alex nicht ackert, den Wahrheitswert 0. Aus (37) gewinnen wir also per λ-Abstraktion die folgende Funktion als Intension des Satzes.

(38) $$[\![\lambda w^*.\mathbf{ackern}_{w^*}(\mathbf{alex})]\!]^{M,g} = \begin{bmatrix} w_@ & \mapsto & 1 \\ w_1 & \mapsto & 0 \\ \vdots & \mapsto & \vdots \end{bmatrix}$$

11.6 | Propositionen und logischer Raum

Wir haben wiederholt festgestellt, dass die Intension eines Satzes eine Funktion von möglichen Welten in Wahrheitswerte ist, was auch als eine Menge von möglichen Welten verstanden werden kann. Diese speziellen Objekte, die die Satzintensionen darstellen, werden auch als **Propositionen** bezeichnet.

Definition

> Eine Proposition ist die Intension eines Satzes und modelliert den Satzinhalt. Sie wird verstanden als die Menge der Welten, in denen der Satz wahr ist bzw. als Funktion, die die Welten, in denen der Satz wahr ist, auf 1 abbildet.

Propositionen und der logische Raum: Wenn man Satzinhalte bzw. -intensionen als solche Funktionen bzw. Mengen versteht, dann wird deutlich, dass eine Proposition die Menge aller möglichen Welten – oft auch der **logische Raum** genannt – in zwei Bereiche teilt. Einmal die Menge der Welten, die Teil der Proposition sind (bzw. von dieser auf 1 abgebildet werden), und einmal die Menge der Welten, die nicht in der Proposition enthalten sind. Dies kann wie folgt illustriert werden.

(39)

w_{29}	w_6	w_{23}	w_{16}	w_{11}	w_8	w_{15}	w_{26}
w_{30}	w_{12}	w_4	w_{19}	w_9	w_5	w_{24}	w_{20}
w_{22}	w_{13}	w_{28}	w_{17}	w_3	w_{25}	$w_@$	w_{27}
w_1	w_{10}	w_{31}	w_{21}	w_{14}	w_2	w_{18}	w_7

$\downarrow [\![\lambda w^* \mathbf{ackert}_{w^*}(\mathbf{alex})]\!]$

Konjunktion als Schnittmenge von Propositionen

Propositionale Junktoren: Mit so einem solchen Verständnis von Propositionen können wir beispielsweise die Junktoren aus Kapitel 6 »intensionalisieren« und Propositionen als Argumente nehmen lassen anstatt Wahrheitswerte. Betrachten wir den Junktor **und**: Wenn eine Proposition als die Menge von möglichen Welten verstanden werden kann, in denen die Proposition wahr ist, dann kann eine Konjunktion von zwei Propositionen als die Menge der Welten verstanden werden, in denen beide Propositionen wahr sind. Dies können wir durch die Bildung der **Schnittmenge** erreichen.

(40)

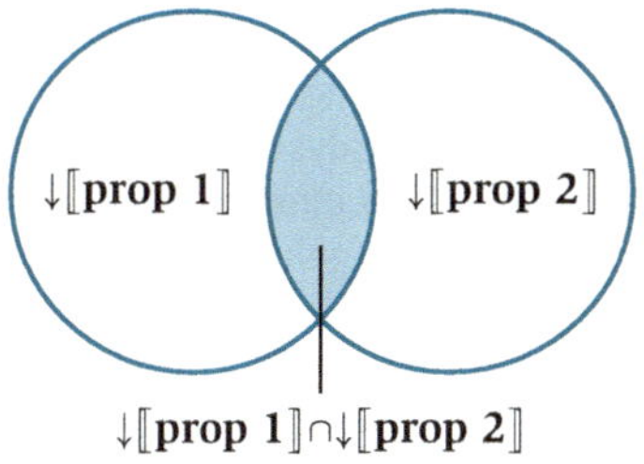

Mit diesen Überlegungen können wir also leicht eine lexikalische Semantik für **und** geben, die direkt mit Propositionen arbeitet und folglich vom Typ $\langle\langle s, t\rangle, \langle\langle s, t\rangle, \langle s, t\rangle\rangle\rangle$ ist.

(41) ⟦**und**⟧ = die Funktion $f \in D_{\langle\langle s, t\rangle, \langle\langle s, t\rangle, \langle s, t\rangle\rangle\rangle}$, so dass für jedes $p, q \in D_{\langle s, t\rangle}$ gilt:

$$f(p)(q) = p \cap q$$

Analog können wir uns mengenbasierte Bedeutungen für die anderen Junktoren überlegen. Für die Disjunktion **oder** nutzen wir dann die **Vereinigung** der beiden Mengen. Dies gibt uns die Menge der Welten, in denen mindestens eine der beiden Propositionen wahr ist. Für die Implikation benutzen wir das **Teilmenge**nverhältnis, denn wenn eine Welt in einer Teilmenge enthalten ist, dann ist sie auch in der entsprechenden Obermenge enthalten. Für die Negation benutzen wir das sogenannte **Komplement** der Menge. Einfach gesprochen, ist das Komplement einer Menge M die Menge $\overline{M}$, die alle Objekte als Element enthält, die nicht Element von M sind. Somit können wir alle Junktoren auch als propositionale Variante definieren. Wir wählen hier eine etwas einfachere Darstellung gegenüber der ausführlichen Definition in (41).

(42) a. ⟦**und**⟧$(p)(q) = p \cap q$
b. ⟦**oder**⟧$(p)(q) = p \cup q$
c. ⟦**impl**⟧$(p)(q) = p \subseteq q$
d. ⟦**nicht**⟧$(p) = \overline{p}$

Wir verzichten hier auf die Illustration per Diagramm, stellen dies aber als Arbeitsaufgabe am Kapitelende.

11.7 | Propositionale Einstellungen

Propositionale Einstellungsverben: Nachdem wir uns mit den Intensionen von verschiedenen Ausdrücken und insbesondere von Sätzen – den Propositionen – vertraut gemacht haben, können wir uns nun Ausdrücken wie *glauben* zuwenden, die wir eingangs genutzt hatten, um zu zeigen, dass es nicht ausreicht, mit Extensionen von Ausdrücken zu arbeiten. Ausdrücke wie *glauben*, *wissen*, *hoffen* usw. nennt man auch **propositionale Einstellungsverben**.

Komposition mit Einstellungsverben

Dieser Terminus deutet schon daraufhin, wie wir sie zu analysieren haben: Sie drücken die Einstellung (eines Subjekts) zu einer Proposition aus. Übernehmen wir dies direkt in unsere Analyse, dann können wir davon ausgehen, dass ein Ausdruck wie **glauben** eine Proposition (geliefert durch den Objektsatz) und ein Individuum (geliefert durch das Subjekt) als Argument nimmt, um einen Wahrheitswert als Extension des Gesamtsatzes zu ergeben.

(43) *glauben* $\longrightarrow$ $\mathbf{glauben}_{w^*}$: $\langle\langle s, t\rangle, \langle e, t\rangle\rangle$

Damit können wir die semantische Komposition eines Satzes wie in (44) analysieren.

(44) Alex glaubt, dass Alaska eine Stadt ist.

$\mathbf{glauben}_{w^*}(\lambda w^*.\mathbf{stadt}_{w^*}(\mathbf{alaska}))(\mathbf{alex}) : t$

$\mathbf{alex} : e$ $\quad$ $\mathbf{glauben}_{w^*}(\lambda w^*.\mathbf{stadt}_{w^*}(\mathbf{alaska})) : \langle e, t\rangle$

$\mathbf{glauben}_{w^*} : \langle\langle s, t\rangle, \langle e, t\rangle\rangle$ $\quad$ $\lambda w^*.\mathbf{stadt}_{w^*}(\mathbf{alaska}) : \langle s, t\rangle$

λw^* $\quad$ $\mathbf{stadt}_{w^*}(\mathbf{alaska}) : t$

$\mathbf{alaska} : e$ $\quad$ $\mathbf{stadt}_{w^*} : \langle e, t\rangle$

Dabei gehen wir wie folgt vor: Im eingebetteten Satz kombinieren wir zunächst den (extensionalen) Ausdruck $\mathbf{stadt}_{w^*}$ mit **alaska** und erhalten einen satzwertigen Ausdruck vom Typ t. Da wir aber die Intension dieses Ausdrucks brauchen, damit er als Argument für **glauben** fungieren kann, müssen wir im nächsten Schritt von der Weltvariablen w^* abstrahieren, um einen propositionalen Ausdruck vom Typ $\langle s, t\rangle$ zu erhalten. Das Resultat kann als Argument mit **glauben** kombiniert werden, welches im letzten Schritt dann das Subjekt als zweites Argument nimmt. Dies liefert uns einen extensionalen, satzwertigen Ausdruck, der als Bedeutung einen Wahrheitswert erhält, welcher sich paraphrasiert wie folgt ermittelt.

(41) $[\![\mathbf{glauben}_{w^*}(\lambda w^*.\mathbf{stadt}_{w^*}(\mathbf{alaska}))(\mathbf{alex})]\!] = 1$,
wenn Alex in $w_@$ glaubt, dass Alaska eine Stadt ist.

Doxastische Menge und die Bedeutung von *glauben*: Nun stellt sich natürlich die Frage, wie sich der Bedeutungsbeitrag von *glauben* genauer charakterisieren lässt. Dazu nutzen wir wieder den Propositionsbegriff. Was heißt es, dass eine Person in der Relation »glauben« zu einer Proposition steht? Auch hierfür wollen wir den Begriff der möglichen Welten nutzen. Die Grundidee ist die folgende: Der Glaubenszustand einer Person lässt sich durch eine Menge von Welten charakterisieren, nämlich als die Menge der Welten, in denen alles, was die Person glaubt, wahr ist. Wenn Alex zum Beispiel glaubt, dass Köln die größte Stadt in NRW ist, dass Wuppertal in Rheinland-Pfalz liegt und dass Landau die Hauptstadt Deutschlands ist, dann enthält die Menge der »Glaubenswelten« von Alex nur Welten, in denen dies alles der Fall ist, und beispielsweise keine Welten, in denen Berlin die Hauptstadt Deutschlands ist. Eine solche Menge von Glaubenswelten nennt man auch die **doxastische Menge** für Alex, kurz $\mathbf{Dox}_{\text{Alex}}$.

Definition

> Die **doxastische Menge** $\mathbf{Dox}_{A,w}$ einer Person *A* in einer Welt w ist eine Menge von Welten für die gilt:
> $\text{Dox}_{A,w} = \{w'\text{: alles, was } A \text{ in } w \text{ glaubt, ist wahr in } w'\}$

Für eine bestimmten Welt w und Person A ist $\mathbf{Dox}_{A,w}$ die Menge aller Welten w', die mit dem Glauben von A kompatibel sind. Wir verwenden hier w' (eine Variable über Welten), um diese Variable von der Welt w zu entscheiden, für die der Glaubenszustand von A gilt. Der Bezug von **Dox** auf eine bestimmte Welt ist notwendig, denn eine Person kann ja in einer alternativen Welt – beispielsweise in w_9 – etwas anderes glaube als beispielsweise der aktualen Welt $w_@$.

Mit Hilfe der doxastischen Menge können wir eine lexikalische Semantik für **glauben** definieren. Wenn eine Person eine Proposition glaubt, dann muss diese Proposition gemäß der Definition auch wahr in allen Welten der doxastischen Menge der Person sein. Die doxastische Menge muss also eine Teilmenge der Proposition sein. Diese Überlegungen führen uns dann zu der folgenden, klassischen Semantik für **glauben** (Hintikka 1969).

(42) $[\![\mathbf{glauben}_{w^*}]\!](p)(x) = 1$, wenn $\mathbf{Dox}_{x,w^*} \subseteq {\downarrow}p$.

Ein kleines Beispiel kann diese Semantik illustrieren. Nehmen wir an, wir haben wieder die folgenden Welten:

(43) $w_@$: Berlin ist Hauptstadt Deutschlands, Köln ist größte Stadt in NRW ...
w_1: Landau ist Hauptstadt Deutschlands, Köln ist größte Stadt in NRW ...
w_2: Berlin ist Hauptstadt Deutschlands, Wuppertal ist größte Stadt in NRW ...
w_3: Landau ist Hauptstadt Deutschlands, Wuppertal ist größte Stadt in NRW ...

Angenommen, A(lex) glaubt (in der aktualen Welt), dass Landau die Hauptstadt Deutschlands ist und das Köln die größte Stadt in NRW ist. Dann enthält die entsprechende doxastische Menge nur die Welt w_1 als Element; also $\mathbf{Dox}_{A,w^*} = \{w_1\}$. Die Proposition, dass Landau die Hauptstadt Deutschlands ist, besteht aus den Elementen w_1 und w_3 und die Proposition, dass Köln die größte Stadt in NRW ist, besteht aus den Elementen $w_@$ und w_1. Für beide Propositionen gilt also, dass Alex sie glaubt, da beides Obermengen der doxastischen Menge von A sind. Die Proposition, dass Wuppertal die größte Stadt in NRW ist, ist allerdings nicht Teil von Alex' Glauben, da diese Proposition – nämlich $\{w_2, w_3\}$ – keine Obermenge der doxatischen Menge $\{w_1\}$ ist.

(44) a. $[\![\textbf{glauben}_{w^*}(\lambda w^*.\textbf{hauptstadt-D}_{w^*}(\textbf{landau}))(\textbf{alex})]\!] = 1$,
da $\textbf{Dox}_{A,w^*} \subset \downarrow[\![\lambda w^*.\textbf{hauptstadt-D}_{w^*}(\textbf{landau})]\!]$,
da $\{w_1\} \subset \{w_1, w_3\}$

b. $[\![\textbf{glauben}_{w^*}(\lambda w^*.\textbf{größte-Stadt-NRW}_{w^*}(\textbf{köln}))(\textbf{alex})]\!] = 1$,
da $\textbf{Dox}_{A,w^*} \subset \downarrow[\![\lambda w^*.\textbf{größte-Stadt-NRW}_{w^*}(\textbf{köln})]\!]$,
da $\{w_1\} \subset \{w_@, w_1\}$

c. $[\![\textbf{glauben}_{w^*}(\lambda w^*.\textbf{größte-Stadt-NRW}_{w^*}(\textbf{wuppertal}))(\textbf{alex})]\!] = 0$,
da $\textbf{Dox}_{A,w^*} \not\subseteq \downarrow[\![\lambda w^*.\textbf{größte-Stadt-NRW}_{w^*}(\textbf{wuppertal})]\!]$,
da $\{w_1\} \not\subseteq \{w_2, w_3\}$

Diese Überlegungen zeigen nochmals sehr deutlich, dass die Bedeutung des Gesamtsatzes nicht von der Extension des eingebetteten Satzes abhängt, sondern von dessen Intension. Denn im Fall von (44a) und (44b) sind beide Gesamtsätze wahr, die Extension des eingebetteten Satzes unterscheidet sich aber, da dieser in (44a) falsch ist in $w_@$, aber in (44b) wahr.

Aufgaben

1. Diskutieren Sie, warum es sich bei den Folgenden Beispielen um intensionale Ausdrücke handelt.
- Bente hofft, dass die Katze schläft.
- Chris möchte, dass Deniz nicht schnarcht.

2. In diesem Kapitel haben wir Intensionen nur dann herangezogen, wenn wir sie brauchen. In der Literatur findet sich aber auch die Strategie, immer die Intension zu berechnen und dann nach Bedarf durch die Hinzufügung eines Weltarguments auf eine Extension zu reduzieren. Ein Prädikat wie **ackern** hätte dann den Typ $\langle e, \langle s, t\rangle\rangle$ statt $\langle s, \langle e, t\rangle\rangle$. Geben Sie in einem solchen System die semantische Struktur *Alex ackert* an. Weiten Sie die Analyse dann auf unser Beispiel *Alex glaubt, dass Alaska eine Stadt* ist aus.

3. Stellen Sie die Relationen, die die Junktoren **oder**, **nicht** und die Implikation zwischen zwei Propositionen ausdrücken, mittels Venn-Diagrammen dar.

4. Zeigen Sie, warum ein Prädikat wie *suchen* auch intensional sein muss. Wie könnte die Komposition von *Alex sucht ein Einhorn* aussehen? Und was wäre eine angemessene Semantik für *suchen*?

Zitierte Literatur

Hintikka, Jaakko. 1969. Semantics for propositional attitudes. In: Jaakko Hintikka. *Models for modalities. Selected essays.* Dordrecht: Reidel. 87–111.

Lerner, Jean-Yves/Zimmermann, Thomas Ede. 1991. Eigennamen. In: Armin von Stechow/Dieter Wunderlich (Hg.). *Semantik/semantics.* Berlin: de Gryuter. 349–370.

Erratum zu den Kapiteln 5 bis 11

Die Originalfassung dieser Einführung enthielt leider diverse mehr oder weniger unscheinbare Tipp- und Satzfehler, die aber teilweise zu falschen Definitionen führten. Sie finden hier eine Liste der Korrekturen.
Falls Sie weitere Fehler entdecken, wäre ich dankbar, wenn Sie mir diese bitte per Email an mail@danielgutzmann.com mitteilen.

Seite 74, Definition (28)

Fehlerhaft:

(28) **Lexikon für L_{Typ}**
$\mathbf{K}_\sigma \in$ **Lex** (eine Menge von Konstanten für jeden Typen σ).

Korrigiert:

(28) **Lexikon für L_{Typ}**
$\mathbf{K}_\sigma \subset$ **Lex** (eine Menge von Konstanten für jeden Typen σ).

Seite 75, Definition (30)

Fehlerhaft:

(30) **Grammatik für L_{Typ}**
a. Wenn $\alpha \in \mathbf{K}_\sigma$, dann $\alpha \in \text{WFA}_\sigma$.
b. Wenn $\alpha \in \mathbf{K}_{\langle\sigma,\ \tau\rangle}$ und $\beta \in \mathbf{K}_\tau$, dann ist $\alpha(\beta) \in \text{WFA}_\tau$.

Korrigiert:

b. Wenn $\alpha \in \mathbf{K}_{\langle\sigma,\ \tau\rangle}$ und $\beta \in \mathbf{K}_\sigma$, dann ist $\alpha(\beta) \in \text{WFA}_\tau$.

Seite 90, Definition (22)

Fehlerhaft:

(22) **Lexikon für $L_{\text{Typ+J}}$**
$\mathbf{K}_\sigma \in$ **Lex** (eine Menge von Konstanten für jeden Typen σ).

Korrigiert:

(22) **Lexikon für $L_{\text{Typ+J}}$**
$\mathbf{K}_\sigma \subset$ **Lex** (eine Menge von Konstanten für jeden Typen σ).

Die Online-Version dieser Kapitel finden Sie unter
https://doi.org/10.1007/978-3-476-04870-7_5
https://doi.org/10.1007/978-3-476-04870-7_6
https://doi.org/10.1007/978-3-476-04870-7_7
https://doi.org/10.1007/978-3-476-04870-7_8
https://doi.org/10.1007/978-3-476-04870-7_9
https://doi.org/10.1007/978-3-476-04870-7_10
https://doi.org/10.1007/978-3-476-04870-7_11

D. Gutzmann, *Semantik*, https://doi.org/10.1007/978-3-476-04870-7_12

Seite 90, Definition (23)

Fehlerhaft:

(23) **Grammatik für $L_{\text{TYP+J}}$**

a. Wenn $\alpha \in \mathbf{K}_\sigma$, dann $\alpha \in \text{WFA}_\sigma$.

b. Wenn $\alpha \in \mathbf{K}_{\langle\sigma,\ \tau\rangle}$ und $\beta \in \mathbf{K}_\tau$, dann ist $\alpha(\beta) \in \text{WFA}_t$.

Korrigiert:

b. Wenn $\alpha \in \mathbf{K}_{\langle\sigma,\ \tau\rangle}$ und $\beta \in \mathbf{K}_\sigma$, dann ist $\alpha(\beta) \in \text{WFA}_\tau$.

Seite 95, Definition (35)

Fehlerhaft:

(35) **Lexikon für $L_{\text{Typ/J}}$**

a. $\mathbf{K}_\sigma \in \text{LEX}$ (eine Menge von Konstanten für jeden Typen σ).

Korrigiert:

(35) **Lexikon für $L_{\text{Typ/J}}$**

a. $\mathbf{K}_\sigma \subset \mathbf{Lex}$ (eine Menge von Konstanten für jeden Typen σ).

Seite 95, Definition (36)

Fehlerhaft:

(36) **Grammatik für $L_{\text{Typ/J}}$**

a. Wenn $\alpha \in \mathbf{K}_\sigma$, dann $\alpha \in \text{WFA}_\sigma$.

b. Wenn $\alpha \in \text{WFA}_{\langle\sigma,\ \tau\rangle}$ und $\beta \in \text{WFA}_\tau$, dann ist $\alpha(\beta) \in \text{WFA}_\tau$.

Korrigiert:

b. Wenn $\alpha \in \mathbf{K}_{\langle\sigma,\ \tau\rangle}$ und $\beta \in \mathbf{K}_\sigma$, dann ist $\alpha(\beta) \in \text{WFA}_\tau$.

Seite 103, Definition (13)

Fehlerhaft:

(13) **Lexikon für $L_{\text{Typ+Var}}$**

a. $\mathbf{K}_\sigma \in \text{LEX}$ (eine Menge von Konstanten für jeden Typen σ).

b. $\mathbf{V}_\sigma \in \text{LEX}$ (eine abzählbar unendliche Menge von Variablen für jeden Typ σ).

Korrigiert:

(13) **Lexikon für $L_{\text{Typ+Var}}$**

a. $\mathbf{K}_\sigma \subset \mathbf{Lex}$ (eine Menge von Konstanten für jeden Typen σ).

b. $\mathbf{V}_\sigma \subset \mathbf{Lex}$ (eine abzählbar unendliche Menge von Variablen für jeden Typ σ).

Seite 104, Definition (16)

Fehlerhaft:

(16) **Grammatik für $L_{\text{Typ+Var}}$**

a. LEX $\subset$ WFA$_\sigma$.

b. Wenn $\alpha \in$ WFA$_{\langle\sigma,\ \tau\rangle}$ und $\beta \in$ WFA$_\tau$, dann ist $\alpha(\beta) \in$ WFA$_\tau$.

Korrigiert:

b. Wenn $\alpha \in \mathbf{K}_{\langle\sigma,\ \tau\rangle}$ und $\beta \in \mathbf{K}_\sigma$, dann ist $\alpha(\beta) \in$ WFA$_\tau$.

Seite 118 oben, Definitionskasten

Fehlerhaft:

Interpretation für λ-Ausdrücke: Ein Ausdruck der Form λ*v*.*α*[...v...] denotiert eine Funktion *f*, die jedes Argument *d* auf den Funktionswert abbildet, den wir erhalten, wenn wir *α*[...*d*...] interpretieren. Deshalb gilt:

$$[\![\lambda v.\alpha[...v...]]\!]^{M,g}(d) = [\![\alpha[...d...]]\!]^{M,g}$$

Definition

Korrigiert:

Interpretation für λ-Ausdrücke: Ein Ausdruck der Form λ*v*.*α*[...*v*...] denotiert eine Funktion *f*, die jedes Argument *d* auf den Funktionswert abbildet, den wir erhalten, wenn wir *α*[...**d**...] interpretieren, wobei gilt $[\![\mathbf{d}]\!] = d$. Deshalb gilt:

$$[\![\lambda v.\alpha[...v...]]\!]^{M,g}(d) = [\![\alpha[...\mathbf{d}...]]\!]^{M,g}$$

Definition

Seite 119, Definition (23)

Fehlerhaft:

Lexikon für L_λ

a. $\mathbf{K}_\sigma \in$ LEX (eine Menge von Konstanten für jeden Typen σ).

b. $\mathbf{V}_\sigma \in$ LEX (eine abzählbar unendliche Menge von Variablen für jeden Typ σ).

Korrigiert:

Lexikon für L_λ

a. $\mathbf{K}_\sigma \subset$ **Lex** (eine Menge von Konstanten für jeden Typen σ).

b. $\mathbf{V}_\sigma \subset$ **Lex** (eine abzählbar unendliche Menge von Variablen für jeden Typ σ).

Seite 119, Definition (24)

Fehlerhaft:

(24) **Grammatik für L_λ**

a. LEX $\in$ WFA$_\sigma$.

b. Wenn $\alpha \in$ WFA$_{\langle\sigma,\ \tau\rangle}$ und $\beta \in$ WFA$_\tau$, dann ist $\alpha(\beta) \in$ WFA$_\tau$.

Korrigiert:

(24) **Grammatik für L_λ**

a. **Lex** $\subset$ WFA$_\sigma$.

b. Wenn $\alpha \in$ WFA$_{\langle\sigma,\ \tau\rangle}$ und $\beta \in$ WFA$_\sigma$, dann ist $\alpha(\beta) \in$ WFA$_\tau$.

Seite 126, Definitionskasten

Fehlerhaft:

λ-Konversion (β-Konversion)

Wenn $\alpha \in$ WFA$_\sigma$ und $\beta \in$ WFA$_\tau$ und $x \in \mathbf{V}_\tau$ und wenn x frei ist für β in α, dann gilt:

$$\lambda x.\alpha(\beta) = \lambda x.\alpha[^x/_\beta]$$

Korrigiert:

λ-Konversion (β-Konversion)

Wenn $\alpha \in$ WFA$_\sigma$ und $\beta \in$ WFA$_\tau$ und $x \in \mathbf{V}_\tau$ und wenn x frei ist für β in α, dann gilt:

$$\lambda x.\alpha(\beta) = \alpha[^x/_\beta]$$

Seite 136, Definition (13)

Fehlerhaft:

(13) **Grammatik für $L_{\lambda+\text{Quant}}$**

a. LEX $\in$ WFA.

Korrigiert:

a. **Lex** $\subset$ WFA.

Seite 162, Definition (49)

Fehlerhaft:

(49) QUANTOR : $\langle\langle e, t\rangle, t\rangle \overset{shift}{\Longrightarrow} \lambda V_{\langle\langle e,\, t\rangle,\, t\rangle}\lambda y.\text{QUANTOR}(\lambda x. V(x)(y))$: $\langle\langle e, \langle e, t\rangle\rangle, \langle e, t\rangle\rangle$.

Korrigiert:

(49) QUANTOR : $\langle\langle e, t\rangle, t\rangle \overset{shift}{\Longrightarrow} \lambda V_{\langle e,\, \langle e,\, t\rangle\rangle}\lambda y.\text{QUANTOR}(\lambda x. V(x)(y))$: $\langle\langle e, \langle e, t\rangle\rangle, \langle e, t\rangle\rangle$.

Seite 176, Definition (17)

Fehlerhaft:

(17) **Lexikon für $L_{\mathbf{Int}}$**

a. $\mathbf{K}_\sigma \in$ LEX (eine Menge von Konstanten für jeden Typen σ).
b. $\mathbf{V}_\sigma \in$ LEX (eine abzählbar unendliche Menge von Variablen für jeden Typ σ).

Korrigiert:

a. $\mathbf{K}_\sigma \subset$ **Lex** (eine Menge von Konstanten für jeden Typen σ).
b. $\mathbf{V}_\sigma \subset$ **Lex** (eine abzählbar unendliche Menge von Variablen für jeden Typ σ).

12 Literatur

Barwise, J./Robin Cooper 1981. Generalized Quantifiers and Natural Language. *Linguistics and Philosophy* 4. 159–219

Beaver, David I. 1997. Presupposition. In: J. van Bethem/Alice ter Meulen (Hg.). *The Handbook of Logic and Language*. Oxford: Elsevier. 939–1008.

Breheny, Richard. 2008. A new look at the semantics and pragmatics of numerically quantified noun phrases. *Journal of Semantics* 25. 93–139.

Carpenter, Bob. 1997. *Type-Logical Semantics*. Cambridge MA: MIT Press.

Frege, Gottlob. 1892. Über Sinn und Bedeutung. *Zeitschrift für Philosophie und philosophische Kritik* 100. 25–50.

Grice, H. Paul. 1975. Logic and conversation. In: Peter Cole/Jerry L. Morgan (Hg.). *Syntax and Semantics 3. Speech Acts*. New York: Academic Press. 41–58.

Gutzmann, Daniel/Petra B. Schumacher. 2018. Schnittstelle Semantik-Pragmatik. In: Angelika Wöllstein/Peter Gallmann/Mechthild Habermann/Manfred Krifka (Hg.). *Grammatiktheorie und Empirie in der germanistischen Linguistik*. Berlin: de Gruyter. 471–510.

Heim, Irene/Angelika Kratzer. 1998. *Semantics in Generative Grammar*. Oxford: Blackwell.

von Heusinger, Klaus. 2013. The salience theory of definiteness. In: Alessandro Capone/Francesco Lo Piparo/Marco Carapezza (Hg.). *Perspectives on Linguistic Pragmatics*. Berlin: Springer. 349–374.

Hinterwimmer, Stefan/Daniel Gutzmann. 2020. *Pragmatik. Eine Einführung*. Berlin: J. B. Metzler.

Hintikka, Jaakko. 1969. Semantics for propositional attitudes. In: Jaakko Hintikka. *Models for Modalities. Selected Essays*. Dordrecht: Reidel. 87–111.

Horn, Laurence R. 1989. *A Natural History of Negation*. Reissue edition 2001. Stanford CA: CSLI.

Keenan, Edward L./Jonathan Stavi 1986. A semantic characterization of natural language determiners. *Linguistics and Philosophy* 9. 253–326.

Lakoff, George (1987): *Women, Fire, and Dangerous Things: What Categories Reveal about the Mind*. Chicago: University of Chicago Press.

Langacker, Ronald W. 1991. *Concept, Image, Symbol: The Cognitive Basis of Grammar*. Berlin: Mouton de Gruyter.

Langacker, Ronald W. 2008. *Cognitive Grammar: A Basic Introduction*. Oxford: Oxford University Press.

Lerner, Jean-Yves/Thomas Ede Zimmermann 1991. Eigennamen. In: Armin von Stechow/Dieter Wunderlich (Hg.). *Semantik/Semantics*. Berlin: de Gruyter. 349–370.

Levinson, Stephen C. 2000. *Presumptive Meanings. The Theory of Generalized Conversa tional Implicature*. Cambridge MA: MIT Press.

Löbner, Sebastian. 2003. *Semantik. Eine Einführung*. Berlin: de Gruyter.

Lohnstein, Horst. 2011. *Formale Semantik und natürliche Sprache*. 2., überarbeitete Auflage. Berlin: de Gruyter.

Morris, Charles. 1938. *Foundation of a Theory of Signs*. Chicago: University of Chicago Press. 1–59.

Pafel, Jürgen. 2005. *Quantifier Scope in German*. Amsterdam/Philadelphia: Benjamins.

Pafel, Jürgen/Ingo Reich. 2016. *Einführung in die Semantik. Grundlagen – Analysen – Theorien*. Stuttgart: J.B. Metzler.

Philippi, Jule/Michael Tewes. 2010. *Basiswissen Generative Grammatik*. Göttingen: Vandenhoeck & Ruprecht.

Posner, Roland. 1979. Bedeutungsmaximalismus und Bedeutungsminimalismus in der Beschreibung von Satzverknüpfern. In: Harald Weydt (Hg.). *Die Partikeln der deutschen Sprache*. Berlin: de Gryuter. 378–394.

Repp, Sophie/Volker Struckmeier. 2020. *Syntax. Eine Einführung*. Berlin: J. B. Metzler.
Russell, Bertrand. 1905. On denoting. *Mind* 14(56). 479–493.
Schwarz-Friesel, Monika/Jeanette Chur. 2014. *Semantik. Ein Arbeitsbuch*. 6. Auflage. Tübingen: Narr.
Wittgenstein, Ludwig. 1922. *Logisch-Philosophische Abhandlung. Tractatus Logicus Philosophicus*. London: Kegan Paul.
Zimmermann, Thomas Ede. 2012. Compositionality problems and how to solve them. In: Markus Werning/Wolfram Hinzen/Edouard Machery (Hg.). *The Oxford Handbook of Compositionality*. Oxford: Oxford University Press. 81–106.
Zimmermann, Thomas Ede. 2014. *Einführung in die Semantik*. Darmstadt: WBG.

13 Register

GPSR Compliance

The European Union's (EU) General Product Safety Regulation (GPSR) is a set of rules that requires consumer products to be safe and our obligations to ensure this.

If you have any concerns about our products, you can contact us on ProductSafety@springernature.com

In case Publisher is established outside the EU, the EU authorized representative is:

Springer Nature Customer Service Center GmbH
Europaplatz 3
69115 Heidelberg, Germany

Batch number: 08210132

Printed by Printforce, the Netherlands